WUNDERSAM

Die erstaunliche Wandlung von Inke zu Seismoril

Inke Seismoril Barysch

1. Auflage 2014

Autorin: Inke Seismoril Barysch
Lektorat, Korrektorat: Ina Kleinod
Satz: Christian Ziegltrum
Umschlaggestaltung: tao.de

Printed in Germany

Verlag: tao.de in J.Kamphausen Mediengruppe GmbH, Bielefeld

Bibliografische Information der Deutschen Nationalbibliothek:
Die Deutsche Nationalbibliothek verzeichnet diese Publikation in der Deutschen Nationalbibliografie; detaillierte bibliografische Daten sind im Internet über http://dnb.d-nb.de abrufbar.

ISBN:
978-3-95802-265-2 (Hardcover)
978-3-95802-264-5 (Paperback)
978-3-95802-266-9 (e-Book)

Wie es zu diesem Buch kam

Seismoril schrieb ihr Erstlingswerk, nachdem sie ihre „Schattenkinder" mit Hilfe ihrer lichtvollen Helfer ins Licht geschickt hatte und wieder den Atem ihrer Seele spürte – ein neues und sinnerfülltes Leben hatte für sie begonnen. Seitdem hilft sie mit ihrer medialen Heilarbeit den Menschen, in ihre eigene Kraft zu kommen. Eine ihrer Leidenschaften ist das Enneagramm Theater, in dem sich die Zuschauer in ihren Programmen und Mustern erkennen können.

Ob es um Heilung, die Befreiung unerlöster Seelen oder den Glauben an das Unfassbare geht, Seismorils „Wundersam" schenkt uns das heilsame Vertrauen, dass wir niemals allein sind und dass am Ende des Tunnels das Licht auf uns wartet – selbst erlebt, ganz authentisch, jedes Wort. Das macht die Faszination dieses Buches aus, welches Ratgeber und Autobiografie in einem ist.

Seismoril wurde in einem der kältesten Winter, kurz vor dem zweiten Weltkrieg in Berlin geboren. Große Steine lagen auf ihrem Weg. Sie hießen Krieg, Hunger, ungeliebtes Dasein und schmerzliche Trennung. Durch ihre sensitiven Fähigkeiten unterschied sie sich von den meisten Menschen, und oft erwarteten ihre Mitmenschen sie mit schüttelnden Köpfen. Ihr Weg war gekennzeichnet von langen und einsamen Strecken. Als sie ihre Göttlichkeit erkannte, gelang es ihr, das Opfersein zu beenden und ein neues sinnerfülltes Leben zu beginnen. Heute ist sie für Menschen, die ihr begegnen, mit ihrem Humor, ihrer Lebenslust und ihrer Kreativität ein Vorbild.

Gern gibt sie ihren Mitmenschen mit auf den Weg, dass sie ihre lichtvollen Helfer in das Leben mit einbeziehen sollen. Sie lebt auf der Insel Lindau und arbeitet als mediale Heilerin.

Inhalt

Vorwort

Lieber Leser, liebe Leserin,

Gratulation, Sie haben eine gute Wahl getroffen. Dieses Buch wird Sie auf Ihrem Entwicklungsweg durch ihr Leben unterstützen. Als Sie selbst wählten, dieses Leben zu leben, haben Sie sich das eine oder andere mögliche Erfahrungspotenzial in Ihren »Reiserucksack« eingepackt. Mit jeder Herausforderung haben Sie die Gelegenheit, Erkenntnis über sich selbst zu erlangen, in Ihrer Seele zu wachsen und sich – vor allem im Herzen – zu entwickeln. Genau dafür sind Sie hier!

Eine Metapher von Laotse beschreibt auf wunderbare Weise, dass wir zu Beginn des Lebens wie ein Glas frisches Wasser sind, durch das das Licht des allumfassenden göttlichen Seins klar und ungehindert hindurchscheint. In den ersten Lebensjahren wird für fast alle Menschen das klare Wasser durch viele Beigaben in seiner Durchlässigkeit eingeschränkt. Das geschieht infolge der Prägung durch Erziehung und Bildung, aber auch durch die (De-)Formierung der Persönlichkeit aufgrund der Lebensumstände und des sozialen Miteinanders.

Gibt man Zucker in Wasser, wird es Zuckerwasser, gibt man Salz hinein, wird es Salzwasser, und gibt man Schmutz hinein, wird das Wasser getrübt, sodass das Licht nur noch wenig oder fast gar nicht mehr hindurchscheinen kann. Dann dominiert – wenn wir es gemäß dem Gleichnis von Laotse übersetzen – die egozentrische Selbstbezogenheit der Persönlichkeit, weil sich der Mensch nur um sich selbst dreht. Dann können sich bedingungslose Liebe, tiefe Annahme und

Dankbarkeit nur in sehr begrenztem Umfang entfalten. Nicht selten werden diese Wesentlichkeiten gar nicht erst gespürt oder verdrängt.

Wenn das geschieht, entstehen im Leben oft große Krisen, und Menschen werden durch ihre innere oder geistige Führung zu einer Reflexion angeregt und inspiriert. Diese Betrachtung des eigenen Lebens kann zum Beginn einer wichtigen Selbstarbeit führen. Laotse beschreibt den Prozess so, dass sich der Schmutz im Wasser durch diese Selbstarbeit absetzen kann und das Licht wieder klarer und wirkungsvoller durch das Wasser hindurchscheinen kann. Es geschieht mit jedem Schritt des Vergebens gegenüber sich selbst und anderen Lebensbegleitern, mit jeder Annahme des eigenen und des anderen Seins, mit jedem Funken der sich entfaltenden bedingungslosen Liebe und tiefer Dankbarkeit für alles.

Für Ihren jetzt fragenden Verstand kann ich Ihnen von Herzen aufrichtig mitgeben, dass diese Entwicklung der Persönlichkeit sogar kinesiologisch messbar und im Modell der »Ebenen des Bewusstseins« von Ken Wilber oder David R. Hawkins visualisiert werden kann. Sie können somit Ihre eigenen Schritte der Verbesserung durch Messung verfolgen und sich auf lange Sicht an einer steigenden Lebensqualität und einem zunehmenden Glücklichsein in Ihrem Leben erfreuen.

Seismoril ist diesen Weg gegangen. Mit dem Schreiben dieses Buches hat sie ihren Lebenspfad noch einmal Schritt für Schritt beleuchtet, an Meilensteinen innegehalten, leidhafte Erfahrungen und schmerzhafte Erlebnisse zum Ausdruck gebracht und zutiefst annehmen können. Es ist ihr gelungen, ihren menschlichen Weg-Begleitern auf ihrem Lebensweg zu vergeben und ihren eigenen Anteil in diesem Erfahrungsspiel zu erkennen. Sie wusste stets das Bewusstseinsfeld des »**Seismoran**« als liebevollen Begleiter, Ratgeber und Unterstützer an ihrer Seite. Somit konnte sich in ihr ein tiefes Verstehen und Entspannung entfalten. Heute ist das Wasser in ihrem Glas von großer Klarheit, was die Menschen, die ihr begegnen, und ihre lichtvollen Begleiter gleichermaßen erfreut und erfüllt. Ihre unermüdliche Selbstarbeit ermöglicht ihr, innere Zufriedenheit und Erfülltheit mit Glück zu empfinden und allumfassenden Frieden mit sich und der Welt zu pflegen.

Doch lesen Sie selbst, welchen Weg **Seismoril** gewählt hat, lassen Sie sich beeindrucken von ihren Lebenserfahrungen. Manchmal werden Sie berührt sein, dann kann es passieren, dass eine liebevolle Träne über Ihre Wange gleitet und Sie streichelt. Lassen Sie es zu. Denn das Gelesene hat etwas mit Ihnen gemacht und Sie im Herzen berührt. Da ist etwas bewegt worden, was Sie selbst gern ausdrücken möchten, was nach Ihrer Annahme verlangt. Auch in Ihnen kann das Licht noch ungehinderter fließen. Vielleicht machen Sie sich das Geschenk und genießen diese Berührungen ganz bewusst, sodass damit Ihr innerer Weg in besonderer Weise unterstützt wird.

Ich wünsche **Seismoril**, dass es ihr auf ihrem weiteren Weg gelingt, immer mehr Klarheit zu bewirken. Wenn der Moment gekommen ist, da sie alles zurücklassen kann, was ihr hier auf der Erde von Bedeutung war und ist, mag sie sich die drei großen Lebensfragen mit »Ja« beantworten können: Habe ich mich geliebt in meinem Leben? War es ein gutes Leben? Konnte ich die anderen Menschen so lieben, wie sie sind?

In Liebe und Dankbarkeit

Raimo Hübner
Senior Project Manager

Einleitung

Meine innere Stimme drang bisweilen mit berührender Botschaft in mein Herz und verkündete: »*Alles, was Du erlebt, erlitten, genossen und bereut hast, schreib auf! Lass es nicht vom Wind verwehen, würdige und kröne es. Es gab viele Tränen, tiefe Risse in Deiner Seele, ungehörte Schreie und nagende Einsamkeit. Zeig Dich in dem letzten Drittel Deiner Reise, nackt in dieser Einzigartigkeit, die jeden Menschen auf diesem Planeten ausmacht.*« So waren ihre Worte: »*Es wird Dich befreien. Deine Leser dürfen davon kosten und mit Dir in den Jubel einstimmen. Freiheit ist immer und überall da. Wir sollten sie für unsere Individualität erkennen und ihr in unserem Leben einen Ehrenplatz geben.*«

Es ist so viel geschehen: Licht und Schatten säumten meinen Weg in sehr spezieller Weise. Ihre Hieroglyphen gruben sich für immer in mein Herz und bilden nun die Inschrift auf meiner Lebensfahne:

Es ist ein bewegtes, gutes Leben.

Ich stand einige Male kurz vor meinem irdischen Ende. Während der Schwangerschaft, meiner Geburt und noch vier Wochen danach drohte mein Lebensschiff unterzugehen. Immer wieder bekamen die Segel meines Schiffes Aufwind und es ging auf neuem Kurs weiter. Viele Ufer habe ich gesehen, mich für kurze Zeit an ihnen niedergelassen, um dann wieder weiterzuziehen, dem inneren Drängen Genüge zu tun und weitere Horizonte zu entdecken. Meine Gefährten auf diesem Weg waren Ängste, Depressionen und Lebensüberdruss. Es dauerte Jahrzehnte, bis mein Schiff das Ufer fand, das mich zum Bleiben einlud. Erst dann kam ich zur ersehnten Ruhe.

Von diesem Platz aus kann ich die ganze Vielfalt dieses Lebens erkennen und genießen. Meine Mitbewohner hier heißen Freude, Verbundenheit und tiefe Dankbarkeit. Das Ufer war immer da, aber mein Schifflein konnte lange nicht vor Anker gehen. Es fehlte der nötige Kompass, die innere Führung. Es galt, die Schatzkiste und den Schlüssel dazu zu entdecken. Meine Sehnsucht nach innerem Halt, Schutz und Geborgenheit brachte es mit sich, dass ich vermehrt Kontakt zu mir selbst aufnahm.

Und ich fand **Seismoran** – mein inneres Kleinod – er ist als meine Dualseele untrennbar in bedingungsloser Liebe mit mir verbunden und wurde fortan der Seelenbegleiter auf meinem Lebensschiff. Ich erfahre von ihm, woher der Wind mit welcher Stärke weht und welchen Kurs wir nehmen. Obwohl er über keinen Körper verfügt, spreche ich mit ihm, wie mit einem Menschen. Mein Lieblingslied «Maria durch den Dornwald ging« ist ein Pendant zu meinem Lebensmosaik.

Als ich die letzten Dornen durchschritten hatte, zeigte sich auch mir das Blütenwunder mit vielen Knospen, mit jungen Trieben und Blüten. **Seismoran** ist die prachtvollste aller Blüten – mit seiner Begleitung und Führung wurde aus so mancher Wunde ein Wunder – und ich erzähle davon in diesem Buch. Nach langen Jahren des Leidens, der Hektik und der Trennung von mir selbst bin ich nun angekommen. Meine Schattenkinder sind in das Licht gegangen und geben mir damit die Gelegenheit, ohne große Betroffenheit über sie zu schreiben.

Sollte es mir gelingen, mit meinen Zeilen glaubhaft zu machen, dass nach jedem dunklen Tunnel, den wir beschreiten, am Ende ein helles Licht auf uns wartet, dann habe ich eines der Ziele, die ich mit diesem Buch verbinde, erreicht. Es liegt an uns selbst, das Licht als unsere Heilung zu sehen und es immer wieder als Weg-Begleiter und Weg-Bereiter zu erkennen und zu nutzen.

Licht – ist unsere eigentliche Identität.

In immerwährender Präsenz hält es viele Qualitäten in sich verborgen. Sie helfen, uns und unsere Umwelt zu verstehen, in allen Situationen unsere Lektionen zu erkennen und uns als einen Ausdruck des schöpfenden Gottes wahrzunehmen. Viele lichtvolle Begleiter säumen unseren Weg und warten nur darauf, dass wir sie rufen, damit sie uns dienlich und hilfreich sein können. Wachstum ist das Ziel jeder Reise. Es kann viele Wunder, aber auch Leid und Schmerz hervorrufen – je nachdem, ob wir bereit sind, Verantwortung für unser Leben zu übernehmen und unser Leben als einen Freund zu erkennen, der viele Lektionen für unser Wachstum bereithält.

Niemand hat uns auf die Erde gestoßen, sondern wir wollten dieses Leben, um diese Erfahrungen zu machen, die wir nur hier – auf dem blauen Planeten – machen können.

Unser Leben ist ein Mosaik mit vielen Ziegeln, Kieseln und Edelsteinen, es kommt darauf an, dass wir etwas Gutes daraus bauen.

Wenn mein Herzblut und mein Glücksgefühl sich den Weg bahnen zu meinen Lesern und diese mich in meinen Zeilen durch mein Leben begleiten, werde ich mit Dankbarkeit darauf blicken. Etwas Befreiendes spüre ich, wenn ich mir das Erlebte von der Seele schreibe und Rückschau halte auf die vielen Schattenkinder, die aus der Verdrängung geboren wurden. Sie fanden ihre Erlösung durch meine ungeteilte Aufmerksamkeit und Erkenntnis, und so durfte sich Wunde um Wunde schließen.

Meine eigenen Schatten konnten durch ihre Entdeckung die Fäden zu einem roten Teppich werden – dem Teppich eines guten Lebens! Wenn ich mich entblöße und meine Erkenntnisse über mich ganz offen anspreche, dann spüre ich, wie frei mich das macht. Mein Sosein rückt in ein Licht, das mehr und mehr meiner Wirklichkeit entspricht. Ich lerne mich dabei kennen – in der eigenen Mitte – fern von Größenwahn und Minderwertigkeit. Es ist gut, sich näher zu kommen und ohne nagende Einsamkeitsgefühle auch allein sein zu können.

Es war für eine lange Zeit schlimm, allein sein zu müssen.
Jetzt ist es ein Glück, allein sein zu können!

Mit meinen sensitiven Fähigkeiten spürte ich schon als Kind, dass ich anders war als meine Nächsten. Es begegnete mir in meiner Umwelt oft ein Unverständnis für mein Handeln, Denken und Fühlen. Daraus resultierten in meinem Inneren Ängste, Einsamkeitsgefühle und die Sehnsucht nach Zugehörigkeit. Diese dienten mir als Motor, mich auf die Suche nach mir selbst zu begeben. Einzeln gewonnene Erkenntnisse fügten sich im Laufe der Zeit zusammen zu einem Mosaik des Verständnisses, welches mich wiederum auf meine Schatten aufmerksam machte. Nach der Bereinigung dieser Dunkelstellen des Unbewusstseins kam ich in meine eigene Schöpferkraft – fern von dem vormals erlebten Opfertum.

Es gelang mir nach Jahrzehnten ungestillter Sehnsucht, Brücken zu bauen zwischen den Menschen meines Alltags und mir, indem ich ihnen Anerkennung, Trost und Aufmerksamkeit schenkte.

Ich nenne das »Lichter anzünden«, um Situationen zu erhellen.

Menschen warten geradezu darauf, freundlich angesprochen zu werden, und im Alltag gibt es überall einen Anlass, Positives zu sagen oder zu bewirken. Das darf dem Müllmann, dem Postboten oder der Toilettenfrau gewidmet sein – der Dank dafür sind ihre strahlenden Augen über ein persönliches Wort, das von Herzen kommt! Wie von selbst löse ich mich dann aus meinem Anderssein und spüre einen Hauch von Zugehörigkeit.

Ich möchte mit meinen Zeilen den Lesern ein Stück Hoffnung vermitteln, die Angst vor der eigenen Größe in ihnen mindern und ihnen zeigen, dass wir unsere verstorbenen Angehörigen und Freunde durch Verständnis und Versöhnung vom Himmel herunterholen und mit ihnen verbunden sein können. Mit anderen Worten: Frieden ist immer möglich, dafür es ist nie zu spät – unabhängig davon, wann unsere Lieben den Weg zu den Ahnen genommen haben. Der Himmel ist uns näher, als wir glauben. Wenn wir den ersten Schritt zur Aussöhnung gehen, bekommen wir Hilfe vom Leben – oftmals auf ganz unerwartete Weise. Diese Bereinigung ist ein Prozess und ein Auf und ein Ab.

Wenn Du – liebe Leserin, lieber Leser – Dir erlaubst, Deinen Anteil zu erkennen, der Deinem Friedens-Kuss bislang im Wege stand, und ihn aus seinem Schattendasein erlöst, können sich nagende Schmerzen und Gefühle verabschieden.

Es gab nie einen Plan oder ein Konzept in mir, auf dem das Wort Versöhnung stand, sondern es geschah von selbst, wenn ich mir meine Fehler und Schwächen eingestanden habe und somit die Verantwortung für mein Leben übernehmen konnte. Ich erkannte, dass es nicht in erster Linie die Umstände waren, die mein Unglück heraufbeschworen, sondern die Art, wie ich damit umging. Nicht der Wind, sondern das Segel bestimmte meinen Kurs. Und erst spät begriff ich, dass ich mich die ganze Zeit über mit einem Opfergewand durch das Leben bewegte. Nur vermeintlich hatte diese Rolle einen Erfolg – ich hoffte auf besondere Zuwendung und Schonung für meine arme Gestalt. Doch es waren Almosen, die ich daraufhin von meiner Umwelt bekam. In dem Moment, als ich dieses falsche Spiel erkannte und meinen Opfermantel ablegte, konnte sich die Schöpferkraft in mir entwickeln. Ich bekam Hilfe, das Leben reichte mir beide Hände, weil ich ihm als seine Freundin begegnete.

Ungeachtet jeder Theorie habe ich das erlebt und erkannt. Darum erlaube ich mir, diese Erfahrung weiterzugeben – besonders in dieser »Neuen Zeit«, in der wir spezielle, geistige Hilfe erfahren. Wie alle Menschen auf unserem Planeten, bin auch ich eine Baustelle, an der die lichtvollen, unsichtbaren Helfer arbeiten, damit ich mich zu einem Menschen entwickeln kann, der mit seiner Schwingung auf einer »Neuen Erde« in Frieden lebt und zu deren Erhalt beiträgt.

Im letzten Drittel meines Lebens darf ich nun meine Bedürfnisse leben, ohne mich als Egoistin abwerten zu müssen. Den Weg der Natur, auf dem es nur um das Überleben geht, habe ich verlassen. Stattdessen schreite ich auf dem Pfad der Erkenntnis, der Versöhnung und der Gnade. Mit jedem Schritt auf ihm hole ich mir ein Stückchen ersehnter Freiheit. Die Essenz all meiner Therapien war, es zu erkennen, dass ich ein Teil dieser göttlichen Schöpfung bin und ohne Wenn und Aber meine Größe leben kann. Ich möchte den Lesern den Weg dorthin zeigen – mit allen Steinen, Abgründen und Irrwegen. Zeigen, wie wir ohne Kompass durch den Dschungel menschlicher Verfehlungen, wie Neid, Hass, Gier, Unliebe und Sinnlosigkeit gehen dürfen und eines Tages den Silberstreif der Heilung am Horizont erblicken.

Ich erkannte, dass Gott gerade auch auf krummen Zeilen schreibt, aber diese Erkenntnis nutzte mir erst, als ich IHN in mir, ich mich als einen Teil von IHM erkannte. Ich habe alte Metaphern von meiner Fahne genommen, das Symbol der Lotosblüte erscheint heute darauf. Sie kommt aus dem Sumpf und entfaltet sich in wundervoller Weise in allen Farben. Ja, mein Leben glich teilweise einem dunklen Pfuhl, der mich fast verschlungen hätte. Oftmals wollte der Moder seine Fangarme nach mir ausstrecken – es gelang ihm nicht. Es gibt für mich keinen Morast mehr, ich habe ihn mit meiner unermüdlichen Selbstarbeit transformiert in Licht und Liebe. Ich fühle mich so jung und so verbunden wie nie zuvor, mit allem, was lebt, obwohl sich in meinen Körper Runen des achtlosen

Lebens eingegraben haben, mit denen ich heute lebe. Aber diese äußerlichen Schmerzen reichen an die Intensität des Inneren nicht heran.

Natürlich falle ich noch manchmal, erkenne meine Fehler und Schwächen, aber ich stehe wieder auf und besinne mich auf das Licht, das ich bin. Zahlreiche Wunder geschahen auf meinem Weg. Mein Seelengefährte hat Jahrzehnte darauf gewartet, dass ich ihn wahrnahm und eine Möglichkeit fand, mit ihm zu sprechen und ihm zu vertrauen. Dadurch konnte ich mein Leben in ganz besonderer Weise bereichern. Ich wurde gewahr, dass es eine unzertrennliche Partnerschaft zwischen dem Körper und dem Teil meiner Seele im freien Geist gab, die ich nicht nur für mich, sondern für das Große Ganze zur Verfügung stellen konnte. Für mich ist diese Verbindung jeden Tag aufs Neue ein Wunder.

Und wie es dazu kam, das erzähle ich Dir in diesem Buch.

Ich verbinde mich jeden Augenblick mit dem freien Teil meiner Seele, die im Christusbewusstsein beheimatet ist. Auf alle Fragen, die mich und meine Klienten, die ich berate, betreffen, bekomme ich Antwort aus der bedingungslosen Liebe: *»Ich bin Du – und Du bist ich, Du wirst geliebt über alle Maßen für das, was Du bist, nicht für das, was Du tust«*, höre ich meinen Seelengefährten **Seismoran** sagen. Von ihm erhielt ich den Namen **Seismoril**. Er bedeutet »Sonne« und auch »den Weg aus eigener Kraft gehen« – etwas, das ich bereits beim Start in diese Inkarnation mit aller Härte erfahren habe und das mir eine besondere Stärke verliehen hat. Ich möchte Euch – meine Leser – einladen, mit mir auf die Reise durch mein Leben zu gehen. Vielleicht treffen wir uns an einer Kreuzung und gehen Hand in Hand als Gefährten ein Stück des Weges gemeinsam.

Todesahnung

»Ich werde sterben.« In der Stimme klang eine unerbittliche Melodie, die keinen Widerspruch duldete. *»Ich habe nicht mehr viel Zeit«*, fuhr er fort, *»bitte komm am Sonntag zu mir, ich möchte Dir etwas zeigen«*. Wir waren gerade dabei, uns zu verabschieden. Seine unerwartete Botschaft überraschte mich. In den zwei Tagen seines Besuches war davon nicht die Rede, anscheinend trug er seine Bitte mit sich herum und nutzte nun den letzten Augenblick, um seinem Wunsch Ausdruck zu geben. Es war zu spät, ich konnte mich schon lange nicht mehr auf ihn einlassen, so ging die Dringlichkeit seiner Worte an mir vorbei. *»Du stirbst noch nicht, bist noch jung und gesund«*, entgegnete ich und spürte bei meinen Worten, dass sie wenig überzeugend klangen. Sie waren mehr so dahingesagt – um überhaupt etwas zu sagen –, ohne auf seine Gefühle näher einzugehen. Er ließ sich durch mich nicht beirren und bestand auf meinem Kommen nach St. Augustin, in seine Wohnung. Ich hatte damals meinen Wohnsitz in Frankfurt.

Er trat ganz dicht an mich heran und streckte mir beide Hände entgegen. Ich war verwirrt, das passte nicht in mein Konzept und warf Fragen auf, die ich mir nicht beantworten konnte. Ein wenig zögernd reichte ich ihm meine Hände. Er ließ sie lange nicht los und verlor dabei kein Wort. Ich wagte nicht, ihm in die Augen zu sehen oder etwas an dieser Haltung zu verändern. Für mich hatte diese Geste etwas Peinliches, ungewöhnlich Berührendes, und ich spürte eine Unsicherheit, die mir etwas Angst machte. Es war, als wolle er etwas von mir mitnehmen, nicht mehr loslassen in der Gewissheit, dass sich unsere Hände nie wieder berühren würden. Diese Nähe, die sich da so plötzlich einstellte, befremdete mich und mir war ihre Bedeutung nicht klar. Es verunsicherte mich und ich hatte Angst, die Kontrolle zu verlieren. Einen kleinen Moment lang entschwand meine Fassung.

Ich lebte meine Gefühle für gewöhnlich nur, wenn ich allein war, sonst trug ich eine wunderschöne Maske, die anderen Menschen signalisierte: *»Rühr mich nicht an«*. Kein Mensch wusste von meinem gebrochenen Herzen, schon gar nicht der Verursacher, der gerade vor mir stand. Auch ich selbst merkte es nicht mehr, dafür sorgte die Mauer, die ich um mein Herz gelegt hatte, und die es vor Verletzungen schützen sollte. Gefühle der Angst, Scham oder der Verzweiflung landeten auf einer inneren Halde – als Schattenkinder –, wo sie auf der Erlösung harrten. Aus peinlichen Situationen versuchte ich mit klugen Worten zu entkommen. Ja, ich war eine gute Schauspielerin, machte gern mir und anderen etwas vor.

Ungeachtet dessen hielt ich in dieser Situation mit ihm stand. Kein einziges Wort war hier angebracht, doch ich wagte auch nicht, ihm in die Augen zu sehen. Ich war erleichtert, als er mich losließ. Er versicherte sich noch einmal, ob ich auch wirklich am folgenden Wochenende zu ihm käme, und verließ mich. Nach diesem Abschied schaute ich ihm ungewöhnlich lange nach – verunsichert und nicht fähig, einen klaren Gedanken zu fassen. In seiner Begleitung sah ich schemenhaft einen Engel. Es konnte der Todesengel sein, aber auch sein Schutzgeist. Diese Begegnung entzog sich meiner Kontrolle. Etwas Unheimliches nahm von mir Besitz. Ich war im Begriff, ihm hinterherzulaufen und ihn zu fragen, was das alles zu bedeuten hatte. Aber weil nicht sein kann, was nicht sein darf, verwarf ich diesen Gedanken und blieb wie angewurzelt auf der Stelle stehen. Sein Bild – ein Mann, elegant gekleidet, mit Hut – wurde immer kleiner, dann starrte ich ins Leere. Lange blieb ich noch auf der Stelle stehen, und nur mühevoll konnte ich mich wieder in meinem Alltag einfinden. Einen Tag vor dem vereinbarten Termin bekam ich von Ruth einen Anruf, es ginge ihm nicht so gut und es wäre ungünstig, tags darauf zu kommen. Ich wollte nicht an mich heranlassen, dass sich das Unabänderliche bereits ankündigte, und so ließ ich mich durch ihre Prophezeiung von meinem Besuch abbringen. Ich wusste nicht, ob er wirklich die Absicht hatte, seinen Körper zu verlassen, oder ob da Kräfte am Werk waren, von denen ich nichts wusste. In meiner ganzen Unsicherheit, die das Erlebte von vor einigen Tagen in mir hervorrief, kam ich nicht auf die Idee, trotz meiner Absage die Fahrt anzutreten. Eine unüberwindbare Mauer tat sich auf. Ich fuhr nicht – und er starb: mein Vater.

Vater und Tochter

»Er hat in der Todesstunde nach Dir gerufen«, teilte mir seine Geliebte – Ruth – mit einem leisen Vorwurf in der Stimme mit. Ich wagte es nicht, ihr zu widersprechen oder zu sagen, dass sie daran mit ihrem Anruf maßgeblich beteiligt war, dass ich in seiner letzten Stunde nicht anwesend war. Es konnte sein, dass sie den Grund meines Besuches wusste oder ahnte. Mein Vater wollte zu meinen Gunsten sein Testament ändern, vielleicht wollte sie deshalb meinen Besuch verhindern. Ja, sie war einnehmend gegenüber Menschen und Besitz, und ich traute ihr in dieser Hinsicht einiges zu. Sie gehörte zu den Zeitgenossen, vor denen ich in meinem sensiblen Inneren strammstand und tat, was man von mir erwartete. Sie war eine mächtige Person, verheiratet mit Tom, der des Öfteren in der Psychiatrie behandelt wurde. Mein Vater hatte in ihrem Haus ein Zimmer und weilte dort an jedem Wochenende. In der Woche ging er seinen Geschäften nach und wohnte in St. Augustin. Ich war mir schon lange sicher, dass Ruth Toms Abwesenheit benutzte, um mit meinem Vater Schäferstündchen zu halten.

Nach der Hiobsbotschaft von Ruth konnte ich meine Schuldgefühle nicht mehr unterdrücken, sie nagten an mir so stark, dass ich mich nicht in der Lage fühlte, an der Beerdigung meines Vaters teilzunehmen. Dadurch verstärkten sich diese Emotionen noch mehr. Ich versuchte mir nach allen Regeln der Kunst einzureden, dass die Umstände gegen eine Fahrt zu meinem Vater gesprochen hatten, doch es gelang mir nicht. Mein Gewissen klopfte unbarmherzig immer wieder an meine Herzenstür und führte mir mein Versagen vor Augen.

Friedhof

Zehn Jahre später stand ich vor seinem einsamen Grab, auf dem ein schlichtes Holzkreuz stand und der Name kaum noch zu lesen war. Mein Gefühl sagte mir, ich müsste noch etwas für ihn tun. Da waren auch Zweifel, ob er damals wirklich natürlich gestorben war, oder ob etwas Schicksalhaftes daran beteiligt war, dass er ins Namenlose verschwand. Es gab in der Familie, in der er sich bis zu seinem Ende befand, so viel Unausgesprochenes, Heimlichtuerei und Wortfetzen hinter vorgehaltener Hand. Ich konnte ihnen nur etwas glauben, wenn ich mich selbst davon überzeugte. Das bestimmte meine Motivation auf diesem Platz der Entrückten, ich wollte mich selbst davon überzeugen, dass es hier ein Grab mit dem Namen meines Vaters gab. Ich überlegte, ob mit seinen Knochen auch seine seelischen Schmerzen in die Verwesung übergegangen waren, aber darauf gab es für mich in diesem Moment keine Antwort.

Ein kalter Wind ließ mich frieren, es war der 17. November 1982. Vor zehn Jahren hatte mein Vater seinen Tod eine Woche im Voraus angekündigt. Heftig pfiff es durch die Bäume und riss von ihnen die letzten Blätter. Sie tänzelten lustig auf die Erde, was weder zu der Umgebung noch zu meiner Stimmung passte. Ich war traurig, ich empfand diese Ruhestätte verlassen, einsam. Genau so, wie er sich im Leben gefühlt haben musste und ich mich immer noch fühlte. Hoffentlich hatte er nun Frieden gefunden, an dem Platz, wo er jetzt weilte. Ich stellte mir meinen Vater als Engel vor, es gelang mir nicht. Ich wusste um die erdgebundenen *Seelen*, die ihren Weg ins Licht nicht finden können, und schauderte bei diesem Gedanken. Vereinzelte Schatten waren für mich sichtbar, unerlöste Seelen, die sich noch nicht von der Erde entfernt hatten. Sie kamen aus dem Nichts und verschwanden wieder. Wenn mein Vater eine von ihnen wäre, hätte er sich zu mir gesellt, dachte ich – es tröstete mich. Und damit kehrte Ruhe in meinem Herzen ein.

In diesem Augenblick wünschte ich meinem Vater von ganzem Herzen, dass er ein schönes Zuhause der Ruhe und des Friedens sein Eigen nannte. Ich legte die gelben Rosen, die ich die ganze Zeit in meiner Hand hielt, unter das verwitterte Holzkreuz. So wirkte das Grab nicht mehr so verlassen. Rote Rosen wären für mich nicht stimmig gewesen – nach allem, was sich in der Vergangenheit zwischen uns abgespielt hatte. Ich bemerkte in einiger Entfernung eine Gießkanne, füllte sie mit Wasser und begoss lange und intensiv das trockene Grab, als wollte ich meinen Vater damit wieder zum Leben erwecken. Ich zögerte, den Platz zu verlassen, so als gäbe es für ihn noch etwas zu tun. Dann wurde mir klar, dass hier alles getan war. Unendlich traurig fühlte sich dies für mich an. Es hatte so etwas Hoffnungsloses und Endgültiges. Plötzlich fing ich an zu weinen und sah den Friedhof von Tränen umsäumt und versponnen. Meine Perlen der Traurigkeit wollten jahrelang nicht fließen – sie suchten sich jetzt ihren Weg auf meinen Wangen und verwischten die Schminke. Es war unangenehm, aber ich schenkte dem keinerlei Beachtung. Es war mir in diesem Augenblick nicht wichtig.

Drei Jahrzehnte meines Lebens trug ich damals ein traumatisches Erlebnis mit meinem Vater in mir, ohne dass ich jemals mit ihm darüber gesprochen hatte. Hier, an diesem besonderen Platz kam es zu mir zurück und forderte unmissverständlich meine Aufmerksamkeit. Quälende Gefühle – die ganze Klaviatur – stellten sich ein vor diesem verlassenen Grab. Längst verblichene Bilder kamen wieder in meine Erinnerung. Schmerz und Freude, Jubel und Angst ließen meine Lebensmelodie erklingen. Ich war überwältigt von dem, was in mir lebendig wurde, im Angesicht des Todes. Meine Knie wurden weich, ich fühlte mich völlig überfordert, mein Kreislauf versagte, mein Herz fing an zu rasen. Ich legte mich auf die Erde neben das Grab meines Vaters. Die Zeit blieb für mich stehen, Nässe und Kälte konnten mir nichts anhaben, es gab nur diesen Augenblick und mein Herz fand wieder seinen Rhythmus. Ich sah uns – meine erste große Liebe und mich – in stiller Verbundenheit. Da war Frieden, Einverständnis und Geborgenheit. All das, was ich so lange ersehnt und vermisst hatte, durfte ich spüren. Zurückversetzt in glückselige Kindertage, als die Liebe in unseren Herzen wohnte und Vater und Tochter miteinander verband. Ich wünschte, dass dieser Augenblick der Süße des Lebens und der Erfüllung all meiner Sehsüchte kein Ende fände. Es war, als käme aus der Erde das Elixier, das meine Wunden heilen ließ, und der Himmel senkte sich mit seiner Liebe und Gnade auf die Erde.

Ich weiß nicht, wie lange ich so liegend auf der Erde neben dem Grab meines Vaters weilte.

Ein Augenblick ohne Zeit und Raum,
voller Hingabe an meine große Liebe: mein Vater.

Alle meine trennenden Gedanken gehörten der Vergangenheit an, hatten hier nichts zu suchen, da war Einheit zwischen zwei göttlichen Schöpfungen, die durch ihre menschlichen Ängste viel zu lange getrennt waren. Nichts Äußeres konnte diese Verbindung berühren, weder Kälte noch Nässe noch übliche Konventionen, wie man sich auf einem Friedhof zu verhalten habe. Da war Heilung einer besonderen Art, die für immer in meiner Seele einen Platz fand.

Plötzlich drang eine Stimme an mein Ohr. Ein liebevolles, besorgtes: *»Hallo!«*. Ich konnte diese Stimme nicht einordnen und brauchte eine Weile, um zu erkunden, wem sie gehörte. Ein Mann hatte mich auf meinem ungewöhnlichen Platz entdeckt und bot mir seine Hilfe an. Taumelnd erhob ich mich und schaute ihm lange erstaunt in die Augen. Er erschien mir nach einigen Augenblicken wie ein Gesandter des Himmels. Als ich die Wirklichkeit wieder an mich heranließ, fragte ich ihn nach seinem Namen. *»Ich heiße Achmed und komme aus dem Irak, wir können Du zueinander sagen«*, entgegnete er. Ich erzählte ihm freimütig und voller Vertrauen von meinem Erlebnis. Der Fremde aus einem fernen Land war ein sensibler, verständnisvoller Zuhörer und verstand jedes Wort. Unsere lichtvollen *Helfer* hatten uns wohl hier an diesem besonderen Platz zusammentreffen lassen. Es tat gut, das Erlebte zu schildern und das Gefühl zu haben, verstanden und geachtet zu werden. So gab ich Achmed Gelegenheit, auch sein Herz zu öffnen und aus seinem Leben zu erzählen. Anschließend nahm er mich an die Hand und führte mich an das Grab seines Vaters. Er hatte den Freitod gewählt und sein Sohn war darüber untröstlich. Ich sagte zu ihm: *»Dein Vater ist freiwillig auf die Erde gekommen und darf auch selbst den Zeitpunkt wählen, aus seinem Körper zu gehen. Das ist der freie Wille, den uns der Schöpfergott in seiner bedingungslosen Liebe geschenkt hat.«* Ich weiß nicht, ob mein Begleiter mit diesen Worten etwas anfangen konnte und ob sie ihm Trost waren. Er schaute mit seiner Ansicht über Gott und die Welt aus einem anderen Fenster, aber ich hatte die Hoffnung, ihm doch etwas Trost geben zu können. Wir nahmen uns zum Abschied in die Arme und gingen dann unserer Wege. Ich drehte mich noch einmal nach ihm um. Als sich seine Gestalt immer mehr meinen Blicken entzog, erinnerte ich mich an das letzte, unvergessliche Bild meines Vaters, als er nach unserer letzten Begegnung seinen Heimweg antrat. Die Begegnung mit dem Fremden, der für einen Augenblick so bewegend mein Nächster wurde, grub sich tief in mein Herz ein - ein unvergängliches Erlebnis, an das ich mit Dankbarkeit zurückdenke.

Bald hatte ich mich wieder unter Kontrolle und übergab mich, wie gewohnt, dem Regiment meines Verstandes über mein Leben. Ich glaubte nun, dass die Hülle meines Vaters unter dem Holzkreuz in der Erde lag. Meine Zweifel, dass mit seinem Tod etwas nicht in Ordnung hatte sein können, wurzelten in seinem damaligen Umfeld. Er lebte in einer Familie, die sich mit Heimlichkeiten durch das Leben bewegte. Welchen Platz er dort, in dieser Sippe, wirklich hatte, war mir lange nicht klar. Ich hatte bei meinen Besuchen den Eindruck, er wäre der geduldete Geliebte von Toms Ehefrau Ruth.

Sie war die Hausfrau, die stets das Ruder in beiden Händen hielt. Sie war mit Tom verheiratet, einem stillen, feinen Menschen, der es aufgegeben hatte, eine eigene Meinung zu vertreten. Ruth wollte immer recht haben. Dabei waren ihre Aussagen für mich widersprüchlich und ich hatte den Eindruck, dass sie aus gespaltener Zunge kämen. Wiederholt hatte ich meinen Vater und Ruth in Situationen erlebt, in denen sie sich fragwürdig verhielten – wie Liebende, die sich in flagranti ertappt fühlten. Bei Besuchen, die meinem Vater galten, fühlte ich mich stets unwohl in ihrer Nähe. Sie ließ uns nie allein. Ruth konnte so sein, weil ihre Nächsten sich ihr unterordneten. Insofern wurde sie in ihrem Verhalten von ihren Mitspielern gestärkt. Das ist mein ganz subjektiver Eindruck, und es mag sein, dass Gefühle von Eifersucht dieses Bild ein wenig streng zeichnen.

Ich hoffe heute, dass mein Vater mit ihr glückliche Stunden hatte.

Während eines Besuches bei mir in Frankfurt stellte mein Vater in Aussicht, dass er eines Tages mit seinen Koffern vor meiner Tür stehen würde. Da hatten wir uns schon so weit voneinander entfernt, dass er auch bei mir keine Heimat gefunden hätte. Vielleicht wollte die Familie meinen Vater nicht mehr dulden und er suchte eine neue Bleibe, weil er das Alleinsein nicht aushalten konnte. Das kannte ich nur zu gut. Viele Kompromisse hatte ich selbst mit anderen Menschen geschlossen, um nicht allein sein zu müssen. Wie er sich wirklich gefühlt hatte in dieser Sippe, kann ich nur vermuten, ihre Geheimnisse waren für mich immer spürbar, wie Schatten, die sich zwischen fein gebügelten Tischtüchern und Kristallgläsern bewegten und auf sich aufmerksam machten. Ich schämte mich ein wenig, weil ich so dachte. Hier in dieser heiligen Diaspora – bei den Verblichenen –, wo der Körper transformiert zu einer Energie, die wir nur bedingt wahrnehmen können. Es war üblich, von ihnen nur Gutes zu sagen, und der Wahrheit wurde dabei nicht immer die Ehre gegeben.

Ich ordnete die kitschigen Plastikblüten auf dem Grabhügel neu, ich traute mich nicht, sie in den Abfall zu werfen. Plötzlich hatte ich Angst, Ruth – seiner Geliebten – zu begegnen, und verließ eiligen Schrittes diesen Ort. Ich schaute mich noch einmal um nach dem verlassenen Grab, das sich mir zeigte als ein

Symbol für das Leben meines Vaters. Auf dem Rückweg über den Friedhof kam ich an einem frischen Kindergrab vorbei. Ein weißer Stern aus Holz, auf dem der Name Stella stand, zierte den kleinen Hügel. Davor waren ein Teddybär und ein kleiner Engel aus Porzellan liebevoll dekoriert. Ich wusste, dass dieses Mädchen – ihre Seele – weiterlebte, und doch empfand ich Traurigkeit und Mitgefühl mit ihrer Familie. Die Seele wusste, warum sie das irdische Leben so frühzeitig beendete, aber ich war mir nicht sicher, ob auch die Angehörigen darüber in Kenntnis waren. Als ich noch für einen Moment bei diesem liebevoll geschmückten Kindergrab verweilte, sah ich einen strahlenden Engel. Er stellte sich neben den kleinen, weißen Stern von Stella. Freude berührte mein Herz, dass Stella, deren Seele sich sicherlich noch in der Nähe des Grabes aufhielt, nun Gesellschaft hatte.

Ich lächelte dem Engel zu.

Dieses wundervolle Erlebnis bewirkte, dass ich plötzlich eine zärtliche Melodie hörte, die ich leise vor mich hinsummte. Mit einem guten Gefühl verließ ich schließlich die Stätte der Verstorbenen. Ich hatte in mir ein Stück wohltuende Klarheit gewonnen, und der Besuch, der anfänglich eher aus einem Gefühl der Schuld erfolgt war, bedeutete letztlich eine Bereicherung für mein Leben.

Mein Vater Gerhard im Alter von 54 Jahren, im Jahre 1950

Vaters Erbe

Vier Wochen, nachdem mein Vater seinen letzten Atemzug getan hatte, brachte mir eine Spedition zwei wertvolle, antike Stühle. Ihren Platz hatten sie in der Zeit meiner Kindheit in unserem Haus, im sogenannten Herrenzimmer. Ein majestätisches Flair umgab sie, die Lehne war hoch und mit handgeschnitzten Ornamenten versehen. Die Sitzflächen waren fein aus Stroh geflochten. Ich erkannte sie sofort wieder und erschrak über das Bild, das sich mir plötzlich zeigte: Als er damals – ich war noch ein Kind – von uns ging, hatte er sie mitgenommen. Mich nicht. Mich ließ er zurück, einsam und verlassen, ohne ein Wort des Trostes. Dieses Erlebnis bestimmte mein ganzes Leben in traumatischer Weise. Wie oft hatte ich ihn in meiner Kindheit auf einem dieser Stühle angetroffen und ihm auf seinem Schoß Gesellschaft geleistet. Wir schmusten hingebungsvoll miteinander, dabei senkte sich der Himmel für mich auf die Erde. Ich war glücklich mit meiner großen Liebe, meinem Vater. Bis er – ohne eine Erklärung – aus meinem Kinderleben entschwand.

Ich war zweiunddreißig Jahre alt, als sein letzter Besuch bei mir stattfand und er seinen Tod vorausahnte. Er gab diese beiden antiken Stücke bei einer Spedition in Auftrag. Er hatte nicht nur seinen Tod, sondern auch vorausgesehen, dass es nicht mehr zu dem vereinbarten Treffen mit mir kommen würde. Ich erkannte, dass ich ihm wohl doch nicht so gleichgültig war, wie es oft den Anschein hatte, wusste aber auch mit dem Geschenk, das mich an ein traumatisches Erlebnis mit ihm erinnerte, nichts anzufangen. Ich stellte die Stühle nebeneinander an eine Wand, wo noch etwas Platz war. Sie strahlten etwas Aristokratisches aus. In meiner Behausung wirkten sie auf mich wie Eindringlinge, die mir zeigen wollten, aus welchem feinen Haus ich kam und dass meine Wunde noch immer blutete. Dieses Geschenk fiel wie ein Komet vom Himmel in meine kleine Wohnung. Ich vermisste eine persönliche Botschaft meines Vaters, wahrscheinlich war er dazu nicht mehr in der Lage gewesen. Wie mochte es ihm in der einen Woche nach unserem Abschied ergangen sein? Ich stellte mir die Frage, ob er den Freitod gewählt hatte? Das sollte ich nie in Erfahrung bringen. Ich wusste, dass Menschen, die in Naturvölkern leben, ihren Tod manchmal erahnen und sich darauf vorbereiten. Ob er auch sensitive Fähigkeiten hatte, so wie ich, die Situationen oft im Voraus sah? Ich setzte mich abwechselnd auf die beiden Stühle, als wollte ich ihnen die letzten Worte meines Vaters an mich entlocken. Sie schwiegen in all ihrer Pracht. Schweigen in der Familie hatte so viel Unglück über uns gebracht, aber dafür konnten diese edlen Reliquien nicht.

Die beiden apparten Möbel ließen mir keine Ruhe, fortwährend wurde ich durch sie an Situationen erinnert, die so schmerzlich waren, dass ich sie tief in meinem Inneren verdrängt hatte. Nun kamen sie wie ungebetene Gäste aus ihrer Versenkung und sorgten dafür, dass ich meine Kontrolle verlor. Ich fing hemmungslos an zu weinen und eine Tür, die ich lange unter Verschluss gehalten hatte, öffnete sich. Die Wunde klaffte auf, der schützende Schorf fiel von ihr ab und sie zeigte sich mit ihrem ganzen Schmerz. Keine Heilung, kein Trost waren in Sicht, und so blieb mir in diesem Augenblick nichts anderes übrig, als die Tür wieder zu verriegeln und meine verzweifelten Gefühle auf die innere Halde der Unerlösten zu senden.

Ich wollte diese Erinnerungen, diese Unruhe, diese Hoffnungslosigkeit nicht mehr spüren. Darum mussten die Stühle aus meinem Refugium verschwinden, ich machte sie zum Verursacher für dieses Fiasko. Mit diesem Gedanken konnte ich meine Verantwortung abgeben. Ich hängte zwei weiße Betttücher über sie, um mir ihren weiteren Anblick zu ersparen. Es wirkte, als wenn ich mit der Farbe Weiß allen erweckten Erinnerungen ihre ursprüngliche Unschuld wiedergeben wollte. Doch weiterhin wirkte das Geschenk auf meine Seele wie ein Mahnmal. Ich fühlte mich bedroht. Die Szenerie mit diesen zwei ungebetenen Gästen rüttelte an meiner Fassade, die ich mir mühselig über lange Zeit aufgebaut hatte.

Die Realität holte mich ein, es waren zwei wertvolle antike Stücke und mein Portemonnaie war nur dürftig gefüllt. Ich hatte viele unerfüllte Wünsche. Sowieso wollte ich unter unserer unseligen Vater Tochter Geschichte einen Schlussstrich ziehen und nicht mehr daran erinnert werden. Also setzte ich die Stühle in eine Zeitungsannonce und erzielte einen angemessenen Preis. Dem Käufer trug ich auf, die Stühle in Ehren zu halten. Darüber verwunderte sich nicht nur er, sondern auch ich. Es gab die zwei Seiten: einerseits wollte ich sie loswerden, andererseits verdienten sie Würdigung, weil sie ein Symbol für die letzten Gedanken meines Vaters an mich waren. Jedoch, auch nachdem das Geschenk aus meiner Nähe entfernt war, beschäftigte mich die verhängnisvolle Beziehung, die sich in der Vergangenheit zwischen uns ergeben hatte, und meine Gedanken mündeten stets wechselnd in nagenden Schuldgefühlen und bitteren Vorwürfen an das Leben und an diesen Vater, der meine erste große und einzige Liebe war – und unbewusst mein ganzes Leben bestimmt hatte.

Versöhnung

Erst Jahrzehnte später, als ich mich von meinen Vorwürfen befreien konnte, erkannte ich eine Symbolik in diesem Geschenk, mit der vielleicht auch mein Vater die beiden Stühle an mich gesandt hatte. Wir beide – Vater und Tochter in liebevoller Zweisamkeit und Nähe, im Dialog – nehmen Platz auf ihnen und holen das nach, was in der Vergangenheit nicht stattfinden durfte.

Diese spät erkannte Botschaft rührte mein Herz, ich begann mir auszumalen, wie er gelebt hatte. Mir kam eine Szene meines Besuches in seiner Wohnung in St. Augustin in den Sinn. Wir beabsichtigten, meinen einundzwanzigsten Geburtstag zu feiern. Ich stand an seiner offenen Wohnungstür und wartete auf ihn, wir wollten einen Spaziergang machen. Ich hörte ihn durch die geschlossene Tür seines Schlafzimmers verzweifelt schluchzen und Gott anflehen, ihm zu helfen. Panik breitete sich in meinem Inneren aus, Ich erstarrte, war handlungsunfähig, wie damals, als er die beiden Stühle aus unserem Haus trug und mich völlig fassungslos zurückließ. Er kam nach einer Weile heraus, als sei nichts geschehen. Wir spazierten nebeneinanderher und sprachen über Belanglosigkeiten. Die Gefühle machten mir Angst, in solchen Situationen fühlte ich mich ausgeliefert und nicht fähig, etwas Hilfreiches zu tun. Er hatte – wie ich – mit dem Leben gerungen, aber keiner von uns beiden konnte eine Brücke zueinander herstellen.

Es fehlte mir an Reife, um ihm in den späteren Jahren die Hand zu reichen und mich mit ihm zu versöhnen. Nach langen Zeiten der Therapie und mit verändertem Bewusstsein denke ich heute anders. Wir hätten gegenseitig unsere Wunden heilen können, aber nie sprachen wir über das Wichtigste: unsere Sehnsüchte, Träume und die Verletzungen, die sich tief in uns eingegraben hatten. Belanglosigkeiten dienten als Gesprächsstoff, sie machten keine Angst. Jeder trug eine unsichtbare Last, keiner konnte darüber sprechen. Auf dem Papier waren wir eine Familie. Wir hatten die gleichen Ängste, Träume und Minderwertigkeiten. Aber ein tiefer Graben tat sich zwischen uns auf und schien für den Einzelnen unüberwindbar. Wie haben wir uns gegenseitig verletzt und so getan, als sei alles in Ordnung. Wir konnten nicht glücklich sein, denn wir machten aus unserem Herzen eine Mördergrube.

Mit der lichten Quelle unseres Bewusstseins können wir jedoch unser Herz öffnen, können uns in die Augen sehen, an den Händen halten und froh sein, dass wir mit unserem Leid nicht allein sind. Nun ist eine neue Zeit angebrochen: wir sitzen wieder auf diesen Stühlen und lassen die Liebe, die immer da war, in unsere Herzen fließen. Ich durfte durch das Verständnis für sein Tun zu meiner Liebe, die ich als Kind so stark empfunden hatte, wieder zurückkehren. So spreche ich zum ersten Mal mit meinem Vater über meine Gefühle:

»Ich bedaure von Herzen, Vater. Heute ist die Liebe zu Dir wieder in mein Herz gezogen und ich hoffe nur, dass auch Du Dich darüber freuen kannst an Deinem Ort. Ich gehe an Deiner Hand zurück zu dem 17. Dezember 1972, als die Stühle bei mir ankamen. Wir nehmen beide auf ihnen Platz. Du hast Deinen Körper abgelegt, aber ich verstehe alles, was Du mir sagen willst, spüre die Liebe, die uns beide verbindet, und sehe Deine innere Schönheit. Hinter jedem von uns steht ein Lichtwesen und legt seine Hände auf unsere Schultern. Ich beginne unseren Dialog: 'Lieber Vati, nun bin ich bei Dir angekommen, die tiefe Wunde ist geheilt, ich darf Dich ohne meine Begrenzungen sehen und Dir sagen: Ich liebe Dich, wie ich Dich immer geliebt habe. Dieses Gefühl war nur verschüttet, nun darf es wieder leben. Es tut mir leid, dass ich nicht verstanden habe, dass Du – wie ich – auf der vergeblichen Suche nach der Liebe warst und auch ich sie Dir nicht geben konnte. Ich habe Dich zum Schuldigen für mein eigenes unglückliches Leben gemacht. Heute habe ich Dich wiedergefunden, auf dem Weg der Heilung und Versöhnung.

Du lebst als Geschenk unserer Göttlichkeit in meinem Herzen. Ich liebe Dich und kann nun mein Herz öffnen für einen Mann, auf den ich seit siebzig Jahren warte und der mich ebenfalls ersehnt.«

»Geliebte Tochter, ich freue mich so sehr, wenn Du einmal mit einem Mann glücklich sein kannst. Ich habe Dich immer geliebt, aber wir konnten diese Liebe nur begrenzt leben. Es waren die Schrecken des Krieges, die unsere Herzen mit Angst und Panik füllten und der Liebe keinen Platz ließen. Als ich Dein gebrochenes Herz erkannte, war in mir ein starkes Bedürfnis, noch einmal von vorne anzufangen und Dir ein liebender Vater zu sein. Aber dazu war es zu spät. Du hast mir vergeben und ich freue mich über unsere Versöhnung, nun darf auch meine Wunde heilen und ich kann in der Heimat auf Dich schauen, meine Hände heilend und segnend über Dich halten und meinen Frieden finden. Wir werden uns wiedersehen, bis dahin sei behütet in Deiner Göttlichkeit.«

Jahre nach seinem Tod hatte ich folgenden Traum: Mein Vater lag auf einem mit vielen Blumen geschmückten Heuwagen, er war gerade entschlafen. Seine wunderschönen blauen Augen waren geöffnet und schauten himmelwärts, ich stand einige Meter von ihm entfernt, große Liebe und Zärtlichkeit erfüllten mein Herz. Ich näherte mich ihm und schloss seine blauen Augen. Eine große Erleichterung war für mich spürbar, und so konnte ich meine Schuldgefühle im Laufe der nächsten Zeit mehr und mehr verabschieden. Es dauerte Jahrzehnte, bis ich die tiefe Wunde heilen konnte, die durch eine verhängnisvolle Beziehung zu ihm in meiner Kindheit entstand und die mein Leben maßgeblich prägte. Wie ich, hatte er nicht nur Menschen – mich und meine Familie – sondern sich selbst verlassen. Ich stellte mir die Frage, wie hätte ich in seiner Situation gehandelt, und musste mit Erstaunen feststellen, dass ich ebenfalls Plätze, an denen ich keine Heimat finden konnte, verlassen hatte. Diese Antwort, die ich mir selbst gab, verblüffte mich. Ich habe in meinen drei Ehen jeweils die Flucht ergriffen, weil die Liebe nicht gelebt werden konnte. Was für eine erschreckende Wiederholung.

Geburtstrauma

Ich wurde in einem der kältesten Winter der letzten einhundert Jahre, sechs Monate vor Ausbruch des Zweiten Weltkrieges in Berlin geboren. Meine Mutter hatte mehrmals versucht, die Schwangerschaft zu beenden. Es gelang ihr nicht. Einen letzten Versuch, kein weiteres Kind mehr großziehen zu müssen, unternahm sie während meiner Geburt. Sie verweigerte sich, dem neuen Leben bei seinem Start behilflich zu sein. Ich meisterte den Weg durch den Geburtskanal allein und mit letzter Kraft, ich erblickte das Licht der Welt sehr zaghaft und schwach. Meiner Geburt schloss sich ein Klinikaufenthalt von drei Monaten an. Dieser Start unterschied sich wohl erheblich von meiner Vorstellung über das irdische Leben vor der Inkarnation, und so versuchte ich diesem Drangsal vier Wochen nach meiner Geburt für immer zu entfliehen. Man holte mich zurück.

Meine Seele wollte dieses Leben mit all seinen Herausforderungen, um daran zu wachsen.

Die Einzelheiten erfuhr ich später von meiner älteren Schwester. Meine Mutter hatte viele Gründe, die Verantwortung für ein weiteres Kind nicht übernehmen zu wollen. Die Ehe stand auf dem Spiel und der Krieg stand vor der Tür. Als ich nach Hause kam – im Frühling 1939 – ließen mich meine Eltern in der unteren Etage unseres Hauses allein, um mein Schreien nicht hören zu müssen. Sie gingen damals nicht davon aus, dass sich meine Erlebnisse der Einsamkeit und der Verlassenheit als unvergessliche Hieroglyphen tief in mein Leben eingraben, viele Schmerzen, Depressionen und Ängste hervorrufen und auf ihre Erlösung warten würden.

Meine Mutter und ich begegneten uns bis zu ihrem Tod wie zwei Fremde. Es war mir unerklärlich, warum die Liebe in unseren Herzen keinen Platz fand. Die Zusammenhänge um meinen dramatischen Start in dieses Leben erfuhr ich erst Jahrzehnte später. Meine Eltern, meine neun Jahre ältere Schwester Karin und mein zwei Jahre älterer Bruder Mathias bewohnten ein besonders schönes Einfamilienhaus in einer waldreichen Gegend in einem Vorort von Berlin.

Möpse

Mein Bruder und ich wurden »die Möpse« genannt. Mein Vater gab uns diese Namen. Es gibt verschiedene Möglichkeiten, an die er gedacht haben mag bei dieser Taufe. Mir kommt der Rollmops in den Sinn, aber das möchte ich gleich verwerfen, oder der «Mops kam in die Küche und stahl dem Koch ein Ei …«, aber so sang die Muse sicherlich nicht bei dieser Namensgebung. Mir fällt noch etwas ein, an das mein Vater gedacht haben konnte: «Ich bin so froh, wie der Mops im Paletot«. Vielleicht wollte er, dass wir in dieser schweren Zeit die Fröhlichkeit nicht vergessen. Zeitweilig ist uns das gelungen, denn wir wuchsen in einer wundervollen Natur mit Wald und Wiese auf. Vielleicht hatte er sich näher mit dieser wundervollen, kuriosen Rasse Mops befasst, ein Mops stammt von wahrhaft kaiserlichem Geblüt, und keine andere Hunderasse kommt ihm auch nur annähernd gleich. Ich ahne, sein Traum ging in die Richtung: Mochten doch seine Kinder etwas von dieser blaublütigen Rasse mitbringen oder entwickeln. Ungeachtet dessen möchte ich bekennen, wenn ich mir einen Hund als Gefährten wählen würde, dann wäre es ein Mops. So ein Tier ist etwas Besonderes – mit treuen, bittenden Augen, nie könnte ich ihm etwas Liebloses zutrauen.

Die Möpse – mein Bruder Klaus, 12, und ich, 10 Jahre alt

Ja, mein Vater liebte das Besondere, das Ausgefallene. Er ließ in unserem Haus zu einer Holzlampe mit den sieben Schwaben extra eine passende Holzdecke anfertigen. Schweigen wir darüber, ob wir beide – mein Bruder und ich – auch nur annähernd dieser kaiserlichen Rasse gleichkamen. Die Rangsdorfer Kindermöpse waren bis zur gewaltsamen Trennung unzertrennlich. Wo Mathias war, war die kleine Schwester nicht weit. Es war einfacher, von den Möpsen zu sprechen als von Mathias und Inke. Mein Taufname war Ingrid, mein Bruder konnte diesen Namen nicht so gut aussprechen und nannte mich Inke. Ich behielt diesen Namen, er war etwas Besonderes. Die Möpse hatten Gemeinsamkeiten, die von dem älteren Bruder ausgeheckt wurden. Ich ließ mich gern von ihm verleiten und führen in den Jahren, die wir zusammen erleben durften.

Möpse sind Schoßhunde, rund und gemütlich, und zum Knuddeln auf die Welt gekommen. Kurios ist, dass mein Bruder im letzten Drittel seines Lebens erzählte, er habe nie auf dem Schoß seiner Mutter gesessen. Der Mops hatte keinen Schmuseschoß gefunden und dieser Mangel ist für ihn heute noch in der Erinnerung, was ich gut verstehen kann.

Ungeliebt

Ich fand keine Möglichkeit, mich gegen die Unliebe meiner Mutter zu wehren oder meine Wünsche und Bedürfnisse ihr gegenüber zu äußern. Vielmehr fühlte ich mich ausgestoßen, ungesehen und ungehört. Kleine Kinder waren unserer Mutter oft zu anstrengend und deren Wesen schien ihr unverständlich – weil sie ihr inneres Kind schon lange verlassen hatte. Sie konnte sich nicht in eine Kinderseele einfinden. Mein Mops – und Bruder – war ein einfallsreicher Beschützer, ich habe viele gute Erinnerungen an unsere Gemeinsamkeiten. Er war ein fürsorglicher Gefährte an meiner Seite, und ich fühlte mich dementsprechend gut mit ihm.

Hinter unserem Haus war ein unbewohntes Waldgrundstück, der »Hühnerwald« – für uns Möpse ein kleines Paradies. Dort schalteten und walteten wir, wie es uns einfiel. Wir wurden wenig betreut, aber auch dementsprechend kaum kontrolliert. Dafür bin ich heute noch dankbar, denn ich weiß, dass Überbehütung und autoritäre Erziehung die natürliche Entwicklung eines Kindes sehr behindern bzw. in eine falsche Richtung lenken können.

Meine Wunde des Ungeliebtseins konnte über Jahrzehnte keine Heilung finden. Sie gab mir zu verstehen, dass mit mir etwas nicht stimmte, etwas nicht in Ordnung war. Es waren die Zeichen, die sich während der Schwangerschaft und der Geburt in mein Inneres einbrannten:

»Ich bin nicht erwünscht, nicht gewollt.«

Trotzdem war ich froh, dass mein Bruder und ich unsere Runden an einer langen Leine drehen konnten. Ich erinnere mich, wie wir uns zur Osterzeit frühmorgens aus dem Haus schlichen und aus dem nahegelegenen Moor Leberblümchen holten, sie kamen mit Moos und Steinen und Hölzchen in kleine Gärten, in denen ein leeres Ei in ein Häuschen verwandelt wurde. Damit machten wir den Erwachsenen gern eine Freude. Die Leberblümchen sind für mich ein Symbol für unbeschwerte Kindertage. Nach Jahrzehnten begegnete ich einmal einem kleinen Mädchen mit einem Strauß Leberblümchen. Ich war entzückt und fragte sie: *»Wo hast Du sie her?«* Sie bekam es mit der Angst, drückte den kleinen Strauß an sich und rannte weg. Ich nehme an, sie dachte, dass ich ihr die Blümchen entwenden wollte. Gern hätte ich von der Stelle gewusst, wo sie sie gepflückt hatte.

Ein weiteres Juwel meiner Erinnerungen an die Kindheit waren die Hühner. Ich habe sie geliebt – nicht nur, weil sie damals unseren Hunger mit ihren Eiern und ihrem Fleisch stillten. Stall und Auslauf als Lebensraum für das Federvieh sehe ich heute noch vor mir, weil ich den Hühnern dort gern einen Besuch abstattete. Es war für mich ein Erfolgserlebnis, wenn ich aus dem Stall zu meiner Mutter eilte, um ihr die Eier zu überreichen, so als hätte ich sie selbst gelegt. Immer war ich darauf aus, etwas Liebe von ihr zu bekommen oder mich mit dem Gedanken trösten zu können, ich sei zu etwas zu gebrauchen. Die Hühner wurden von den Möpsen geliebt, mit Namen versehen und jeden Tag besucht, sie legten sicherlich darum besonders viele Eier. Jedes Huhn hatte also einen Namen, und die Urmutter »Braunchen«, die als Glucke ständig Eier ausbrütete, wurde von uns Kindern in besonderer Weise geehrt, denn an der Wand des Stalles prangte in großen Lettern ihr Name. Eines meiner Lieblingsbücher war »Gockel, Hinkel und Gackelei« von Brentano, das auch heute noch in meinem Regal steht.

In den strengen Jahren des Krieges wurde das Federvieh im Keller gehalten, damit weder Hühner noch Eier gestohlen werden konnten – manch braver Bürger wurde durch die Not in diesen Jahren zum Dieb. Mein Vater vergrub eine eiserne Kiste in unserem Hühnerwald, damit unsere Kostbarkeiten von den Russen nicht gestohlen werden sollen. Diese Kiste blieb für alle Ewigkeiten unauffindbar, bis ein Nachbar als Dieb entlarvt wurde.

Wir drei Kinder – links ich, 8, i.d. Mitte meine Schwester Karin, 17, und rechts mein Bruder Klaus, 10 Jahre alt

Familie

Ich möchte an dieser Stelle nun meine Familie vorstellen: Mein Vater liebte Ingwer in der blauen Porzellandose, Sumpfdotterblumen, komische menschliche Begegnungen, seine Gitarre und den geilen Stab in seiner Hose. Er mochte keine Uniformen, biedere Frauen und Hühnersuppe. Meine Mutter mochte Hühnersuppe, Teakholz Möbel und Handgewebtes. Sie mochte keine kleinen Kinder, keinen Ingwer in der blauen Porzellandose und keinen geilen Stab in ihrem Nest. Karin, meine Schwester, liebte es recht zu haben, kurze Haare, Hände in den Hosentaschen und Bewegung in ihrer geilen Scham. Sie mochte keine kleinen Kinder, keine Hosen ohne Taschen und keinen Ingwer in der blauen Porzellandose. Mathias, mein Bruder, liebte ältere Frauen, die Natur in ihrer Vielfalt und das Futter seiner Jacke, mit dem er gern spielte. Er mochte keine Schule, keine Jacke ohne Futter und keine Hühnersuppe. Ich liebte meinen Vater, meinen Bruder, die Engel und die Naturwesen. Ich mochte keine Hühnersuppe, keine Teakholz Möbel – nicht das verschlossene Herz meiner Mutter und keine handgewebten Sachen.

Krieg

Es war Krieg und es gab wenig zu beißen. Das große Sterben hatte begonnen. Kinder nehmen das Leben so, wie es sich ihnen bietet. Darin sind sie den Erwachsenen überlegen. Bis zu meinem sechsten Lebensjahr kannte ich nichts anderes als Krieg. Das Wort Frieden klang für mich mystisch und unvorstellbar, wenn ich es aus den Gesprächen der Erwachsenen heraushörte. Es klang hell und licht, und vielleicht gab es nur im Frieden das, wonach ich mich so sehr sehnte: Liebe, Zärtlichkeit, einander zu verstehen, verbunden zu sein und miteinander zu fühlen. Ich hielt an diesem Traum fest und war überzeugt, er würde sich erfüllen. Bis dahin gab es Angst, Misstrauen, gebeugte Gestalten, die in Angst um ihr Leben waren. Es war eine schwere, schwarze Wolke, die sich über das Leben senkte und jedes Lachen im Keim erstickte. So wurden aus Kindern Menschen, denen das Spiel und die Leichtigkeit aus ihren Händen gerissen wurden und deren Panik sich in ihre kleinen Gesichter eingrub. Kleine Helden und Veteranen, die die Sorgen der Erwachsenen mittrugen, die ihnen ohne Worte klarmachten: *»Du darfst nicht sterben, denn ich brauche Dich!«* Kleine Kinderhände schoben sich angstvoll in die nass geschwitzten, zitternden Hände der Großen, nicht ahnend, dass es keinen Schutz vor der schwarzen Wolke gab. Sie war der ständige Begleiter der Menschen – in ihren Worten, Gefühlen und ihrem Handeln.

Dazu kam später der Hunger. Er nahm rücksichtslos von uns Besitz, schrie durch unsere Bäuche nach Essen, das es nicht gab. Ich puhlte die Saaterbsen aus der Erde, sie waren hart und kalt, ich schob sie in den Mund, um die nagenden Hungergefühle zu besänftigen. Ich schluckte sie mit der anhaftenden Erde hinunter. Stundenlange Bauchschmerzen quälten mich einige Zeit später. Die Angst, vor Hunger zu sterben, begleitete mich mein Leben lang, auch in Zeiten der Fülle und Überfülle.

Wenn Fliegeralarm war, gingen wir mit meinen Eltern in den Keller. Mein Vater hatte eine schwere Eisentür anbringen lassen, zum Schutz seiner Familie. Angst drang durch alle Ritzen und kam aus allen Löchern, sie beherrschte uns und ließ uns anders werden. Sie schloss für lange Zeit die Herzen. Unsere eigentliche Identität – die Liebe – zog sich aus unserem Sein zurück, es ging ums nackte Überleben. Erst nach Jahrzehnten erhoben wir Kriegskinder unsere Stimmen, erzählten von den Schreckenserlebnissen, schrieben sie auf und erlaubten uns, Bilder des Krieges zu betrachten und unsere Erinnerungen damit zu beleben.

Wie viele sind durch die Gräuel des Krieges mit ihrem Gemüt auf der Strecke geblieben? Das frage ich mich heute. Wie viele geistige und körperliche Krüppel hat dieses Grauen hinterlassen? Unzählige sind verschollen – namenlos, haben ihre Schreie und ihren Körper in der blutigen Erde gelassen. Nicht nur ihr Leben, auch das ihrer Lieben bekam unheilvolle Risse, die lange nicht heilen konnten. Ich erinnere mich an meine vielfältigen Ängste, den nagenden Hunger und die Sehnsucht nach liebevoller Zugehörigkeit.

Die warme Jahreszeit wurde von uns heiß ersehnt. Wir brachten Pilze, Beeren, Muscheln und Krebse aus dem Teich mit nach Hause. Es waren Reichtümer in dieser entbehrungsvollen Zeit. Die Natur schenkte sie uns. Mit dem Handwagen fuhren wir mit meiner Mutter auf die Dörfer, um von den Bauern etwas zu Essen zu bekommen. Sie war allein mit uns drei Kindern, denn mein Vater hatte uns verlassen. Manchmal wurden wir beschimpft und als Bettler vom Hof gejagt. Ich schämte mich damals, als kleines Mädchen, und konnte noch nicht begreifen, was es für meine Mutter bedeutete, für ihre Kinder so ums Überleben kämpfen zu müssen. Wir gingen »stoppeln«, wir suchten die Felder nach übrig gebliebenen Kornähren ab, die dann in ein Leinensäckchen kamen, welches mit einem Stein solange bearbeitet wurde, bis alle Ähren ihre Körner verloren hatten. Dann wurden die Körner gemahlen und zu einer Suppe mit Wasser zubereitet. Sicherlich war das jeweils eine gesunde Mahlzeit, aber die konnte unsere hungrigen Mägen nicht sättigen. Die Sommer waren in den Jahren meiner Kindheit besonders heiß, so war das Stoppeln ohne passendes Schuhwerk eine große Herausforderung. Heute bin ich erstaunt darüber, wie wir unser besonderes Schicksal gemeistert haben.

In dieser Zeit hatte ich meiner Mutter viel zu verdanken. Sie hatte nicht nur den äußeren Hunger zu bewältigen – irgendetwas in ihrem Inneren hatte dafür gesorgt, dass sich ihr Herz nicht öffnen konnte. Sie trug ihren Schmerz mit Fassung und eiserner Disziplin. Sie erfüllte ihre Pflicht, mehr war ihr nicht möglich. Sie tat damit ihr Bestes. Wenn ich mir das vor Augen halte, hilft es mir, versöhnliche Gedanken in meine Erinnerung zu bringen.

Zu meinem kleinen Besitz gehörte eine große Puppe, Eleonore wurde sie von mir genannt. Sie hatte in ihrem Puppendasein schon bessere Zeiten gesehen. Alles, was besonders schön und begehrenswert war, wurde von uns Kriegskindern mit Frieden gleichgesetzt, und so war Eleonore die Friedenspuppe. Sie wurde von mir heiß und innig geliebt. Meinem Bruder war diese Puppe etwas suspekt, vielleicht war er eifersüchtig auf das Puppenherz? Oder ihm war meine Liebe zu ihr nicht geheuer. Er musste der Sache auf den Grund gehen, so nahm er eine Schere und schnitt ihren Bauch auf. Sicherlich war dieses Unterfangen für seine Studien ziemlich erfolglos, denn er fand nichts von Bedeutung in diesem Puppenbauch. Für mich rückte ein Kinderglück in weite Ferne, ich war entsetzt. Es war fast so, als wäre mein Bauch der Schere zum Opfer gefallen. Zum Glück gab es Vewa, unser polnisches Kindermädchen. Sie war eine Heimatlose, die nichts zu verlieren hatte, und arbeitete bei uns mit ihrem Herzblut im Haushalt und bei den Kindern. Sie nähte Eleonores Bauch mit Liebe wieder zu. Nicht nur wegen dieser Liebestat hatte sie einen Platz in meinem Herzen. Sie erkannte mein Bedürfnis nach Geborgenheit und Aufmerksamkeit und stillte meine inneren Sehnsüchte. Mit ihr konnte ich kuscheln, und ich tat es ausgiebigst auf Vorrat, als ahnte ich, dass es diese Möglichkeit für mich eines Tages nicht mehr gäbe. Vewa wurde von höherer Stelle abberufen, ich werde sie nie vergessen und hoffe, dass sie an ihrem späteren Platz glücklich geworden ist ...

Je länger der Krieg dauerte, desto größer wurde unser Hunger – vor allem dann, wenn die Schätze von Mutter Natur noch in der Erde schlummerten oder sich unter einer Eisdecke im Teich aufhielten, und erst in der warmen Jahreszeit von uns gefischt oder geerntet werden konnten, wie z. B. Krebse und Muscheln oder kleinere Fische – als Krönung Wildkräuter, Pilze und Beeren. Es war unser Überlebens-Food! Heute esse ich Peace Food, was für eine Welt!

Russen

Wir zählten das Jahr 1945. Ich war fünf und mein Bruder sieben Jahre alt. Wir saßen mit Vorliebe auf unserem Holzzaun, um das Leben auf unserer Straße zu erkunden. Eines Tages erspähte mein Bruder in der Ferne einen Russen und machte mir davon Mitteilung. Neugierig blickte ich in seine Richtung, tatsächlich kam ein Mensch, ein Soldat in Uniform die Straße entlang. Ich fiel vor Schreck vom Zaun und verletzte mir das rechte Bein. Was ich bislang aus Worten der Erwachsenen vernommen hatte, war, dass Russen keine Menschen, sondern wilde Tiere seien, denen vor allen Dingen Kinder völlig ausgeliefert waren. Meine kindliche Fantasie hatte Monster entstehen lassen, mit riesigen Mäulern und großen Zähnen, die nur darauf warteten, kleine Kinder zu verschlingen. Zu meinem Erstaunen ging jedoch der russische Soldat mit einem freundlichen Lächeln an uns vorbei.

Meine Vorstellung von diesen Raubtieren änderte sich völlig, als Offiziere einer russischen Funkstation bei uns zu Hause einquartiert wurden, die besonders uns Kindern wohlwollend begegneten. Sie bewohnten die untere Etage unseres Hauses, wir mussten uns mit zwei Zimmern im oberen Stockwerk begnügen. Es waren Offiziere, die der deutschen Sprache teilweise mächtig waren, und in gewisser Weise standen sie mit uns in Familienanschluss. Besonders mein Vater wurde von ihnen gern für Dienstleistungen herangezogen.

Ich erinnere mich an einen Tag, als kein Stuhl in unserem Haus mehr vor ihnen sicher war. Sie wurden alle, zusammen mit meinem Vater, auf einen Lastwagen geladen, es ging auf einen Ausflug, der bis spät in die Nacht dauerte. Meine Mutter und wir Kinder wähnten unseren Vater mit den Stühlen auf Nimmerwiedersehen entführt und litten dementsprechend. Es waren noch Reste unserer Vorurteile, die uns so leiden ließen. Schließlich aber kehrten Stühle und Vater unversehrt zurück.

In meiner Erinnerung haben die Russen einen festen Platz in meinem Herzen – wie gute alte Freunde. So brachten sie uns in unserem kleinen weißen Eimer mit blauem Rand jeden Tag eine warme Suppe, die sie aus einer in der Nähe platzierten Gulaschkanone für uns holten. Nach entbehrungsreichen Zeiten und ständigem Hunger war diese Suppe für uns wie ein Geschenk des Himmels. Sie schenkte uns Wärme, Geborgenheitsgefühle und wohlige Augenblicke. Zwei besondere Erlebnisse mit diesen Freunden sind mir für immer in Erinnerung geblieben: Mein Bruder Mathias war damals acht Jahre alt, ein besonders attraktiver Offizier nahm ihn auf den Arm und unterhielt sich liebevoll mit ihm auf Deutsch. Dann schenkte er ihm einen Fotoapparat! In dieser entbehrungsreichen Zeit war das für meinen Bruder wie Weihnachten in Friedenszeiten ... Ein anderes Mal wollte meine Mutter uns mit einem Stück Kernseife die Füße waschen. Ein Offizier gebot ihr Einhalt, holte ein gut duftendes Stück Seife und übernahm eigenhändig diese Aufgabe. Eine heilige Handlung, durch die jegliche Angst vor den »wilden Tieren« von unseren Füßen gewaschen wurde. Erst später konnte ich erkennen, welch kostbares Ritual sich dort in unserer Waschküche vollzogen hatte. Als Kind wusste ich nicht, dass Jesus am letzten Abend seinen Jüngern die Füße wusch, aber vielleicht wusste es der Freund, der uns dieses Geschenk machte. Ich kann mir vorstellen, dass es sein Glaube war, der ihn zu diesem Ritual befähigte – voller Hingabe und Demut. Als ich mich später intensiv mit Jesus befasste, begriff ich erst Symbolik und Wert dieser Fußwaschung. Gibt es ein schöneres Vorspiel, ein Band zwischen Menschen zu knüpfen, als ihnen die Füße zu waschen? Es wirkte auf uns Kinder, die den Schrei nach Liebe und Zuwendung ständig unterdrücken mussten, in besonderer Weise, und so wurde es für mich zu einem unvergesslichen Erlebnis. Wie gern würde ich heute ein Gespräch mit diesem Freund führen, um ihm etwas von seiner Großherzigkeit zurückzugeben.

Meine Welt

Im ersten Lebensjahr saß jeden Abend die Nachtfrau an meinem Bett. Ich sehe sie heute noch vor mir: Sie trug ein schwarzes Spitzenkleid und eine schwarze Haube, die ebenfalls mit Spitzen verziert war. Mit ihrer bedingungslosen Liebe schenkte sie mir eine Aufmerksamkeit, die für mich in meiner Familie sehr ungewohnt war, und vermittelte mir, dass es einen Sinn hat, dieses entbehrungsreiche Leben zu leben. Dass ich in der unteren Etage unseres Hauses allein nächtigen musste, weil sich meine Eltern durch mein Schreien gestört fühlten, erfuhr ich erst später durch einen Brief meiner Mutter. Ich ringe manchmal um Verständnis für ihr Handeln, weil ich heute weiß, dass jedes Erleben seine Spuren in uns hinterlässt. Mir konnte auch vieles im Leben nicht gelingen, weil mir die Kraft und die Liebe fehlten.

Ich befreie mich deshalb von Vorwürfen an Menschen, von denen ich abhängig war und die mir nicht mehr geben konnten. Die nächtlichen Begegnungen mit diesem lichten Wesen an meinem Bett blieben mein Geheimnis, niemand in der Familie wusste etwas davon. Die Ausstrahlung meiner Nachtfrau war so stark, dass ich sie heute noch vor mir sehe. Viele Kinder sind hellsichtig, sie sehen beispielsweise Engel, Verstorbene oder Naturwesen. Wenn die Kleinen andere Menschen darauf aufmerksam machen, werden sie eventuell belächelt von denen, die nicht so sehen können, wie sie.

Engel können sich uns in vielfältigen Formen, Verkleidungen und Ausstrahlungen zeigen. Sicherlich hat mein Nachtengel gewusst, welche Form und welches Gewand für mein Wohlgefühl passend waren. Auf jeden Fall teilte dieses Wesen in besonderer Gewandung meine Einsamkeit und bereicherte in der Zukunft mein Leben in sehr spezieller Weise. Mögen meine Leser sich ermuntert fühlen, sich an die eigenen Geheimnisse ihrer Kindheit zu erinnern und all den Wesen zu danken, die ihnen begegnet sind …

Ich ahnte wohl schon früh, dass meine »inneren Schätze« der Wahrnehmung nicht für alle Menschen sichtbar waren, und so blieben sie in meiner geheimen Welt verborgen. Ich sprach mit meiner Familie nie über diese besonderen Begegnungen. Sowieso wähnten sie etwas Merkwürdiges an mir, denn hinter verschlossenen Türen hörte ich sie manchmal sagen: *»Mit der Inke stimmt etwas nicht!«* Ja, sie drückten mir sogar den Stempel einer geistigen Behinderung auf, und zeitweilig schenkte ich dem auch Glauben, denn ich spürte, dass mit mir etwas anders war als mit ihnen. Heute versuche ich meine Familie zu verstehen, damals litt ich sehr und glaubte selbst, dass ich nicht o. k. wäre. Ich sehnte mich nach Normalität und Angenommensein. Ja, bekanntlich kommt das auf uns zurück, was wir selbst über uns empfinden.

Heute habe ich mich weitgehend mit meiner Familie versöhnt. Ich erkannte meinen Anteil an den Konflikten und konnte in einem langen Bewusstwerdungsprozess alle Beteiligten und mich selbst besser verstehen lernen. Wir sollten den Fehlern, die uns und unserer Umwelt passieren, nicht zu viel Bedeutung beimessen. Unser Fehlverhalten ist in Wirklichkeit Weg-Begleiter und Weg-Bereiter für unser Wachstum. Wir haben unseren Platz auf der Erde eingenommen, um zu wachsen. Wenn dieser Prozess trotz Tiefgang mit Genuss und Erheiterung gepflastert ist, haben wir Freundschaft mit dem Leben geschlossen, und es wird uns stets hilfreich zur Seite stehen. Das Leben möchte uns – mich und Dich – als Schöpfer erleben, nicht als Opfer.

Mein bedingungsloses Vertrauen in das Leben, das immer das Beste will, auch wenn es im Moment nicht so aussieht und sich nicht so anfühlt, durfte sich nur langsam entwickeln, als ich den ersten Schritt machte und Gott als den liebenden Schöpfer erkannte. In einem weiteren Schritt erlaubte ich mir, meine Göttlichkeit zu erkennen und meine innere Größe zu leben. Fern von Arroganz und Hochmut – nur als ein einzigartiges göttliches Wesen. Solange ich mit Selbstmitleid auf das Leben schaute, zeigte es sich von der negativen Seite, denn die Schöpfungen kehren immer wieder zu dem Schöpfer zurück. Wir lernen selten im Elternhaus, im Kindergarten und in der Schule bzw. Universität das, was wirklich wichtig im Leben ist. Unsere Fahnen tragen Metaphern, die mit uns selten etwas zu tun haben.

Ich hatte für mein Leben eine sichere Kontrolle meiner Gefühlswelt eingerichtet: Lächelnd und stets freundlich ging ich meine Wege – ganz gleich, wie groß der Schmerz war. Die Wunden, die ich mir dadurch selbst zufügte, bluteten sehr lange – bis ich bereit war, die Maske zu lüften und Hilfe anzunehmen. Durch meine frühkindlichen, traumatischen Erlebnisse hatte ich eine starke Verlustangst. Nun mache ich die Erfahrung, dass ein »Nein« von meiner Seite aus auch für mein Gegenüber wohltuend sein kann und ich keinen Verlust zu befürchten habe. Ich kann meine Gefühle leben und formulieren und spüre dabei, dass es mich frei macht und ich mich wohlfühle mit meiner Authentizität.

Ich möchte Dir – lieber Leser, liebe Leserin – ans Herz legen, dass andere Menschen immer spüren, ob wir authentisch sind oder nicht. Sie akzeptieren ungewöhnliche Erscheinungen und ein besonderes Verhalten, wenn es authentisch ist. Diese Erfahrungen mache ich täglich mit meiner ausgefallenen, bunten Kleidung und meinem ungewöhnlich persönlichem Verhalten allen Menschen gegenüber, ob Mann, Frau, oder Kind. Natürlich gibt es Situationen, in denen ich in ein Verhalten der »Ungeliebten« zurückfalle, aber ich spüre es und übernehme dafür Verantwortung. Ich mache noch Unterschiede in meinem Verhalten meinen Nächsten gegenüber, aber ich wünsche mir von Herzen, dass ich nie mehr eine göttliche Schöpfung aufgrund ihres Soseins abwerte, denn das ist für mich echte Freiheit – die ich sehr ersehne.

Wechselbalg

Kurz vor Beginn des Krieges wurden keine Wunschkinder geboren. Der blutrote Teppich des Krieges war schon lange vorher ausgelegt. Ich erfuhr von meiner Schwester Karin, dass ich ein »Wechselbalg« sei – ein minderwertiger Säugling, der der Mutter von dunklen Geistern untergeschoben wurde, während sie ihr schönes, gesundes Kind raubten. Ich glaubte fest an diese Version meiner Herkunft und erklärte mir so, dass mich niemand – außer meinem Vater – wirklich lieben konnte. Meine Schwester berichtete mir auch von vielfältigen Aktionen, die meine Mutter während der Schwangerschaft unternahm, um meine Ankunft zu verhindern.

Der Krieg hatte eigene Regeln und nahm auf die Gefühle kleiner Mädchen keine Rücksicht.

Ich fand mich abgrundtief hässlich und glaubte, dass ich alle Eigenschaften eines Wechselbalges hatte. Das edle Kind, das man mit mir vertauscht hatte, stellte ich mir in aller Schönheit vor. In meiner Fantasie hatte es blonde, lange Locken, blaue Augen und trug eine Krone auf dem Haupt. Im Vergleich dazu hatte ich abstehende Ohren, wenig Haare, oft eine Rotznase und schmutzige Fingernägel. Mein Vater nannte mich liebevoll «mein Bauernmädchen«. Heute noch sehe ich mich weinen, meinen Kopf in den Handtüchern hinter der Küchentür vergraben, und den lieben Gott bitten, er möge aus mir, dem Wechselbalg, ein schönes Kind machen. Ich glaube, dass er diese Worte ernst genommen hat. Schönheit hat in meinem Leben immer eine besondere Rolle gespielt. Sie zeigte sich in meiner Kleidung, meiner Wohnungseinrichtung und kleinen Dingen, die mein äußeres Leben bereicherten.

Ich bemühte mich, trotz Wechselbalg, mit guten Taten um meine Daseinsberechtigung. Schon früh galt meine Aufmerksamkeit Kindern, denen es augenscheinlich noch schlechter ging als mir, und ich versuchte, ihr Los zu erleichtern. Es gab sie auf unserer Straße – Kinder, die von wirklicher Liebe unberührt blieben. Sie ersehnten, wie ich, Zuwendung und Aufmerksamkeit. Selbst, als ich erwachsen war, war ich doch noch eine von ihnen. So versuchte ich, ihnen das zu geben, was ich selbst so schmerzlich entbehren musste. Für mich waren Begegnungen mit diesen Kindern eine Möglichkeit, mir ein Anrecht auf mein Dasein zu verdienen und zu vergessen, dass ich eigentlich »nicht da sein« sollte.

So gab es ein bestimmtes Ritual, das sich an bestimmten Tagen in unserem Haus vollzog. Wir hatten kleine Tässchen, die für Mokka bestimmt waren. Den gab es zu Zeiten der DDR nicht, also dienten sie dem Kakao, den die Kinder über alles liebten und der nie fehlen durfte bei unserem Beisammensein. Eines dieser Kinder machte mich nach Jahrzehnten im Westen ausfindig und trat mir als ein gestandener Mann gegenüber. Er sprach einen ausgeprägten Berliner Dialekt und sein Redefluss war durch nichts aufzuhalten. Ich sang im Stillen: *»Auch Du warst ein Jüngling mit lockigem Haar«*, und dabei tauchten in meinem Inneren Bilder eines engelgleichen Kindes auf, das sanft und liebevoll auf das entbehrungsreiche Leben reagierte. In den Erinnerungen unserer Begegnungen war er fürsorglich und rücksichtsvoll gegenüber den jüngeren Kindern. Nun wollte er von dieser Zeit nichts mehr wissen, sondern mir seine potente Manneskraft unter Beweis stellen. Das interessierte mich wenig und so war ich froh, als er wieder die Heimreise antrat. Wir verstanden nun einander nicht mehr, es lagen Jahrzehnte zwischen uns, die jeden in der einen oder anderen Weise geprägt hatten.

Mutter und Tochter

Obwohl die Beziehung zwischen meiner Mutter und mir nicht liebevoll war, akzeptierte sie doch meine Fürsorge für die bedürftigen Kinder. Es war, als erfüllte ich für sie ein Stück Mutter, zu dem sie nicht fähig war. Aber meine Beziehung zu den Ausgegrenzten schien ihr auch etwas unheimlich zu sein. Sie konnte es nicht nachvollziehen, Kinder waren nicht ihre Sache. So trugen meine besonderen Projekte noch mehr dazu bei, dass wir uns nicht auf einer Ebene begegnen konnten. Sie hätte am ehesten die Motivation für mein Handeln erkennen können – wegen dieser Wunde der Ungeliebten, an der sie maßgeblich beteiligt war. Die Frage ist nur, ob sie sich darüber jemals Gedanken machte. Damals hatten die Menschen anderes zu tun und sie glaubte, dass sich kleine Kinder später nicht mehr an das erinnern könnten, was man ihnen angetan hatte. Vielleicht hat das Gewissen viel damit zu tun, ob das Herz offen oder verschlossen ist. Meine Mutter selbst sprach von der »Mauer«, die sie um ihr Herz spürte. So lange ich sie kannte, nahm sie Medikamente gegen ihre vielfältigen Herzbeschwerden.

Ich hoffe sehr, dass Du – lieber Leser, liebe Leserin – spüren kannst, dass ich das ohne Vorwurf schreibe, denn es gehört zu meinem Leben. Dadurch bekommst Du mehr Verständnis und auch ich selbst begreife mein Leben besser.

Meine Mutter und ich begegneten uns ein Leben lang wie zwei Fremde. Sie konnte Zeit unseres gemeinsamen Lebens für mich keine mütterliche Wärme und Nähe entwickeln. Darüber hinaus befanden wir uns in verschiedenen Rollen und Programmen, mit denen wir auf das Leben reagierten. Ich sehnte mich nach ihrer Liebe und Anerkennung, ohne viel zur Erfüllung beitragen zu können. Meine Fluchten aus unserer Beziehung bestanden in meinen Gefühlen, meiner Fantasie und inneren Erlebnissen. Diese Nischen hatten weder Türen noch Fenster für die Umwelt. Meine Mutter hielt sich an das praktische Tun und handelte mit dem Leben, in dem sie sich den jeweiligen Situationen und Menschen anpasste und ihre Gefühle dabei verdrängte. Sie drückte nach außen hin eine Zufriedenheit aus, aber ich konnte sie nicht als einen solchen Menschen wahrnehmen, noch dazu boten die Umstände unserer Familie dazu kaum Anlass. Sie war in der Lage, Personen oder Situationen, die eine Reaktion von ihr benötigten, zu meiden oder zu übergehen. Es war, als lebte sie unter einer Glocke, und all das, was Gefühle, Engagement und Verantwortung von ihr erwartete, bekam zu ihr wenig Zugang.

Wenn ich mit meinen Dramen den Platz in der Mitte der »Bühne« einnahm, bevorzugte sie das Image eines freundlichen Bühnenarbeiters, der mir die Aufführung ermöglichte. Ein gemeinsames Auftreten auf der Bühne gab es für uns dagegen nicht. Es war immer ein Spiel von Oben und Unten, Macht und Ohnmacht – auf Augenhöhe konnten wir uns nie begegnen. In einigen Situationen spürte ich, wie meine Energie ihr zufloss und ich leicht aggressiv auf ihre vermeintliche Unterwürfigkeit reagierte, ohne erkennen zu können, welches Spiel wir da gerade spielten. Ich schämte mich oft, dass ich sie nicht lieben konnte, so wie andere Kinder ihre Mütter liebten. Sie betrachtete mein ungewohntes Handeln mit einer für sie notwendigen Distanz und stummer Bewunderung. Gern erzählte sie ihren Freunden von ihrer ausgefallenen Tochter, so als wünschte sie sich, damit ihrer Normalität für einige Augenblicke entfliehen zu können. Diese vermeintliche Unterwürfigkeit machte sie dumpf gegenüber ihren Gefühlen und inneren Belangen und in ihrem Verhalten mir gegenüber. Ich blieb dabei mit meiner unerfüllten Liebesehnsucht auf der Strecke und war selbst unfähig, etwas dagegen zu tun, weil mir die Verstrickungen dieses Spiels verborgen blieben.

Meine Mutter lebte in der Illusion, stets in jeder Situation den Frieden zu bewahren. Weder sich selbst noch ihrer Umwelt und den Gegebenheiten gab sie einen wichtigen Platz in ihrem Leben. Vordergründig war ihr Bedürfnis nach Zufriedenheit, was sie durch ein Verhandeln mit Menschen und dem Leben zu erreichen suchte. Der hohe Preis dafür war ein kleines, statisches Dasein, das ihr wenig Erfahrungen und damit Chancen zum Wachstum bot. Sie vertrat den Standpunkt: *»Sieh nichts Böses, höre nichts Böses und sprich nichts Böses, dann trägst Du zum Erhalt des Friedens bei.«* Viele Probleme in der Welt könnten gelöst werden oder gar nicht erst entstehen, wenn alle Menschen diesen Status Quo beibehalten würden, das stand auf ihrer Lebensfahne. Sie vermied Anstrengungen, besonders in Beziehungen und in ihrem Innenleben. Sie liebte ihre Gemütlichkeit.

Wir waren uns fremd in unserer Unterschiedlichkeit und keiner von uns fand eine Möglichkeit, die Mauer zwischen uns einzureißen. Erst später, als ich es zuließ, auch ihre guten Seiten zu betrachten und mich im gemeinsamen Spiel selbst zu erkennen, kam sie mir näher ...

Meine Mutter Charlotte im Jahre 1950, mit 55 Lenzen

Meine Mutter gehörte zu der Generation, die zwei Weltkriege erleben musste, und niemand kann ermessen, was diese Erfahrungen bei jedem einzelnen Menschen angerichtet haben.

Viele Herzen schlossen sich für immer – bis an das Ende ihres Lebens.

Nachdem sie sieben Jahre in der geistigen Welt war, meldete sie sich durch ein Medium und ich erhielt von ihr eine Botschaft, in der sie Reue darüber zeigte, dass sie ihrer Liebe in unserer gemeinsamen Zeit keinen Ausdruck geben konnte und einige Male versucht hatte, meinem Leben ein Ende zu setzen. Freude und Schmerz gaben sich in meinem Inneren ein Stelldichein. Es gelang mir, etwas Verständnis für meine Mutter zu empfinden und mich damit selbst ein Stück zu heilen. Verständnis und Vergebung unterliegen für mich einem Prozess, und ich möchte mit den Ergebnissen zurückhaltend umgehen. In manchen Situationen meine ich, vergeben zu haben und Verständnis aufzubringen, und in anderen taucht wieder das Gefühl des Ungeliebtseins und Verständnislosigkeit auf.

Vielleicht heilt die Wunde der Ungeliebten nie ganz zu. Vielleicht geht es Dir – lieber Leser, liebe Leserin – ähnlich mit Deiner Wunde, aber wir können dazu beitragen, dass sie nicht mehr blutet und ein schützender Schorf darüber wächst. Verständnis und Mitgefühl sind meine Weg-Bereiter und Weg-Begleiter unterwegs zur Versöhnung mit meiner Mutter. Ich bin sicher, dass wir mit unserer Vergebung die Wiederholung des Spiels von Macht und Ohnmacht, bis zurück zu unseren Ahnen und Urahnen durchbrechen können.

Heilende Verständigung unterliegt einem Prozess – zuerst sollten wir uns selbst vergeben, indem wir erkennen, dass unsere Fehler uns zu dem Platz geleitet haben, an dem wir heute stehen. Wenn uns der Platz nicht gefällt, steht uns stets ein kostenloser Umzugsservice zur Verfügung. Unsere lichtvollen Helfer warten darauf, dass wir ihre Unterstützung in Anspruch nehmen. Aber ohne unsere Einwilligung können sie uns nicht helfen.

Unsichtbare Freunde

Da ich mich in meiner Familie nicht ganz zugehörig fühlte, lebte ich in meiner eigenen Welt. Meine Freunde und Spielkameraden waren die Naturwesen mit ihrer fröhlichen und originellen Art. Mir war nicht bewusst, dass meine besonderen sensitiven Fähigkeiten nur mir erlaubten, sie zu sehen. Die Devas, Elfen und Gnome gesellten sich zu mir, ich konnte ihnen mein Herz öffnen und ihnen alles erzählen, was mich beschäftigte. Sicherlich konnten sie sich nicht so ganz in ein menschliches Kinderherz hineinversetzen, aber danach habe ich damals nicht gefragt. Die Wesen stillten mein Bedürfnis nach Aufmerksamkeit und sie hörten mir liebevoll zu. Manchmal versteckten sie sich, wenn ich in den Garten kam – und ich musste sie suchen. Wie groß war die Freude, wenn ich sie auf einem Baum oder hinter einer Hecke entdeckte.

Sie sind die Hüter der Erde. Sie bringen ihren Teil des göttlichen Plans in die Schöpfung. So ist es ihre Aufgabe, die Materie im Sinne der Göttlichkeit zu manifestieren, sie kommunizieren auf der emotionalen Ebene. Vielleicht haben deshalb so wenig Menschen mit ihnen Kontakt, denn meist nehmen wir untereinander Verbindung eher mit dem Verstand auf. Die Natur- oder Elementarwesen lehren uns das Fühlen, denn nur darüber können wir sie erreichen, genießen und Hilfe von ihnen bekommen. Naturgeister sind auch auf unsere Hilfe und Rücksichtnahme angewiesen.

Sie haben ein spezielles Schwingungsfeld, d. h. sie befinden sich in einer anderen Dimension. Wenn es mir gelingt, mit ihnen Kontakt aufzunehmen, verändert sich mein Energiefeld, eventuell verwandelt sich dann eine Schwere in Leichtigkeit. Auch Menschen, die sich noch nie mit diesen Wesen befasst haben, spüren oft, dass es ihnen besser geht, wenn sie sich in der Natur aufhalten, einen Baum umarmen oder sich auf eine Wiese legen. Es ist nicht nur die wundervolle Vielfalt unserer Natur, sondern es sind die Elementargeister, die uns heilend helfen, auch wenn wir sie nicht sehen oder bewusst spüren können.

So verbrachte ich viel Tageszeit mit ihnen – an den Abenden freute ich mich auf den Besuch der Nachtfrau, die mir Trost in einsamen Nächten bot. Es war meine eigene Welt, die ich mit niemandem teilen konnte.

Schulzeit

Es gab aber noch eine andere Welt in meinem Kinderleben: die Schule. Da hatten die Gnome, Elfen und Devas keinen Patz. Besonders der Religionsunterricht bei Fräulein Kunert bedeutete für mich eine echte Herausforderung. Ich spürte intuitiv eine Gewissheit, dass es nicht nur das eine Leben gab, sondern dass wir in einem bestimmten Zyklus auf die Erde kommen, um Erfahrungen für unsere Seele zu machen, die nur hier möglich sind. Auch wenn ich damals ein spezielles »Thema« mit Gott hatte, war er doch für mich nicht der Gefürchtete, der Seelen ins Fegefeuer warf, weil sie seinem Bild nicht entsprachen, und dem man auf Biegen und Brechen zu gehorchen hatte, um der gerechten Strafe des Jüngsten Gerichts zu entgehen.

Gott wurde von Fräulein Kunert für ihr Seelenheil benutzt und immer dann eingesetzt, wenn sie Macht für sich in Anspruch nehmen wollte. Sie war unverheiratet und mir war klar, dass jeder Mann bei ihr nur das Weite suchen konnte. Sie hielt sich für heilig und duldete demzufolge keinen Widerspruch von uns, die wir von ihrer Heiligkeit weit entfernt waren. Meine innere Qual, die immer größer wurde, je länger ich ihr zuhören musste, brachte mich dazu, meine Mutter darum zu bitten, dass ich diesem Unterricht fernbleiben konnte. Das war in der DDR ohne Weiteres möglich, denn im Arbeiter- und Bauernstaat hielt man nicht viel von Religion und Kirche. Meine Mutter, die Mühe hatte, ihre merkwürdige Tochter zu verstehen, entsprach meinen Anliegen in der Regel, um Konflikten aus dem Wege zu gehen. Als ich der Lehrerin meine Absicht kundtat und ihr sagte, sie würde der Wahrheit nicht die Ehre geben und darum bliebe ich nun vom Unterricht fern, entgegnete sie: *»Wenn Du nicht mehr kommst, dann hast Du später auch keinen Platz im Himmel.«*, woraufhin ich erwiderte: *«Da will ich sowieso nicht hin, denn da treffe ich sie ja wieder.«*

Sie fühlte sich so mächtig, dass sie meinte, die Plätze im Himmel verteilen zu können.

Hiddensee

Meine Schwester Karin ging – schwanger – kurz vor ihrem Abitur vom Gymnasium ab, um Nils, ihrem dreißig Jahre älteren Partner, auf die Insel Hiddensee zu folgen. Der Sohn Jan wurde 1950 geboren, ich war eine junge Tante von elf Jahren. Als sie ihr zweites Kind 1952 erwartete, wurde ich auf der Insel in die Dorfschule eingeschult. Ich zählte damals dreizehn Lenze. Mit vier Klassen hatten wir zusammen Unterricht. Für den Weg zur Schule brauchte ich eine Stunde.

Die Kinder konnten mich – das fremde Mädchen – nicht akzeptieren und bewarfen mich mit Vogeleiern auf dem Nachhauseweg. Ich war diesen Angriffen wehrlos ausgeliefert und wagte auch nicht, meiner Schwester davon zu berichten. In mir existierte der Glaubenssatz: *»Ich bin nicht in Ordnung und darum kann mich niemand lieben«*. Die Kinder spürten meine Opferrolle und reagierten darauf, so wie viele andere, die nach ihnen kamen.

Bevor ich morgens zur Schule ging, musste ich die Schafe meiner Schwester auf die Weide bringen. Ansonsten hatte ich ihr im Haushalt zu helfen. Mit mir konnte man alles ohne meinen Widerspruch machen, ich war zum Leiden geboren und steckte bis über beide Ohren in meiner Rolle des von allen ungeliebten Wesens. Meine Schwester hatte so eine Macht in der Familie, dass auch meine Mutter keine Widerworte wagte und tat, was Karin sich in den Kopf setzte. Eines Tages sah ich von der Weide aus, wie am Haus meiner Schwester an einem Fahnenmast ein blaues Hemdchen auf einem Bügel hochgezogen wurde. Nils, der zweite Sohn war geboren.

Meine Schwester Karin im Alter von 22 Jahren, mit ihrem Sohn Nils, a.d. Insel Hiddensee

Ich rannte, so schnell mich meine Füße trugen, zu Mutter und Kind. Vor der Tür wurde ich abgewiesen. Was hatten sie zu verheimlichen? Kinder durften alles mit tragen, aber die Erwachsenen bestimmten, was sie zu sehen und zu hören bekamen. Meine Enttäuschung war groß, ich hatte mich so sehr auf den neuen Erdenbürger gefreut.

Tragische Hühner

Der Fluss des Lebens fließt, wohin er will, und manchmal schwemmt Unrat an das eine oder andere Ufer. Meine Schwester wohnte mitten in der Heide. Es gab dort keine Zäune, höchstens kleine Sträucher und Bäumchen. Der Nachbar meiner Schwester schien ihr nicht wohlgesonnen zu sein. Natürlich lassen sich an dieser Stelle die Gründe dafür nur ahnen, sie war eine dominante »Kriegerin«. Ihr erster Mann sagte einmal zu mir: *»Bevor ich alt bin und mich gegen ihre Schläge nicht wehren kann, gehe ich lieber.«* Er war Bildhauer und hatte mit ihr zwei Söhne, Jan und Nils. Es kam, wie es kommen musste, die Ehe wurde geschieden.

Auf ihrer Diaspora weilten sechsundzwanzig Hühner. Nicht nur die Kriegerin, auch das Federvieh war vom Nachbarn ungeliebt. Bekanntlich schmecken die Früchte in Nachbars Garten besonders süß, so lief die Brut jeden Tag hinüber, um sich dort gütig zu tun. Ihre bevorzugten »Früchte« waren die Mücken in den kleinen Kiefern. Die Probleme des Eigentümers potenzierten sich erheblich – nicht nur die Frau, auch die Gefiederten machten ihm zu schaffen. Er schrieb ein Schild: «Betreten verboten!« Die Hühner ignorierten es und gingen weiterhin ihren Gelüsten nach. Karin, die in der Regel gleich in die Arena ging, wenn es etwas auszufechten gab, schrieb ein Schild gleichen Inhalts in Englisch und in Französisch, das hatte den Tenor, dass die Hühner vielleicht das lesen könnten. Der Nachbar erboste sich über seine Schmerzgrenze hinaus und heckte einen Plan aus, der später in den Schlagzeilen der Insel Presse erschien: Er streute Gift. Ich fand, bevor ich zur Schule ging, um das Haus verstreut sechsundzwanzig gefiederte Hahn- und Hennenleichen vor. Zur Schadenfreude meiner Schwester brach sich der Nachbar ein Woche später das Bein, als er in seinen Keller stieg.

So trafen sich das Düstere in seinem Inneren und das Dunkle in seinem Keller, und in dieser Finsternis konnte das heilende Licht nicht mehr durchdringen, um Unheil zu verhüten. Der Hühnermörder hatte sich dem Anschein nach selbst gerichtet. Das Geschehen gestaltete sich bühnenreif. Das gebrochene Bein bot sich an zu Hohn, Spott und Schadenfreude der Inselbewohner. Die Allmacht meiner Schwester stieg weiter an. Hinter seinem Unrecht konnte sie so gut ihren eigenen Anteil verbergen.

So etwas passiert, wenn Menschen nicht miteinander sprechen. Jeder meint, selbst im Recht zu sein, der Andere wird zum Feind erklärt, und man lässt das Gesetz von Ursache und Wirkung unbeachtet seinen Lauf nehmen. Millionenfach entscheiden sich auf der Erde jeden Tag wiederholt Menschen für die Dunkelheit. Sie klagen das Leben an und brauchen lange, um sich als Mitverursacher ihrer beschuldigten Situation zu sehen. Wie leicht scheint es doch für die meisten zu sein – meine lieben Leser – an das Schicksal zu glauben, damit dieses der Schuldträger ist und die eigene Verantwortung nicht angenommen werden muss. Aber das macht niemanden glücklich.

Meine Schwester hat sich in den späteren Jahren vom Leben zurückgezogen und sich dem Alkohol und dem Nikotin hingegeben. Mit siebzig Jahren ist sie an einem Lungentumor gestorben. Sie war eine kultivierte, intelligente Frau, die fünf Kindern das Leben schenkte und der keine Arbeit zu viel war. Ungeachtet dessen wählte sie an einer Stelle ihres Lebens das Alleinsein und verabschiedete sich früh von ihrem irdischen Leben – im Jahre 2000.

Nudisten

Ich komme jetzt zu den schönen, kuriosen Seiten des Lebens auf der Insel. Am Strand von Hiddensee gab es Freikörperkultur. Für mich als Mädchen im zarten Alter von zehn Jahren war es eine echte Herausforderung, mit den vielen nackten Körpern fertigzuwerden. Gerade in diesem Alter fangen Mädchen an, sich zu schämen und abzugrenzen. Ich konnte es mir trotzdem nicht verkneifen, das, was es zwischen den Männerbeinen zu sehen gab, mit Interesse zu betrachten. Manchmal veränderten sich ihre Glieder in ihrer Form, besonders dann, wenn ich ihnen näher kam und meine Augen von ihnen nicht abwenden konnte. Was gab ihnen die Kraft, größer zu werden? Diese Frage stellte ich mir. Was spielen sie mit mir, mal groß, mal klein, mal dick, mal dünn? Es machte mich neugierig und zugleich verunsicherte es mich stark. Aufklärung gab es vonseiten meiner Mutter noch nicht, wahrscheinlich war dieses Thema für sie zu belastet. Aber es war zur damaligen Zeit auch nicht üblich, über diese Tabuzone frei zu sprechen. Doch auf mein Drängen gab sie nach und erklärte mir – etwas gequält – die Geheimnisse zwischen Mann und Frau und die »schönste Sache der Welt« – ihr Unterton war dabei alles andere als motivierend.

Bald hatte ich meinen ersten Schreck überwunden, da gab es an diesem Strand ein kurioses Schauspiel – zu dieser Zeit wurde die DDR gegründet. Macht und Begrenzung reichen sich gern die Hände, so wollte die Obrigkeit des Arbeiter- und Bauernstaates den friedlichen Strand der Nackten von Amts wegen begrenzen. Mein Schwager, als Bildhauer, musste einen Stein mit folgender Inschrift versehen: »Freikörperkultur«. Darunter sollte ein Pfeil in eine Richtung zeigen. Über Nacht schlich sich ein findiger Geist zu dem Stein und sorgte mit Hammer und Meißel dafür, dass der Pfeil auch in die andere Richtung wies. Nun war der ganze Strand – wie in guten, alten Zeiten – wieder frei für die Nudisten. Die Obrigkeit war überfordert, sie konnten ihr Gesicht nicht verlieren. Also sandten sie zwei berittene Volkspolizisten zum sündigen Strand. Auf dem Gelände, wo man keine Nackedeis duldete, warteten die stolzen Reiter auf die Badenden, wenn sie das Wasser verließen. Kamen sie ohne Hose aus dem Nass, wurde der Ausweis verlangt. Ja, das war ein echtes Problem: Die Nackten hatten keine Taschen, waren entblößt zwischen Scheitel und großem Zeh und trugen somit keine Papiere bei sich. Es war ein echter Schildbürgerstreich, der sehr zum Amüsement aller Beteiligten beitrug. So manch edler Ritter hatte ebenfalls Mühe, die Fassung zu bewahren. Es gab also für alle etwas zu lachen in dieser Tragik-Komödie.

Ich hatte in meinem Leben schon immer ein Faible für Kuriositäten. Dieses Schauspiel regte mein Gemüt so an, dass ich ein Gedicht verfasste:

Auf der Insel treibt man seit Jahren nur
FKK – Nackt – Kultur.
Die Menschen waren glücklich,
sei es auch nicht schicklich.
Dick, dumm, klein und groß,
tummeln sich ganz ohne Hos`.
Viele Finger mit DU! DU!
störten bald die nackte Ruh.
Die mit einer Hose
stellten sich in Pose.
Boten wurden ausgesandt,
ritten über sündiges Land,
wurde Nackedei erspäht,
bald es ihm an Kragen geht.
Ein Mensch, wie Gott ihn schuf,
riskierte seinen guten Ruf.
Keinen Ausweis, keine Taschen,
was sind das für schlimme Maschen?
Nächsten Tag noch mal Kontrolle,
wer da lacht, das ist der Bolle.
Die Moral von der Geschicht,
Nackt und Papiere vertragen sich nicht.

Dieses Gedicht fand viel Anklang, es ging von einer Sandburg zur anderen und ich bekam die ersehnte Anerkennung – sogar von meiner Schwester.

Trotz dieses kleinen Höhenfluges war ich jedoch nicht glücklich. Irgendwann bemerkte das auch meine Mutter, als sie zu Besuch auf der Insel war, und nahm mich mit nach Hause. Nun musste ich mich wieder an die Kinder in der heimatlichen Schule gewöhnen und mich bemühen, dem ungewohnten Unterricht zu folgen.

Depressionen

Ich war vierzig Jahre alt, mit schwersten Depressionen lag ich in einer Klinik. Ein ständig wiederkehrender Gedanke nahm von mir Besitz und ließ mich nicht mehr los: »Ich möchte sterben, alles Leid soll ein Ende haben.« Ich fühlte mich heimatlos, entfernt von meiner inneren Bleibe, ohne Halt und ohne Sinn. Da war eine endlose Leere in mir, weit und breit keine Oase, kein Silberstreif am Horizont. Hoffnungslosigkeit und Panik wechselten sich in meinem Inneren ab. Ich wusste nichts mit mir anzufangen, war mir selbst fremd und richtete meine negativen Gedanken ständig gegen mich selbst. Der Paradiesvogel, der ich immer war, musste weichen, hatte kein Bleiberecht mehr, sein Gefieder verlor an Glanz und Schönheit und verkroch sich immer mehr in die dunkle Nische der Ungeliebten. Statt der schönen bunten Kleider gab es für ihn tagaus tagein das gleiche dunkelblaue Gewand, als Symbol für Opfertum und Buße. So verlor mein lebendiges, glitzerndes Wesen immer mehr an Identität und lebte seine Opferrolle. Weder Gespräche noch Medikamente konnten etwas Gutes bewirken, jegliche Hilfe wurde von mir abgelehnt und ich fühlte keine Daseinsberechtigung mehr. Ich wollte sterben.

Meinen einzigen Wunsch konnte mir niemand erfüllen.

Meine Mutter versuchte, mich am Telefon zu beruhigen. Wir hatten keine liebevolle Verbindung, unsere Herzen kannten einander nicht, waren sich fremd und verschlossen sich in ihrer Einsamkeit. Ich warf ihr vor, mich nie angenommen und geliebt zu haben. Daraufhin stattete sie mir einen Besuch ab. Bei dieser Gelegenheit gab sie mir die Kopie eines Briefes zu lesen, den sie nach meiner Geburt an eine Freundin geschrieben hatte. Ich sollte lesen, wie sehr sich die

Familie über mich als Baby freute. Sie ahnte oder wusste, dass ich um ihre Versuche, mich nicht als ihr Kind großziehen zu müssen, auf irgendeine Art und Weise Mitteilung erhalten hatte. Mit dem Brief wollte sie erklären, dass ihre Abtreibungsversuche nicht mir, sondern eben der Schwangerschaft gegolten hatten.

Anscheinend wusste sie aber nicht mehr um die Fortsetzung des Briefes, wo es hieß: *»Heute ist die kleine Inke zu uns gekommen, sie schläft in der unteren Etage allein, damit Gerhard (mein Vater) nicht durch ihr Schreien gestört wird.«* Diesmal blieb mir der Schrei im Halse stecken und der beißende Schmerz erreichte die Grenze des Erträglichen. Alleingelassen, einsam, ohne mütterliche Wärme – so fühlte ich mich oft in meinem Leben, und dafür gab es nun eine weitere Bestätigung für mich. Es war wie eine Legitimation, Opfer sein zu dürfen. Nun stand die Leidenspforte offen, doch die Chance, einen Lichtstrahl hineinzulassen, wäre für Mutter und Tochter nur gegeben gewesen, wenn wir es geschafft hätten, darüber zu sprechen. Wieder Schweigen, Belanglosigkeiten und Floskeln, die wir miteinander austauschten. Es waren nicht nur die Probleme auf unserem Weg, die es uns so schwer machten, sondern wie wir damit umgingen. Es schien uns unerreichbar, über unsere Verletzungen, Schmerzen, über unser Leid zu sprechen. Eine große Angst machte uns eng und ließ uns einander nicht vertrauen und unser Inneres öffnen.

Es hätten vielleicht einige Worte der Liebe, des Vergebens oder des Verständnisses genügt, um das Leid nicht noch größer werden zu lassen und der Versöhnung eine Chance zu geben. Wir waren beide dazu nicht in der Lage, weil die passenden Worte gefehlt haben. Es befreit mich immer wieder, wenn ich in allem, was mir angetan wurde, auch meinen Anteil entdecke – ohne Schuldgefühle, es ist eher ein Bedauern darüber, dass eine Annäherung zwischen uns nicht stattgefunden hat. Ich hielt an meiner Opferrolle fest, ohne mich zu fragen, welchen Nutzen sie für mich hatte. Das Herz meiner Mutter war verschlossen und so konnten unsere beiden Herzen den Weg zueinander nicht finden. Dabei hatten wir beide die gleiche Sehnsucht nach Liebe, Verständnis und Geborgenheit. Es war eine unbeschreibliche Angst in uns, unsere Gefühle preiszugeben, wir verdrängten sie auf einer dunklen inneren Halde und litten weiter mit unserem unbewussten Handeln, Fühlen und Denken.

Meine Mutter konnte mir in dieser Situation – in diesem Ausnahmezustand –, als meine Gefühle, meine Hoffnung und mein Licht in mir zu sterben begannen, nicht die Hand reichen. Ich war in dieser Zeit auch ein Ausdruck Ihres Leidens.

So blieben wir auf der gewohnten Ebene der Oberflächlichkeit und der Belanglosigkeiten stehen. Ein tiefer Graben tat sich zwischen Mutter und Tochter auf, zugedeckt mit Floskeln und menschlichen Unwichtigkeiten, die das Eigentliche – die Wahrheit – überdeckten. Zurück blieben Unverständnis, Vorwürfe und offene Wunden. So, wie es seit Jahrhunderten auf der Erde anzutreffen ist:

Schreie nach Liebe, die keiner hören darf,
Sehnsucht nach Geborgenheit, die niemand spüren soll,
Hände, die das Du nicht finden.

Menschen, die das Gute wollen, aber den Weg aus dem Dschungel des Unbewussten nicht finden. Dabei wäre es so einfach:

Ein Lächeln, eine liebevolle Geste, ein tröstendes Wort …

… und die dunklen Schwaden zögen vorüber.
Menschen können sich heilen und können sich vernichten, dazwischen fehlt nur eine Brücke über dem dunklen Wasser des Unbewussten – mit seiner unheimlichen Tiefe, seinem Morast und seinen Abgründen. Mir war das damals leider nur am Rande bewusst. Ich fand den Schlüssel zu meiner Heilung erst, als ich bereit war, in mir etwas zu erkennen. Zu diesem damaligen Zeitpunkt aber war ich mir nur sicher, dass mir die Pillen in der Klinik nicht helfen konnten. Mehr wusste ich nicht, und so blieb ich lange in meinem inneren Gefängnis stecken.

Nach dem Erlebnis mit meiner Mutter wurde meine Todessehnsucht noch stärker. Ich entwickelte einen starken Selbsthass und betrachtete mein Leben mehr oder weniger als eine einzige sinnlose Selbstbestrafung. Nun hatte ich eine Erklärung für meine Depressionen: Ich wurde nachts alleingelassen, um die Eltern nicht zu stören! Ich weigerte mich in der Klinik, Antidepressiva zu nehmen, denn ich wartete auf den Tod, der möglichst auf leisen Sohlen daherkommen sollte. Mein Wunsch war es, aufzuwachen und festzustellen, keinen Körper mehr zu haben.

Mein täglicher Spaziergang führte mich an einem Turm vorbei und ich malte mir aus, wie es wäre, von dort hinunterzuspringen, um meinen Qualen ein Ende zu bereiten. Dass sich das Elend auch ohne Körper fortsetzt, ließ ich nicht in mein Bewusstsein steigen. In mir war die Vorstellung und das Verlangen, ein *Anderer* sollte es tun – sollte mich aus diesem quälenden Körper befreien. Ich war umgeben von Menschen, denen es ähnlich ging wie mir. Wir alle saßen in einem Boot, das in unserem Unbewussten, in diesem Sumpf aus Opfertum und Schuldgefühlen fest verankert war. Wir konnten uns gegenseitig nicht helfen und die Therapeuten konnten es nur begrenzt.

Ein Silberstreif zeigte sich an meinem Horizont, als eines Tages In die Klinik ein rettender Engel kam und mich besuchte. Es war für mich unfassbar, dass jemand freiwillig meine Nähe suchte. Jana war eine Fremde, sie hatte über Bekannte von mir gehört und kam nun regelmäßig. Wir machten zusammen Spaziergänge und führten heilende Gespräche. Ich bekam Stück für Stück wieder Vertrauen in mich selbst, die Menschen und das Leben. Eine Freundin von ihr lud mich zu sich ein. Durch sie lernte ich Menschen in Frankfurt kennen und verließ meine Trutzburg immer mehr. Der Umgang mit »normalen« Menschen, die weder Therapeut noch Patient waren, tat mir gut. Ich erkannte, dass mir Freunde fehlten, und ich begann, etwas gegen meine Einsamkeit zu tun – mehr auf Menschen zuzugehen, was mir nur zögerlich gelang. Und ich versuchte es mit verschiedenen Therapien.

Ich wollte wieder ganz gesund werden!

Zwei Mütter

So kam ich zu einer Frau, die kinesiologisch arbeitete und mir ihre Hilfe anbot. Ich erzählte ihr von meiner Kindheit und sie versprach mir ihre Hilfe. Ich vertraute ihr. Sie bewegte meinen Arm und teilte mir mit:

»Deine Mutter hat Dich nicht geboren.«

Als ich mich von meinem ersten Schock erholt hatte, meldete ich Zweifel an. Sie bewegte nun meinen Arm so oft, dass ich an meine Schmerzgrenze kam. Jedes Mal betonte sie: *»Sie hat Dich nicht geboren.«* Plötzlich spürte ich so etwas wie ein »Aha« in meinem Inneren, eine Erklärung für die Unliebe, unter der ich als

Kind so gelitten hatte. Es war wie eine Erleichterung, eine Erklärung für die fehlende Mutterliebe. So war das also! Sie war gar nicht meine leibliche Mutter! Dann fiel mir ein, dass in dem Brief, den mir meine Mutter in der Klinik zu lesen gab, stand: »*Heute ist die kleine Inke zu uns gekommen …*« So schreibt eine Mutter nicht, die gerade ihr Kind entbunden hat und nach Hause kommt. Diese Aussage war ein Indiz für die gerade vernommene »Wirklichkeit«. Es lag also nicht an mir, dass ich nicht geliebt wurde, sondern daran, dass meine Eltern mich »aufgenommen« hatten, in einer Zeit, als die Frage im Raum stand, ob man die Kinder durch den Krieg bringen würde. So eine edle Tat hatten sie an mir vollbracht! Ich verlor für einen Moment den Boden unter meinen Füßen, dann spürte ich zunehmend Erleichterung. Ich konnte mir plötzlich viele Fragen beantworten. Mein Lebensschiff hatte also zwei Segel – zwei Mütter!

Ich machte mich auf die innere Suche nach meiner leiblichen Mutter. Plötzlich erkannte ich den Anfang eines roten Fadens. Dieser wurde von mir so lange gesponnen, bis ich mir alle Fragen um meine Herkunft beantworten konnte. Die Schwester meiner Mutter verstarb kurz vor meiner Geburt – woran, wieso, warum –, darüber wurde nicht gesprochen. Ich hörte nur einmal, dass ich dieser Tante ähnlich sei. Da hatte ich ihn wieder, den roten Faden. Sie, die Tante, war meine leibliche Mutter, sie hatte mich geboren und starb bei meiner Geburt. Ihre Schwester und deren Mann – mein leiblicher Vater – nahmen mich auf, sozusagen in Erfüllung einer Pflicht, weil man es eben tut in der Verwandtschaft. Ich hatte nicht den geringsten Zweifel, dass mein Vater mein Erzeuger war. Mein Vater hatte mit seiner Schwägerin eine Love Story, aus der ich entstanden war. Nur so konnte es sein.

Ein Kind der Liebe war ich – es war so und nicht anders.

Darum war ich meiner »Ziehmutter so unähnlich« – ja, kein Wunder. Alles, was in meinen Träumen kostbar und edel war, projizierte ich auf diese, meine leibliche Mutter. Ich fand ein Bild von ihr und gab ihr einen Ehrenplatz. Die andere, meine Ziehmutter, platzierte ich daneben. So betrachtete ich meine beiden Mütter mit einem Gefühl von Erleichterung und Geborgenheit. Mein Lebensschiff war mit zwei Segeln ausgestattet. Mein Selbstmitleid und meine Tristesse wichen langsam einem Gefühl von Geborgenheit. Ich saß in der vorderen Reihe des Lebens und betrachtete staunend das Geschenk, zwei Mütter zu haben. Meine erlittene Unliebe bekam einen versöhnlichen Schleier. Der Aufenthalt in einem Waisenhaus war mir erspart worden.

Dankbarkeit erfüllte mein Herz.

Das Happy End hatte in irgendeiner Ecke einen kleinen Riss, unmerklich für meinen Verstand. Ich fühlte mich bewogen, ein Jahr später meinem Bruder mitzuteilen, dass ich nur seine Halbschwester sei. Ich wollte das Familiengefüge damit in Reih und Glied bringen und ihm einen Grund dafür nennen, warum wir uns so fremd geworden waren. Ich hatte eine Möglichkeit gefunden, mit ihm nach Jahrzehnten wieder einmal in Kontakt zu treten. Wie erstaunt war ich, als mir mein Bruder Papiere sandte, die den eindeutigen Beweis lieferten, dass es nur eine Mutter gab, nämlich meine Ziehmutter, die mich so wenig lieben konnte. Aus der Traum!

Ich war Kummer gewöhnt und stellte mich wieder der harten Wirklichkeit: Die Therapeutin war nur deshalb zu dem Ergebnis des »Nichtgeborenwerdens« gekommen, weil sich meine Mutter bei dem Geburtsvorgang verweigerte, eine Betäubung bekam und letztlich ich »mich selbst geboren« hatte. Das erfuhr ich durch meine neun Jahre ältere Schwester Karin, anlässlich eines Besuches. Was sie damals bewogen hat, dieses Geheimnis zu lüften, bleibt selbst ein Geheimnis. Wollte sie mir damit helfen oder der Wahrheit einen Platz einräumen? Vielleicht wollte sie auch eine Legitimation dafür haben, dass sie mit »dieser Frau« – unserer Mutter – kein gutes Einvernehmen haben konnte. Auf jeden Fall kann ich mich erinnern, dass auch meine Schwester und meine Mutter immer wieder starke Auseinandersetzungen hatten. Wir standen zwar als Familie auf einem Papier, aber das Familienherz war verschlossen, und das war für uns alle spürbar. Nach außen hin wurde die Familienfahne immer wieder gehisst, bis sie mit einem Trauerflor von unserem Dach wehte. Bis dahin gab es Lügen, Schweigen, Zwangsbeglückungen, fadenscheinige Ausreden und unterschwellige Vorwürfe. Wir saßen alle in einem Boot, das vom kalten Wind hin und her geschleudert wurde. Keiner kannte das Ufer, jeder hatte Angst unterzugehen in einer Brandung des Schweigens und der Trennung.

Liebesdrama

Als Kind galt meine Liebe dem Vater. Er verstand es im Krieg, nicht eingezogen zu werden, und so hielt er sich in den ersten Jahren meines Lebens zu Hause auf. Er verbreitete die Warmherzigkeit und Geborgenheit, die ich von den anderen Familienmitgliedern nicht erwarten konnte. Ich fühlte mich von ihm angenommen. Er sagte mir voller Liebe, dass er mich später einmal heirate, dabei sah er sehr glücklich aus. Was von ihm im Scherz dahingesagt wurde, war mir ernst, bedeutete für mich in schmerzlichen Stunden Trost auf bessere Zeiten. Ich nahm mir vor, einmal eine bessere Ehefrau zu werden als meine Mutter, die im Großen und Ganzen verschlossen und sehr nüchtern auf das Leben reagierte. Mit meiner blühenden Fantasie malte ich mir ein schönes Leben aus – als strahlende Braut an der Seite meines geliebten Vaters. Mein Leben – mit all seinen Entbehrungen – bekam einen besonderen Sinn. Kein Weg war mir zu weit, kein Hunger zu groß, kein Schmerz zu hart, um nicht eines Tages seine geliebte Frau zu werden. Immer wieder sah ich mich als junge, schöne Frau an seiner Seite. Sicherlich hatte er nicht im Geringsten geahnt, dass er als »Heiratsschwindler« mein ganzes Leben in verhängnisvoller Weise mitgestaltete und viel Leid verursachte.

Der Krieg hatte seinen blutroten Teppich schon vor meiner Geburt ausgelegt und holte sich seine Opfer. Als ich vier Jahre alt war, zogen Hertha und Elvira zu uns. Sie flüchteten aus Görlitz, der Vater war Soldat im Krieg. Mein Vater brachte sie, wie ein Andenken von einer seiner Reisen mit. Meine Mutter ahnte nicht, welches Unheil da durch die Haustür kam. Vordergründig war ihre Bereitschaft zu helfen, ein Dach über dem Kopf zu bieten und ein guter Mensch zu sein. Was meinen Vater damals bewog, Mutter und Tochter bei uns einzuquartieren, kann nur geahnt werden. Wir nahmen die obdachlose Familie, wie Freunde in unserem Haus auf.

Elvira war in meinem Alter, wir wurden keine Freundinnen. Ich sah in ihr eine Rivalin, die mir in besonderer Weise zu schaffen machte, wenn sie sich in der Nähe meines geliebten Vaters, der nur mir gehören sollte, aufhielt. Sie war ein normales, unkompliziertes Mädchen mit blonden Locken, das man eigentlich gern haben konnte – aber nicht ich! In meiner Vorstellung sah ich mich, wie ich mit einer riesigen Schere ihre wunderschönen Locken verstümmelte, um sie so hässlich zu machen, dass sie sich meinem geliebten Vater nicht mehr unter die Augen trauen konnte. Niemand in der Familie durfte etwas davon merken, so machte ich aus meinem Herzen eine Mördergrube und zeigte meine Schokoladenseite. Heute bin ich in meinen Erinnerungen oft erstaunt, dass wir Kinder immer wieder vor vollendete Tatsachen gestellt wurden, unter der Prämisse: »… dafür seid ihr noch zu klein«. Aber die Situationen, die von den Erwachsenen oft unbewusst »verbockt« wurden, mussten wir in ihrem Selbstverständnis mittragen, ohne erklärende oder tröstende Worte.

So wurde mir Elvira vor die Nase gesetzt. Die Erwachsenen dachten sicherlich, wie gut wir zwei Mädchen zusammen spielen könnten. Doch der Abgrund, der sich vor mir eröffnete, blieb für die Familie unbemerkt und machte sich nur in meinem Herzen breit. Es fehlten die heilenden Worte der Erwachsenen, aber sie hatten mit sich selbst zu tun. Das Bewusstsein war nicht da, den Riesenschmerz eines kleinen Mädchens zu verstehen, und darum schwiegen sie. In mir war stets das Gefühl, ich würde nicht gesehen und gehört, und darum schwieg auch ich und lernte nicht, meinen Gefühlen Ausdruck zu geben. Insofern war ich selbst daran beteiligt, dass meine Gefühle zu selbsterfüllenden Prophezeiungen wurden und ich wenig Aufmerksamkeit und Zuwendung bekam. Elvira und ich sollten miteinander spielen und artig sein, basta!

Es stimmte nun gar nichts mehr in dieser Patchwork Familie. Etwas Unausgesprochenes bahnte sich wie eine dunkle Wolke seinen Weg und bestimmte die Gemüter. Es war wie ein unsichtbarer Geist, der allem noch eins draufsetzte und für noch mehr Unstimmigkeit und negative Gedanken bei allen Mitgliedern in dieser Familie sorgte. Darauf gab es vorerst keine Antworten. Es war nicht nur der Krieg – es war etwas anderes, das sich wie ein Spinnennetz ausbreitete, seine Fäden zog und nun über den Köpfen der zusammengewürfelten Familie schwebte. Welchen Namen hatte dieses Gespenst? Wer stiftete die Unruhe unter uns? Paradiesisch war es nie in dieser Familie, dafür sorgte schon der Krieg, aber nun hingen bei allen die Flügel herab, und eine zunehmende Ratlosigkeit bestimmte die Atmosphäre. Ich suchte vermehrt meine Lieblingsplätze auf und bastelte mir eine innere Welt, in der es nur liebe Menschen gab, die mich schön und liebenswert fanden. In dieser Welt gab es keine Elvira und keinen Krieg. Zugelassen waren mein Vater, mein Bruder, ab und zu meine Mutter und meine speziellen Freunde, die außer mir niemand sehen konnte. Ich erzählte meinen Freunden – den Naturwesen – von meinem Kummer, doch sie konnten sich aus ihrer Sicht da nicht so hineinversetzen, sie kannten weder Eifersucht noch einen Abgrund im Herzen. Trotzdem tat es mir gut, ihnen davon zu erzählen und zu wissen, dass sie mich dafür liebten, dass ich da war – ganz gleich, was ich tat.

Bald darauf fand das Unheil seinen Namen. Meine Mutter entdeckte eines Tages ihren Mann im Bett von Hertha – nun verwandelte sich der unheimliche Geist in etwas sehr Realistisches. Nie habe ich in Erfahrung gebracht, was diese Entdeckung mit meiner armen Mutter gemacht hat. Das Drama ging seiner Vollendung entgegen. Es war Krieg, die Russen standen vor der Tür, Angst und Hunger griffen um sich, sicherlich war der Schmerzkörper meiner Mutter übervoll. So stand sie vor der Entscheidung aufzugeben, ihrem Leben ein Ende zu bereiten oder bis zum Umfallen weiterzumachen mit einem Leben, aus dem sich gerade das letzte Tüpfelchen Liebe verabschiedete. Sie entschied sich für Letzteres.

Die Menschen in dieser Zeit hatten nicht gelernt, über Konflikte zu sprechen und nach Alternativen zu suchen. Sowieso gehörte sie zu den Menschen, die wenig ihre Gefühle leben konnten. So betäubte sie sich mit dem praktischen Tun im Alltagsgeschehen. Auch mein Vater war nicht in der Lage, über seine Gefühle und sein unheilvolles Handeln zu sprechen. Mutter trug von diesem Moment an das Opfergewand und sorgte dadurch auch dafür, dass es keinen gemeinsamen Weg mehr für die Eheleute gab. Es waren sicherlich auch die unbefriedigten Hormone meines Vaters, die ihn motivierten, sein Glück bei einer anderen Frau zu suchen. Meine Mutter hatte wohl nie Einblick in die erotische Liebeskunst einer Frau genommen und ließ die intime Zweisamkeit mehr oder weniger über sich ergehen. Hertha hingegen war eine Frau, die über die geheimen Verführungskünste verfügte und so ihr Ziel bei meinem Vater erreichte. Das Feuer loderte und ließ ihn für Momente alle Probleme vergessen.

Nach einigen Wochen verließ uns mein Vater mit Hertha und Elvira – mitten im Krieg. Für mich war es ein Schock – unvorbereitet wurde ich vor nackte Tatsachen gestellt. Meine große Liebe ging und ließ mich zurück – ohne Erklärung, ohne Trost und ohne Worte der Hoffnung. Meine kleine Kinderwelt brach zusammen, das paradiesische Bild der strahlenden Braut an seiner Seite verschwand für immer in der Dunkelheit. Ich sehe mich in unserem Wohnzimmer stehen, mit hochgezogenen Schultern, nicht fähig zu schreien, als mein Vater Möbel aus dem Haus trug. Es war 1944, ich war fünf Jahre alt, als das Leben sich mir von einer unerbittlichen Seite zeigte und mein zukünftiges Leben bestimmte.

Ich konnte mich von diesem Augenblick an auf keinen Menschen mehr einlassen. Lange gingen meine Schultern nicht mehr runter. Ich musste sogar unter Anweisung turnen, um wieder eine normale Haltung zu erlangen. Es war für mich unfassbar, dass mein geliebter Vater sein Versprechen, mich zu heiraten, ohne ein Wort darüber zu verlieren, nicht einlöste und nun seine Liebe einem fremden Mädchen und seiner Mutter schenkte. Die Trümmer meiner Kinderwelt machten einem entbehrungsreichen Leben Platz. Der Hunger war noch immer unser ständiger Begleiter und in der Familie war niemand mehr, dem ich meinen großen Kummer hätte anvertrauen wollen. Man hielt mich für sonderbar – an der Grenze zu einer geistig Behinderten –, was ich hinter verschlossenen Türen manchmal zu hören bekam.

Als ich größer war, besuchte ich meinen Vater in Berlin. Ich sah mit an, wie Elvira, die ja meinen Platz schon lange eingenommen hatte, auf seinem Schoß saß und sich die Liebe holte, nach der ich mich verzehrte. Ich war wie versteinert, voller Hass und Eifersucht und dabei handlungsunfähig. Ich erinnere mich, wie mir mein Vater seine Heirat mit Hertha mitteilte. Wir machten einen Ausflug und kehrten in einem Gartenlokal ein. Mein Vater blieb an einem Tisch stehen und sagte: *»Alle, die Barysch heißen, dürfen hier Platz nehmen.«* Hertha und Elvira setzten sich zuerst. Ich brauchte eine Weile, um zu begreifen, dass er mir auf diese Art und Weise mitteilte, dass er seiner Geliebten seinen Namen gegeben hatte.

Es war wie eine ansteckende Plage – dieses ewige Schweigen und Verschweigen. Es wäre darum gegangen:

Sich selbst und anderen stets zu sagen, was wirklich wichtig war, zu sich zu stehen und der Wahrheit die Ehre zu geben.

Wie ein roter Faden zog sich dieses Verhalten auch durch mein Leben und machte Situationen und Erlebnisse noch schlimmer, als sie ohnehin schon waren. In der Kindheit war mir mein Bruder Trost, der mich so lange zeitweilig unter seine Fittiche nahm, bis auch er uns verließ und meinem Vater nach Berlin folgte. Ich vermisste ihn sehr, aber das erfuhr niemand, denn Gefühle landeten im Nebel des Verschweigens. Meine negativen Gedanken meiner Mutter gegenüber wurden nun noch stärker, denn sie war in meinen Augen auch nicht in der Lage, den zweiten geliebten Menschen in meinem Leben – meinen Bruder – festzuhalten, vielmehr ließ sie auch ihn gehen. Sicherlich ist ihr dieser Schritt auch nicht leicht gefallen, aber das war nicht zu erkennen in dem Dunst des Unbewussten, der uns umgab.

Viel schlimmer konnte es nun nicht mehr werden, aber wie alle Kinder dieser Erde wurde ich auch mit diesem Drama auf meine Art und Weise fertig, indem ich gute Miene zum bösen Spiel machte. Ich erinnere mich an einen Spaziergang mit meinen Eltern, ich war neun Jahre alt – vier Jahre, nachdem mein Vater uns verlassen hatte. Er suchte wieder den Kontakt mit uns, weil es mit Hertha wohl nur ein Strohfeuer war und er mehr oder weniger vom Regen in die Traufe mit der neuen Familie gekommen war. Er fragte meine Mutter, wenn er nun nach Rangsdorf zu uns zurückkehren würde, ob er dann mit Vorwürfen zu rechnen hätte? Meine Mutter entgegnete: »*Das kann schon sein.*« Stille – kein Wort weiter, meine kleine Welt, die sich etwas normalisiert hatte, brach erneut zusammen, mein Herz blutete. Ich schwieg, Kinder hatten nichts zu melden, mir ist aber heute klar, dass es Kinder gibt, die anders reagieren würden. Warum hatte ich nicht protestiert, um ihn gekämpft, ihm gesagt, wie sehr ich ihn liebte und ihn vermisste? Mein Wille war bereits gebrochen. Da war Sehnsucht, aber wie sie zu erfüllen war, das lag in weiter Ferne. So hatten nicht nur die Umstände, Krieg und Scheidung der Eltern mein Leben bestimmt, sondern auch, wie ich damit umging.

Später war es manchmal nicht leicht für mich, mir selbst zu vergeben – mein damaliges Schweigen, meine Opferhaltung, mein großes Selbstmitleid, zu dem ein Mensch fähig ist. Aber in unermüdlicher Selbstarbeit habe ich auch das geschafft, sonst hätte ich mir und allen Beteiligten nicht vergeben können, hätte sie und mich nicht verstehen gelernt. Aber es dauerte viele Jahrzehnte, bis ich die notwendige Reife dafür hatte.

Damals jedoch machte ich meine Mutter noch mehr für mein unglückliches Leben verantwortlich. Mein Vater hatte vor allen Dingen SIE verlassen und hätte mich wohl geheiratet, wenn sie ihm bei uns einen guten Platz eingerichtet hätte. Diese Einstellung bewirkte unter anderem, dass ich zeitlebens eine gestörte Beziehung zu meiner Mutter hatte. Unterstützt wurde ich in dieser negativen Einstellung durch meinen Vater, der sich bei meinen Besuchen immer wieder gezwungen sah zu erklären, warum er mit meiner Mutter unmöglich zusammenleben konnte. Dass ich jeweils nach einem Besuch bei ihm mit dieser Frau leben musste, kam ihm anscheinend nicht in den Sinn. Auf jeden Fall versuchte er, seine Verantwortung an sie abzugeben, sicherlich, um so mit seinen Schuldgefühlen fertigzuwerden.

Da ich weiß, wie schmerzhaft diese Gefühle der Schuld sein können, begegne ich heute diesem Verhalten mit Verständnis. Einerseits konnte ich es im Beisein meiner Mutter, deren Herz durch die vergangenen Ereignisse verschlossen war, oft nicht aushalten, andererseits war ich nicht lebenstüchtig genug, um mich von ihr abzugrenzen und auf ihre Hilfe zu verzichten. Als sie selbst im Alter pflegebedürftig wurde, wollte ich für sie da sein. Diesem Liebesdienst stand entgegen, dass ich sie nicht berühren konnte, ja fast eine Abneigung gegen ihre Körperlichkeit hatte. Ich bat die lichtvollen Wesen, mir zu helfen – und das Wunder geschah: Ich konnte sie massieren, sie waschen und ihr in jeder Hinsicht das angedeihen lassen, was sie benötigte. Darüber war ich sehr froh und dankbar und spürte, dass auch sie erstaunt und erfreut war über diese Wandlung.

Daseinsberechtigt

Als ich vierzehn Jahre alt war, ging meine Mutter mit mir zum Arzt und erzählte ihm in meinem Beisein von meinen diversen Fehlverhalten. Ich hatte Depressionen, fand mich hässlich und unfähig, ein liebenswerter Mensch zu sein. Von da an hatte ich ständig Bauchschmerzen. Ich schenkte ihnen wenig Aufmerksamkeit und war weiterhin damit beschäftigt, mir meine Daseinsberechtigung zu verdienen, indem ich mich denen zuwandte, denen es vermeintlich noch schlechter ging als mir. Ich versuchte, sie zu trösten und ihnen ihr Los zu erleichtern.

In meiner Straße wohnten Kinder, deren Vater im Gefängnis war. Diese Kinder kamen regelmäßig zu mir, um mit mir zu spielen und Kakao aus feinen Sammeltässchen zu trinken. Ich war eins mit diesen Kindern, unsere Verbindung waren unsere Gefühle der Einsamkeit und des Ungeliebtseins. Um Aufmerksamkeit von meiner Mutter zu bekommen, malte ich mir innerlich folgendes Bild: Ich liege todkrank im Bett, sie bangt um mein Leben, versorgt mich und öffnet ihr Herz für ihr geliebtes Kind. – Dieser Wunsch blieb von der Schöpfung nicht unbemerkt, erfüllte sich aber auf andere Art und Weise, als ich es mir vorstellte. Meine Bauchschmerzen, die mich schon länger quälten, zeigten nun ihr wahres Gesicht: Magengeschwüre, die sich im Herbst und im Frühjahr einstellten. Ich selbst schenkte ihnen wenig Beachtung. Niemand stand an meinem Bett, nach wie vor versuchte ich, allein damit fertig zu werden. Es ist mir bewusst, dass ich meinen Anteil an dieser Situation hatte. Auch mein Herz war verschlossen und mein Inneres getrübt vor Selbstmitleid und Trotz. Es erleichtert mich heute immer wieder, wenn ich auch meinen Anteil in diesen Situationen erkenne, und ich freue mich darüber, dass die Liebe im letzten Drittel meines Lebens noch einen Platz in meinem Herzen finden konnte.

Wer urteilt, kann sich irren – wer liebt, niemals.

Ich fühlte mich überfordert damit, den Besuch des Gymnasiums fortzusetzen, und so ging ich mitten im Schuljahr – ein Jahr vor dem Abitur – von der Schule. Meine Mutter schickte mich in einen Haushalt nach Berlin, ich war den Anforderungen nicht gewachsen, scheiterte. Ich war alles andere als ein Hausmädchen und dachte ständig an zu Hause. So war ich froh, als meine Mutter mich aus dieser Drangsal befreite, dann versuchte sie es mit mir in einem Waisenhaus. Die Arbeit mit den Kindern lag mir, ich fühlte mich wie eine von ihnen, war nun in der Lage, anderen das zu geben, was ich selbst nicht erhalten hatte: Liebe, Zuwendung und Aufmerksamkeit. Ich musste jedoch jeden Tag zwanzig Kilometer mit dem Fahrrad unterwegs sein, um das Heim zu erreichen, und das schaffte ich nicht. Auch diese Stellung war nur vorübergehend, scheiterte an der großen Entfernung.

Es war für uns in der DDR schwierig, einen Ausbildungsplatz zu bekommen. Doch wir hatten Glück und wurden fündig in der Medizinischen Fachschule der Charité, wo ich den Beruf einer Kinderkrankenschwester erlernen konnte. Wenn ich so zurückschaue, sehe ich, dass meine Mutter – besonders in den späteren Jahren – ihr Bestes gab, mehr war ihr nicht möglich. Sie hatte nie die Möglichkeit, ihre eigenen Seelenschmerzen zu heilen oder eine Therapie zu machen, wie das heute gang und gäbe ist. Aber sie war rechtschaffen, korrekt und gab sich Mühe, ein guter Mensch zu sein.

Unvergessliche Begegnung

Ich arbeitete als Schwesternschülerin auf einer Kinderstation und fühlte mich dort zu einem gehörlosen Jungen, welcher auch nicht sprechen konnte, besonders hingezogen. Wir verständigten uns mit viel Fantasie und Liebe. Als Michael ins Waisenhaus entlassen wurde, war ich traurig und versprach, ihn dort zu besuchen. Ich machte mein Versprechen an einem Karfreitag wahr und fuhr mit dem Zug nach Eberswalde in das Heim. Dort bot sich mir ein trauriges Bild. Michael lag in einem Saal mit einigen Kinderbetten – allein. Nach einer Stunde Zusammensein mit einem glücklichen Michael beschloss ich, ihn über Ostern mit zu mir zu nehmen. Dazu bedurfte es der Genehmigung des Heimleiters, der bereits seinen Osterurlaub zu Hause angetreten hatte. Die Schwestern im Heim erklärten mir, dass es aussichtslos sei, den Jungen mitzunehmen.

Sie kannten meinen Kampfgeist nicht. Ich ließ mir die Adresse des Leiters geben und ging mit Michael an der Hand zu ihm, um eine Erlaubnis für uns abzuholen. Michael hatte eine schwache Blase, kurz vor dem Haus unseres Gebieters drohte ihm eine nasse Hose. Ich stürmte mit dem Kind die Treppe hinauf und klingelte Sturm. Den erstaunten Türöffner fragte ich unumwunden, wo sich sein Klo befände. Er zeigt mit sehr erstaunten Augen stumm auf eine Tür. Nachdem Michael sein Pipi gemacht hatte, konnte ich erst unser Anliegen vortragen. Wir trafen einen gütigen Gebieter an, der uns nach einigen Formalitäten den Segen für den Oster Ausflug gab. Nie werde ich die strahlenden blauen Kinderaugen vergessen, diese nonverbale Sprache beeindruckte mich in unvergesslicher Weise. Michael versuchte jeweils mit Händen und Füßen, davon Mitteilung zu machen, was ihn gerade bewegte. Mit ihm an der Hand traf ich meine Mutter in Ostberlin, und wir fuhren mit der S-Bahn nach Rangsdorf, der letzten Station dieser Linie.

Damals fuhr die Bahn noch durch den Westen. Neben mir saß ein junger Mann, der scheinbar gelangweilt aus dem Fenster sah. Während der Fahrt erzählte ich meiner Mutter, was ich im Heim angetroffen hatte. Ich sah auf Michaels gestopfte langen Strümpfe und fragte meine Mutter, ob wir ihm nicht eine karierte Latzhose, die es neuerdings in der DDR gab, kaufen könnten. Sie meinte, wir hätten doch schon so viel Geld für die Fahrt ausgegeben. Ich schwieg traurig, aber verständnisvoll. Der junge Mann stieg in der letzten West-Station aus. Nach drei Minuten stürmte er zurück ins Abteil, warf mir eine Tafel Schokolade auf den Schoß und wünschte uns *»Frohe Ostern«*. Als ich die Schokolade auspackte, enthielt sie zwanzig Westmark – für uns ein Vermögen, etwa achtzig Ostmark. Große Osterfreude, als Michael seine Latzhose bekam, schwarzer Grund mit grünen und roten Karos, die der Hose etwas Besonderes gaben. Diese Situation blieb für mich unvergesslich. Ob dieser Geld-Engel ein ähnliches Schicksal hatte wie Michael, darauf erhielt ich bis heute keine Antwort, denn so sehr ich es mir wünschte, habe ich den jungen Mann nie wieder getroffen.

Wie kommt ein junger Mann sonst auf die Idee, so etwas zu tun? So gern hätte ich ihn wiedergesehen, ihm gedankt und ihn nach seinem Leben gefragt. Sicherlich hatte er eine spezielle Motivation für diese gute Tat, die für einen jungen Mann doch etwas ungewöhnlich war. Michael und ich hatten ein schönes Osterfest bei strahlendem Sonnenschein. Er sprach sein erstes Wort – Mama – am Ostermontag zu mir, die ich so gern eine geworden wäre. Wenn ich so Rückschau halte, wünsche ich von Herzen, dass Michael die Gebärdensprache lernen durfte und sich trotz seiner Behinderung ein gutes Leben aufbauen konnte. Ich habe ihn nie wieder gesehen.

DDR

Während dieser Ausbildung in der Charité wurde ich von meinen Mitschülerinnen zur Klassensprecherin gewählt. Ich freute mich über diese Anerkennung. So stand ich mit unserer Kritik oft vor den Lehrern und teilte ihnen unseren Unmut mit. Auch diese Situationen hatten Licht und Schatten in sich. Ich war nach wie vor belastet durch meine Ängste und depressiven Verstimmungen und nicht reif genug, um das, was zu sagen war, objektiv und sachlich zu vermitteln. Außerdem erkannte ich nicht ausreichend die Gefahr, die von den Linientreuen in der DDR ausging. So stand ich bei den Lehrern nicht gerade in der Gunst. Schließlich gehörte die Schule zu einem politischen System, das keine kritischen Äußerungen seines Volkes zuließ.

In einer Examensarbeit erlaubte ich mir darüber hinaus, etwas Abweisendes über den Staat DDR zu schreiben. Um ein Haar wäre ich deswegen durch die Prüfung gefallen. Ich wurde strafversetzt in das Polizeikrankenhaus, wo ich bei besonderen Anlässen eine Uniform tragen sollte. Ich war schon immer ein freiheitsliebender Mensch. Durch meine vielfältigen Ängste und depressiven Schwankungen konnte ich mir zwar selbst wenig Freiheit geben, aber ich spürte die Sehnsucht danach. Wenn dann von außen noch Zwänge dazukamen, die sich nicht mit meiner Einsicht vereinbaren ließen, fühlte ich mich überfordert. Ich, die eine Neigung zu Paradiesvögeln hatte, hätte in einer Uniform das letzte Stückchen Individualität aufgeben müssen, das schien mir unvorstellbar und problematisch.

Es wurde eng um mein Herz und ich spielte mit dem Gedanken, die DDR zu verlassen. Damals gab es keine Interzonenpässe, um dem westlichen Teil Deutschlands einen Besuch abzustatten. So konnte nur eine List hilfreich sein, um das notwendige Papier zu bekommen. Ich versprach dem Staat, meinen Vater und meinen Bruder, die beide im Westen wohnten, so zu motivieren, dass sie dem Westen den Rücken kehren und in den Schoß der Familie und in die DDR zurückkehrten. Dieses Unterfangen sei der eigentliche Grund meiner Reise. Man glaubte mir und erhoffte sich zwei neue DDR Bürger. Als ich ohne Vater und Bruder zurückkehrte, bespitzelte man uns vom Staatssicherheitsdienst, wie uns die Nachbarn berichteten. Doch ich wollte nicht ohne meine Mutter im Westen bleiben, sondern mit ihr zusammen die DDR verlassen, das war der eigentliche Grund meiner Rückkehr.

Als unsere Absicht feststand, den Staat zu verlassen, wollten wir mit niemandem darüber sprechen, denn auch die Sympathisanten eines DDR Flüchtlings hätten wegen Verrats bestraft werden können. So ging ich zu Gerd, um mich von ihm im Geheimen zu verabschieden. Von ihm hatte ich mit fünfzehn Jahren den ersten Kuss bei einem Sonnenuntergang am Meer auf der Insel Hiddensee bekommen. Er war damals achtzehn, seitdem waren wir befreundet. Seine Mutter war bis zu diesem Tag der Meinung, dass ich irgendwann ihre Schwiegertochter werden würde. Es tat sich fünf Jahre lang nichts, was in diese Richtung zeigte. Wir hatten eine freundschaftliche Beziehung, und der drei Jahre ältere Gerd erzählte mir hin und wieder von seiner Freundin. Die Mutter verließ die Wohnung, als ich dort auftauchte. Plötzlich entflammte zwischen Gerd und mir ein Feuer, ein ungeahntes und noch nie da gewesenes. Doch ich schaffte es in letzter Minute, aus seinen Armen zu flüchten, um an meinem Plan, die Heimat zu verlassen, weiterhin festhalten zu können. Ich erzählte es meiner Mutter. Zu meinem Erstaunen sagte sie nur dazu: *»Gut, dann bleiben wir hier, Du heiratest Gerd, ich ziehe in unserem Haus nach oben, ihr bewohnt die untere Etage. Und wenn Kinder kommen, bin ich da für euch.«* Ein kompletter Plan – wenn er sich erfüllt hätte, wäre mein Leben sicherlich sehr viel anders verlaufen. Aber wir einigten uns und verließen schließlich am 22. Juni 1959 die DDR.

Flucht

Meine Mutter und ich hatten diesen Tag für unsere Flucht aus der DDR vorgesehen. Nach einer schlaflosen Nacht baute ich aus meinem Federbett mit rotem Inlett eine Figur und hängte sie an der Decke auf. In einem Begleitbrief schrieb ich: »*So soll es allen ergehen, die Menschen wie uns ihrer Freiheit berauben!*« Wir Bewohner der DDR waren unfrei. Wir konnten unsere Meinung nicht frei äußern und machten manchmal aus unserem Herzen eine Mördergrube. Einem jungen, freiheitsliebenden Menschen fällt es schwer, mit seiner Meinung hinter dem Berg halten zu müssen. Dieser »Mann« an der Decke stand für Unfreiheit, Unterdrückung und Manipulation. Es war, als gebe er mir ein Stückchen verlorene Freiheit wieder zurück. So wurde dieser graue Morgen unserer Flucht von einem kleinen Lichtstrahl erhellt.

In einem zweiten Brief teilte ich den Behörden mit, dass die Kinder, die ich namentlich nannte, die kleinen Sammeltässchen kriegen sollten, aus denen sie bei mir immer den Kakao tranken. Später erfuhr ich von einem dieser Kinder, dass sie tatsächlich ihre Tässchen bekommen hatten – es musste wohl ein Engel auf Erden mit im Spiel gewesen sein.

Wir verließen für immer das Haus,
das mein Vater für seine Familie gebaut hatte.

So eine Flucht war mit vielen Ängsten verbunden. DDR Bewohner, die dabei erwischt wurden, diesen Staat für immer zu verlassen, mussten eine längere Haftstrafe in einen der Zuchthäuser in der DDR absitzen. Dementsprechend waren wir in großer Anspannung, als wir unserem Haus ein letztes Mal den Rücken kehrten. Meine Mutter war damals vierundfünfzig Jahre alt, sie lebte noch drei Jahrzehnte, hat aber unser Haus nie wieder gesehen. Auf dem Weg zum Bahnhof sprachen wir kein Wort zusammen. Jeder hing seinen eigenen Gedanken nach, die um diesen Abschied ohne Wiederkehr kreisten. Damals fuhr die S-Bahn noch in einem Zuge durch in den Westteil Berlins. An der letzten Station der Ostzone hielt der Zug eine halbe Stunde lang. In dieser Zeit nahmen die Russen und die Volkspolizei Gepäck- und Ausweiskontrollen der Insassen vor. Diese letzte große Hürde hatten wir zu überwinden.

Als Mutter und Tochter saßen wir wie erstarrt vor Angst in dem Zugabteil und warteten wie gebannt auf den Polizisten, in dessen Händen nun unser Schicksal lag. Er würde darüber entscheiden, ob wir nach Westberlin weiterfahren konnten, oder ob wir als Verdächtige den Zug verlassen mussten.

Als inneres Bild tauchte in mir immer wieder der rote Mann auf, der nun in unserem Haus an der Decke baumelte – als Botschafter für das, was wir nicht sagen und nicht tun durften. Ich sah uns mit Handschellen in einen Gerichtssaal geführt werden, auf dem Richtertisch ein dickes rotes Etwas, der »Mann«, von der Decke abgenommen, als Corpus Delicti für Verrat am Arbeiter- und Bauernstaat. Meine Mutter und ich wurden angeklagt, nicht nur wegen Republikflucht, sondern wegen Verunglimpfung der DDR. Beweis: Ein erhängter Mann mit Drohbrief, der soeben von einer Decke abgenommen worden war! Es drohte uns die Höchststrafe. Das Gericht zog sich gerade zur Beratung zurück, da wurden meine inneren Bilder im gleichen Augenblick von der Realität abgelöst. Ich saß wieder im Zugabteil mit Angst und Schrecken.

Es erschien ein Volkspolizist in unserem Waggon, der uns nach dem Inhalt unseres Gepäcks fragte. Wir beide gaben sehr verlegen und stotternd Auskunft, denn wir waren voller Angst, dass unser Vorhaben in letzter Minute scheitern und man uns als Verdächtige aus dem Zug holen würde. Unsere Engel haben uns jedoch davor bewahrt und dem Polizisten beide Augen zugedrückt. Es war bemerkenswert, wie dieser Polizist mit unseren tollpatschigen, nervösen und stotternden Auskünften umging. Ich konnte mir das nur damit erklären, dass er die Unstimmigkeit in unserem Verhalten nicht in Betracht zog, weil er sich selbst mit seiner Rolle nicht ganz einverstanden erklären konnte. So kontrollierte er den nächsten Passanten und verließ dann das Abteil. Der Zug rollte in die Freiheit, und ich fing heftig an zu weinen – eine lange Zeit der Anspannung forderte jetzt ihr Recht.

Dann stieg ich an der ersten Weststation in Berlin aus und holte mir eine Bildzeitung. Das war meine erste symbolische Handlung, um meiner neuen Freiheit einen Ausdruck zu geben. Wäre ich wieder in die DDR zurückgefahren, hätte ich das niemals gewagt, denn das Risiko, von einem der Mitreisenden verraten zu werden, wäre zu groß gewesen. Westzeitung lesen war verboten und wurde bestraft. So war es für mich eine rituelle Handlung meiner neuen Freiheit.

Meine Mutter und ich kamen in drei verschiedene Flüchtlingslager, zuerst Marienfelde in Berlin, dann Gießen und schließlich Malschbach bei Baden Baden. In Berlin wurden wir in einem Schlafsaal mit zwanzig Insassen untergebracht. Am ersten Morgen bekamen wir einen Napf und holten uns damit etwas zu essen. Zwischen den Mahlzeiten wurden wir lange und umfänglich von den Behörden über das Leben in der DDR befragt. Auf eigentümliche Art und Weise zeigte sich uns das geteilte Deutschland, indem es uns auf beiden

Seiten über den jeweils Anderen ausfragte. Es kam mir in den Sinn, dass der Westen vielleicht gar nicht so golden war, sondern dass auch hier nur mit Wasser gekocht wurde.

Wir hatten im wahrsten Sinne des Wortes nur das, was wir am Leibe trugen. Erst langsam wurde uns klar, in welcher Situation wir uns befanden. Wir hatten eine folgenschwere Entscheidung getroffen. Unsere Heimat, ein schönes Haus, Freunde, alles hatten wir hinter uns gelassen - für eine unbekannte Zukunft. Schlaflos lagen wir nachts zwischen zwanzig fremden Menschen in einem großen schmucklosen Saal. Neben uns schnarchte eine Frau so laut, dass an Schlaf nicht zu denken war. Alle teilten ein Schicksal und doch waren es Fremde, zusammengewürfelt aus allen Teilen dieses unmenschlichen Staates. Jeder versuchte auf seine individuelle Weise, mit diesem außergewöhnlichen Schicksal fertigzuwerden. Niemand gab eine Antwort auf die Frage, ob wir richtig gehandelt hatten. Es gab kein Zurück mehr. Wir hatten Angst, konnten uns auch gegenseitig wenig Trost und Halt geben. Ich fragte mich, ob es richtig war, meine Mutter mitzunehmen. Sie hatten drei Jahrzehnte in dem Haus gelebt und war nun in einem Alter, in dem man nicht mehr darauf aus war, neue Horizonte zu erobern. Es war zwar ihre Entscheidung, aber ich hatte den Stein ins Rollen gebracht. Quälende Fragen spulten sich in ständiger Wiederholung ab, die vergeblich auf eine Antwort warteten. Es waren nur drei Stationen mit der S-Bahn zu unserer verlassenen Heimat. Nun schien sie uns in eine weite, unerreichbare Ferne gerückt, durch ein totalitäres System, dass sich erlaubte, Menschen ihre persönliche Freiheit zu nehmen.

Den Westen hatten wir uns anders vorgestellt. So lange er für uns unerreichbar war, schien er paradiesisch zu sein, doch nun zeigte sich uns erst einmal die nackte, harte Realität eines Neuanfangs ohne Perspektive. Von dem Berliner Lager Marienfelde wurden wir nach Westdeutschland geflogen. Ich erinnere mich an meine panische Angst, das Flugzeug könnte abstürzen und wir kämen – wie viele andere – als DDR Flüchtlinge ins Zuchthaus. Wir wurden in zwei weiteren Flüchtlingslagern einquartiert und es tauchten erneute Zweifel über unsere Flucht auf. Sicherlich hatten wir es uns so nicht vorgestellt. Von einer inneren Unfreiheit wechselten wir nun erst einmal in eine äußere Notsituation. Wir lebten von einem Existenzminimum – bei all der Pracht in den Schaufenstern, die unser Herz höher schlagen ließ. In der DDR hatten wir davon nur träumen können.

Friedrich

Nach einigen Umwegen landeten wir im Schwarzwald am Titisee in der Gastronomie. Wir arbeiteten manchmal zwölf Stunden am Tag, für wenig Geld. Unsere vorläufige Bleibe war ein Doppelzimmer unter dem Dach eines Hotels. Wir lernten einen Mann kennen, der in diesem Hotel Gast war. Er nannte sich Friedrich, schien vermögend zu sein, war von unscheinbarer Gestalt und machte auf mich einen etwas bedrückten Eindruck. Er zeigte vom ersten Tag unserer Bekanntschaft an eine aufrichtige Anteilnahme an unserem Schicksal. In ungewöhnlicher Weise versuchte er uns zu verwöhnen, uns zu beschenken und einzuladen. An meinen freien Tagen saß er vor meiner Tür und wartete auf mich, um mir ein fürstliches Frühstück zu kredenzen. Dabei nannte er mich eine Prinzessin und gab sich selbst die Rolle des Buttlers, der jeden Wunsch von meinen Augen ablesen konnte. Ich hatte allerdings nur einen Einzigen: Ich wollte gern meine Ruhe haben vor ihm, denn er war mir unheimlich in seiner devoten Haltung und mit seinem nervösen Gehabe. Meine Mutter dagegen freute sich über seine Geschenke und Einladungen, die uns mit dem eigenen kleinen Budget nicht möglich waren. *»Er hat etwas zu verbergen«*, teilte ich meiner Mutter wiederholt mit. Sie sah für meine Skepsis keinen Anlass und wollte seine Großzügigkeit gern noch etwas genießen, was ich damals aufgrund unserer bescheidenen Verhältnisse gut verstehen konnte.

Eines Tages kreuzte bei uns die Polizei auf. Friedrich war ein Betrüger, der Zeit seines Lebens als Buchhalter seine bescheidenen, gleichförmigen Runden drehte – und der nun einmal im Leben den vermögenden Gentleman spielte. Dabei bediente er sich einiger Tausender, die er von seiner Dienststelle mit in den Urlaub genommen hatte. Wir hatten ein Mitgefühl mit Friedrich, und so gaben wir über ihn nur Gutes zu Protokoll. Manchmal frage ich mich, was wohl aus ihm geworden ist.

Alte Heimat

1964 wurde eine Amnestie für die DDR Flüchtlinge erlassen. Ich besuchte nach fünf Jahren die alte Heimat und die ganze Klaviatur meiner Gefühle von damals tauchte in mir wieder auf. Vielleicht stand ich auf einer speziellen Liste, wegen des Briefes und dem Mann an der Decke? Konnte ich wirklich vertrauen oder ging ich in eine Falle? So sinnierte ich hin und her, während ich unsere Straße aufsuchte. Unser Haus hatte seinen besonderen Charme durch einen Umbau verloren. Ich war froh darüber, es erleichterte mir das Loslassen. Ich wusste nicht so recht, was ich in der verlassenen Heimat, die nie ein echtes Zuhause für mich gewesen war, überhaupt wollte. Ich besuchte eine Schulkameradin, um mich ein wenig abzulenken.

Sylvia hatte später Peter geheiratet, mit dem sie in eine Klasse gegangen war, und hatte zwei Kinder geboren. Es fehlte ihr an nichts. Auch bei meinen späteren Besuchen bei ihr war alles stets in Ordnung, nichts konnte scheinbar ihre kleine Welt erschüttern. Sie schlug während meiner Schilderungen die Hände über dem Kopf zusammen und konnte nicht fassen, wie viel Abenteuer ich schon wieder erlebt hatte! Aber auch ich selbst konnte beim Erzählen nur staunen, dass ich das alles wirklich gemeistert hatte. Zwanzig Jahre später weilte ich wieder einmal in Rangsdorf. Ich vergaß, Sylvia aufzusuchen, und hatte plötzlich die Idee, auf den Friedhof zu gehen. Gleich hinter der großen schmiedeeisernen Eingangspforte erblickte ich Sylvias Grab, sie war mit vierzig Jahren an Krebs gestorben. Ich war bestürzt und musste trotzdem leicht schmunzeln darüber, dass ich, die ich oft so nahe dran war, meinen Körper zu verlassen, immer noch sehr lebendig versuchte, dem Leben etwas Gutes abzugewinnen.

Goldener Westen

Der Westen war für mich bedrohlich und verlockend zugleich. Notgedrungen musste ich – zusammen mit meiner Mutter – durch körperlich schwere Arbeit meine Brötchen verdienen. Ich kam dabei sehr an meine Grenzen. Die Arbeit fiel mir alles andere als leicht, und es kostete mich viel Mühe, den Anforderungen gerecht zu werden. Ich ließ mich entdecken von einem Ehepaar, das eine Nachtbar besaß. Sie sprangen auf meine besondere Attraktivität und Ausstrahlung an, und da ich selbst wenig mit mir anfangen konnte und auf Anerkennung ansprach, folgte ich ihnen als Bardame in die große, weite Welt nach Karlsruhe. Nun musste ich mir meine Hände nicht mehr schmutzig machen und konnte mich auf glitzerndem Parkett bewegen. Ich blieb in ihrer Bar etwa für zwei Jahre und war fast jeden Abend betrunken. Das Geld, das ich dort verdiente, brannte in meinen Händen. Ich musste es schnell wieder loswerden und versuchte, mit Luxusartikeln meinem aus der Bahn gerutschten Leben etwas Glanz zu geben. Als ich bemerkte, dass der Alkohol nicht ohne Spuren an meinem Körper vorbeiging, lud ich eines Tages meine Mutter in diese Bar ein, wohl in der Hoffnung, dass sie mich voller Entsetzen über das unseriöse Tun ihrer Tochter dort herausholen würde. Sie kam, ließ sich vom Geschäftsführer auf einen Sekt einladen und hinterließ nach einem vergnügten Abend eine völlig verzweifelte Tochter. Wie so oft, machte ich aus meinem Herzen eine Mördergrube und ließ mir nichts anmerken. In Wirklichkeit erhoffte ich mir Hilfe von meiner Mutter, die selbst bedürftig war und zu ihrer Tochter mehr Distanz als Nähe aufbrachte.

Mit dem Alkohol und meinen Verdrängungskünsten konnte ich mein trostloses Leben besser verkraften. Ich kannte kein schönes, sinnerfülltes Leben, es war oft nur ein Überleben. Innerhalb eines halben Jahres wurde ich zweimal schwanger. Der Gedanke, einem Kind einen Platz zu bereiten, war mir nicht möglich, daher sorgte ich so schnell wie möglich für eine Abtreibung. Noch heute sind die Bilder in mir gegenwärtig, wie sich die kleinen, leblosen Körper aus meinem »Nest« lösten. Welches Elend, welche Gefühle der Schuld und Angst, die ich nun mit Millionen Frauen auf dieser Erde teilte.

Wenn ich an diese Zeit zurückdenke, bekomme ich leicht eine Gänsehaut. Ich funktionierte in einer Welt, der ich mich nicht zugehörig fühlte. Meine wahren Gefühle waren wie eingefroren und für später konserviert – wenn mich jemand aus meiner Misere erlöst hätte. Mit meiner Mutter hatte es nicht geklappt, vielleicht fand sich ja noch jemand anderes? Ich selbst traute es mir nicht zu, mir ein schöneres Leben zu gestalten. Ich wartete auf den Prinzen, der mich auf seinem Ross abholen und mitnehmen sollte in ein schöneres Leben.

Erste Liebe

Paco war kein Prinz, aber wir liebten uns und es verschwand nun durch diese Beziehung viel Grau aus meinem Leben. Er studierte Elektrotechnik. In der Bar, in der ich als Bardame arbeitete, verdiente er sich als Pianist seinen Lebensunterhalt. Er war Spanier und entstammte einer adligen und sehr katholischen Familie. Mit Paco erlebte ich zwei Jahre, die ich heute nicht mehr missen möchte und von denen ich sagen kann, es war bislang die einzige Zweisamkeit mit einem Mann, die beglückend für mich war. Ihm und mir zuliebe beendete ich meine Karriere als Bardame und arbeitete als Serviererin in verschiedenen Lokalen, ich brauchte nun keinen Alkohol mehr, um mich zu betäuben.

Mein Geliebter hatte jedoch eine starke Bindung an seine Mutter. Da sie für ihren Sohn eine Jungfrau vorgesehen hatte, gab Paco nach zwei Jahren ihrem Drängen nach und trennte sich von mir. Ich wollte es lange nicht glauben, dass die Mutter so viel Macht über ihren Sohn hatte, doch eines Tages musste ich der bitteren Wahrheit ins Auge sehen. Paco und ich hatten zwei Fahrräder gleichen Modells und gleicher Farbe. Sie standen bei mir auf dem Hof und warteten darauf, dass wir sie benutzten. Eines Tages blickte ich vom vierten Stock herunter und sah, dass da nur noch ein Fahrrad stand. Es machte etwas mit mir, mein Stern war ein Stück gesunken. Nun hatte ich das letzte Stück heile Welt auch noch verloren und flüchtete mich wieder in mein Programm der Ungeliebten, das mir schon so vertraut war. Später erfuhr ich, dass Paco heiraten musste, weil die Frau, die mir an seine Seite nachfolgte, ein Kind erwartete. Arme Mutter – ihr Plan mit der Jungfrau ging nicht in Erfüllung.

An Paco denke ich heute noch gern zurück.

Harte Lektion

Ich war fünfundzwanzig Jahre alt und besuchte meine Mutter im Schwarzwald. Beim Überqueren einer Straße wurde ich von einem Auto erfasst. Ich landete auf dem Kühler, mit dem Kopf auf der Windschutzscheibe, die durch den Aufprall zerbrach. Dann fiel ich auf die Straße zurück. Ich hatte mehrere Knochenbrüche und eine schwere Gehirnerschütterung. Noch heute danke ich meiner Göttlichkeit, dass ich im Gesicht keine Schnittwunden hatte. Ich lag zwei Monate in der Klinik und genoss – trotz meiner Schmerzen – die Ruhe und das Versorgtsein, das ich mir in meinem Leben selbst so wenig geben konnte. Nach meiner Entlassung musste ich ein Jahr lang an zwei Stöcken gehen, da mein rechtes Bein so kompliziert gebrochen war, dass es nur schwer heilte. Ständige Schmerzen sollten Jahre später mein Leben immer wieder sehr einschränken.

Ich erinnere mich an Tante Lenhardt, die sich mit Anthroposophie befasste. Sie stand an meinem Krankenbett und sagte, dass dieser Unfall ein Signal meiner Seele wäre. Ich war damals noch weit entfernt von dieser Wahrheit, und so konnte ich nur schmunzeln über so einen »Unsinn«. Ich wollte gesund werden! Nur diesen Sinn ließ ich damals zu. Ich konnte nicht weglaufen, und so blieb ich unter diesen besonderen Umständen wieder bei meiner Mutter in Hölzlebruck im Schwarzwald. Ich versuchte mehr recht als schlecht, an verschiedenen Stellen etwas Geld zu verdienen, und träumte von besseren Zeiten.

Erste Ehe

Meine Träume von einem besseren Leben wollten sich nicht erfüllen. Ich wurde krank und wurde in eine Klinik überwiesen. Einen Tag, bevor ich die stationäre Behandlung begann, lernte ich Walter kennen, dem ich bei strömendem Regen als Fußgängerin auf der Straße begegnete. Er hielt mit seinem Auto und bot sich an, mich zu meiner Arbeitsstelle zu fahren. Als ich Feierabend hatte, stand er bereits mit dem Auto auf der Straße. Wir machten einen kleinen Ausflug, auf dem ich Blütenzweige pflückte, die ich dann vor Aufregung in seinem Auto vergaß. Am nächsten Tag brachte er mir die Zweige nach Hause. Ich habe mich oft gefragt, ob diese Zweige wohl ein wenig Schicksal gespielt hatten und ob mein Leben ohne diese Vergessenen ganz anders verlaufen wäre. Es gibt darauf keine Antwort.

Auf jeden Fall besuchte mich nun Walter jeden Tag in der Klinik. Noch während meines Aufenthaltes verlobten wir uns und bereiteten die Hochzeit vor. Ich hatte einen Mann an meiner Seite, der mir Aufmerksamkeit schenkte, mir zuhörte und mir, die ich durch den Unfall und mein bisheriges Leben entwurzelt war, eine Zugehörigkeit bot. Walter war achtzehn Jahre älter als ich und ich erhoffte mir, mit ihm etwas erleben zu können, was mir bisher vorenthalten wurde: Ein Mann, der es nicht auf meinen Schoß abgesehen hatte und der für mich da war in der Not. Als er mir nach meiner Entlassung aus der Klinik körperlich nicht näher kam, wurde ich misstrauisch und erzählte meiner Mutter von meinem Verdacht, dass mit Walter etwas nicht in Ordnung wäre. Meine Mutter, die froh war, mich unter einer Haube zu wissen, redete mir meinen Verdacht wieder aus mit dem Argument, er sei eben anständig und mache so etwas nicht vor der Hochzeit. Obwohl ich weit entfernt von meiner Jungfräulichkeit war, schenkte ich diesem haarsträubenden Unsinn Glauben. Meine innere

Stimme hatte nun keine Chance mehr, beachtet zu werden, und ich heiratete Walter – um welchen Preis, konnte ich allerdings nur ahnen.

Auf dem Standesamt erfuhr ich, dass er mir eine Ehe vor meiner Zeit verschwiegen hatte, da blieb mir – wie so oft – der Protest im Halse stecken. Wir haben auch danach nie darüber gesprochen, das Schweigen und Verschweigen, das ich aus meiner Familie so gut kannte, erfuhr hier eine Fortsetzung. Die Ehe wurde geschlossen von Amts wegen. Auf meiner Hochzeitsreise stellte sich heraus, dass mein Mann nicht aus Anstand die körperliche Nähe zu mir nicht gesucht hatte, sondern um mir seine Impotenz zu verbergen. Er ließ mich in dem Glauben, dass meine mangelnde Feinfühligkeit ihn zu einem Liebesakt mit mir nicht motivieren würde. Später erfuhr ich von seinem Bruder, der Arzt war, dass er ihn schon lange wegen seiner Impotenz behandelte. Sein Bruder war entsetzt darüber, dass mir Walter seinen »Makel« verschwiegen hatte. Er hatte angenommen, dass ich ihn trotzdem geheiratet hatte, weil mir dieser Umstand nicht so wichtig sei. Ich fühlte mich verraten und verkauft. Die ganze Tragik meiner Ehe wurde mir auf dieser Reise bewusst. Ich wünschte mir sehnlichst Kinder, die konnte ich von Walter nicht haben. Wie ein roter Faden zog sich durch mein Leben, dass über Probleme und Gefühle so gut wie nie gesprochen wurde. Deshalb gab es auch so wenig gemeinsame Lösungen. Viel zu lange trug jeder von uns die Tragik mit sich herum, ohne sich dem Anderen zu öffnen. Erst als es zu spät war, sprachen wir über unsere Probleme, aber in einer Weise, die weder Heilung noch Hilfe versprach. Jeder versuchte die Verantwortung abzuwälzen und dem Anderen die Schuld dafür zu geben, dass wir miteinander nicht glücklich waren. Obwohl Walter viel älter war als ich, hatte er auch nicht gelernt, konstruktiv über Schwierigkeiten zu sprechen. Er hatte mir seine Geschichte verschwiegen. Erst fünf Minuten vor Zwölf erzählte er, er habe im Zweiten Weltkrieg in Frankreich eine Liebesbeziehung zu einem Mädchen gehabt und sie später aus den Augen verloren. Nach dem Krieg tauchte sie bei ihm in Deutschland auf und stellte ihm seine dreijährige Tochter vor. Er war gerade Witwer geworden und gründete mit ihr eine Familie. Ein Sohn folgte nach zwei Jahren. Eine heftige Auseinandersetzung zwischen den Eheleuten veranlasste sie, ihm an den Kopf zu werfen, dass er doch nicht der Vater dieser Tochter sei, sondern ein hoher SS Offizier, den sie vor ihm kennengelernt hätte, aber sie brauchte eben einen Vater für das Kind. Seit diesem Vorfall machten sich die Potenzprobleme bei ihm bemerkbar, die schließlich zur völligen Impotenz führten. So zog ein Betrug den anderen nach sich. Mein Mann war selbst der betrogene Betrüger, der aus dieser Lektion anscheinend nichts gelernt hatte.

Schwester Inke

Ich trug nach unserer Hochzeitsreise zum Lebensunterhalt bei und arbeitete in einer Kinderheilstätte als Kinderkrankenschwester. Auf meiner Station lagen fünfundzwanzig sehr kranke Kinder, aus denen keine Erwachsenen wurden. Ich nahm mir vor, alles zu tun, damit in der verbleibenden Zeit, die sie noch am Leben waren, auch Freude in ihre Herzen ziehen konnte. Es gelang mir manchmal, sie mit meinem Humor zum Lachen zu bringen.

Ich, in der Kinderheilstätte Friedenweiler als Kinderkrankenschwester tätig, auf einem Ausflug mit behinderten Kindern

Das Haus, in dem ich arbeitete, war katholisch geprägt und wurde von Ordensschwestern geleitet. Wir begegneten uns nicht auf Augenhöhe, dazu war ich wohl aus ihrer Sicht zu weltlich in meiner Erscheinung und in dem, was ich vertrat. Wenn das Wetter mitmachte, wurden die Kinder in ihren weißen

Metallbetten auf den großen Balkon geschoben, so konnten sie etwas mehr am Leben teilnehmen. Es war an einem sonnigen Sonntag, als ich damit begann, die Betten der Sonne entgegenzuschieben, eine Nonne die Station betrat. Sie herrschte mich an, ich solle sofort damit aufhören und die Betten an ihren Platz zurückstellen. Als ich mich bei ihr nach dem Grund erkundigte, erklärte sie mir, dass man den Kurgästen im Ort den Anblick der Kinder am Sonntag ersparen müsse. Mir standen die Haare zu Berge – ich sollte den Anblick meiner geliebten Kinder den Kurgästen ersparen – das klang nach einer Melodie aus grauer Vorzeit. Als sich die Nonne gerade an einem Bett zu schaffen machte, um es aus der Sonne zurück in das Innere der Station zu schieben, nahm ich ihre heilige Hand und erklärte ihr, dass ich es auf keinen Fall zulassen würde, dass man den Kindern die Sonne vorenthielte. Als sie daraufhin wieder auf ein Bett zugriff, gab ich ihrer Hand einen kräftigen Klaps und zeigte ihr die Tür. Ich war erst kurze Zeit dort tätig und wusste nicht, dass sie die leitende Oberschwester war. Sie verließ mit einem empörten Aufschrei die Station und sprach von harten Konsequenzen, die mich erwarten würden. Mir war es etwas mulmig. Die Kinder freuten sich, dass sie in der Sonne bleiben durften und dass ich mich für sie so eingesetzt hatte. In der Konsequenz wurde ich zum Direktor geladen. Er war ein katholischer Priester der besonderen Art. Er empfing mich mit einem gütigen Lächeln und bot mir ein Glas Wein an. Dann erzählte er mir einen Schwank nach dem anderen aus seinem Leben. Wir tranken zusammen Wein und lachten viel. Am Ende meinte er, er käme am nächsten Sonntag auf die Station, wenn es schönes Wetter sei, um mir bei dem Bettenschieben auf den Balkon zu helfen. Die Schwester grüßte mich einige Tage später freundlich, und fortan durften die Kinder die Sonne genießen, so viel und wann sie wollten.

Ich spürte, wie gut es mir tat, zu mir zu stehen und meine Wahrheit zu vertreten. Ich hatte ein Exempel dafür statuiert, so wollte ich weiter machen und die Kette des Schweigens und Verschweigens durchbrechen. Natürlich gelang es mir nicht immer, doch wenn ich es schaffte, war ich mir nah und fühlte mich gut in meiner Haut.

Ich begann, meine Gefühle zu leben und mich meinen nagenden Gedanken zu stellen. Noch hatte ich keinen Zugang zu meinem eigenen Anteil an dieser Beziehung, in der wir beide – mein Mann und ich – nicht glücklich waren. Offensichtlich war er der Bösewicht, denn er hatte mir die Wahrheit zweimal verschwiegen. Aber ich hatte ihn auch bereits nach drei Monaten geheiratet und meine innere Stimme, die mir noch vor der Heirat sagte, dass etwas nicht stimmig sei, ignoriert. Ich hatte Walter nie wirklich geliebt, doch ich sah nur sein Versäumnis, mein eigenes Zutun zu diesem Dilemma ließ ich jedoch nicht in mein Bewusstsein. Seine »Schuld« hielt ich ihm vor und machte ihn verantwortlich für mein unglückliches Leben. Dabei fühlte ich mich im Recht.

Seine guten Seiten wurden von mir weniger beachtet. Während eines gemeinsamen Urlaubs in Italien verbrachte ich eine halbe Nacht mit meinem Kummer allein am Meer. Dabei holte ich mir eine Angina. Ich war gefangen in Selbstmitleid und meiner Opferrolle und sah keine Möglichkeit, an meiner Situation etwas positiv zu verändern. Wir suchten wegen meiner Angina einen Arzt auf. Es entstand zwischen diesem und mir eine bemerkenswerte Energie, ich spürte sofort, dass wir uns etwas zu sagen hatten, obwohl ich kein Wort Italienisch konnte. Unsere Herzen kannten sich und sehnten sich nach Nähe. Sergio lud uns also kurzerhand zum Dinner ein. Er schenkte mir ein goldenes »I«, das für meinen Namen Inke stand. Ich war gerührt über die persönliche Geste eines Mannes, dem ich doch gerade zum ersten Mal begegnete. Er schien das zu haben, was ich bei meinem Mann so vermisste: Toleranz, Souveränität, Charme, Humor und Feingefühl. Diese Begegnung verwirrte mich und ich sehnte mich danach, mehr von diesem interessanten Mann zu erfahren. Seine innere Schönheit entdeckte ich in einem Mosaik voller Überraschungen – in dem, wie er sich verhielt und mir entgegenkam. An einem der Urlaubstage zeigte er uns eine Kupfer Schmiede. Ich liebäugelte mit einer Bodenvase von vollendeter Eleganz. Mein Charme reichte nicht aus, um meinem Mann das Geld dafür zu entlocken. Für ihn war das unnötiger Luxus. Nicht so für Sergio. Als ich das Kupferparadies mit hängenden Flügeln verließ, erblickte ich zu meinem Erstaunen unseren neuen Freund, der charmant seinen Kofferraum öffnete und mir den Blick auf die ersehnte Vase freigab. Es war ähnlich wie mit dem goldenen »I« – er wusste, wie er mir eine persönliche Freude machen konnte, mit Fantasie und Originalität. Wir freundeten uns mit meinem Doktor an und ich spürte immer mehr diese besondere Zuneigung zu ihm. Als unser Urlaub zu Ende ging, war ich traurig beim Abschied und musste doch schmunzeln über ein kurioses Bild, das sich mir bot:

David und Goliath

Sergio verfügte über eine kleine, zarte Gestalt, mein Ehemann dagegen überragte die meisten Menschen mit seinen fast zwei Metern. Als sich nun David und Goliath verabschiedeten, dachte ich: *»Wie ist der Große so klein und der Kleine so groß.«* Sergio hatte die Spielregeln des Lebens begriffen. Er lebte seine innere Größe, ohne dass die Meinung seiner Umgebung großen Einfluss auf ihn nehmen konnte. Er hatte Zugang zu seiner Intuition und konnte seinen Gefühlen Ausdruck geben. Er war mir ein Vorbild, durch ihn wurde mir klar, was mir in meiner Ehe fehlte. Walter war bereits zum dritten Mal verheiratet – dieses Mal mit mir – und war zu Beginn unserer Ehe bereits Mitte Vierzig. Er bevorzugte ein ruhiges, geregeltes Leben, das ich ihm nicht bieten konnte. Wir waren beide voneinander enttäuscht und bereuten es, nach drei Monaten den Bund der Ehe eingegangen zu sein. Auf der Rückfahrt weinte ich unaufhörlich, mir wurde nun völlig klar, in welches Drama ich mich mit meiner Heirat begeben hatte. Zu Hause angekommen, fand ich ein Telegramm von Sergio vor: *»Inke non piangere piu, studiare Italiano«*, was soviel hieß, wie: Inke weine nicht mehr, lerne Italienisch.

Das setzte ich in die Tat um: Ich lernte Italienisch und korrespondierte mit meinem neuen Freund. Ich fand in ihm eine Seelenverwandtschaft, die ich bei meinem Mann vergeblich suchte. Sergio war ein authentischer Mensch, der seine Ideale lebte. Er war Arzt und hatte in dem Ort Terracina eine Praxis. Er liebte die Menschen und war für sie da. Auch die Ärmsten kamen zu ihm und wurden behandelt.

Er fühlte sich durch den Lärm von Maschinen in einer kleinen Werkstatt ganz in der Nähe seiner Praxis sehr belästigt. Als er bei den Behörden kein Gehör fand, stellte er zwei Särge auf das Dach seiner Ambulanz, um zu demonstrieren: *»Schaut, zwei Tote hat es in meiner Praxis schon gegeben, ich kann mit diesem Lärm* *nicht arbeiten!«* Es mag im Urteil des Betrachters liegen, ob das ein adäquater Weg war, aber mir gefielen sein Mut und seine Individualität. Außerhalb des Ortes lag am Lago diFondi inmitten der Weinberge sein Paradiso, mein Mann und ich durften dort unsere Urlaube verbringen. Das Haus lag direkt am See, der einen Zugang zum Meer hatte. Am Ufer lag ein kleines Motorboot, das uns vom schilfbedeckten Ufer in die Mitte des Sees zum Baden brachte. Ich bevorzugte es, ohne Badeanzug das kühle Nass am ganzen Körper zu spüren. Mein Mann war entsetzt und wollte mir mein nudistisches Ansinnen verbieten – es gelang ihm nicht. Wenn ich die Fischer in ihrem Boot von Weitem erblickte, ließ ich einen Indianerruf erschallen. Sie wussten, dass ich mich nun erst einhüllte, bevor sie sich mir nähern durften. Wir lachten viel über diese Vereinbarung, nur mein Mann konnte darüber nicht lachen. Meine Fischerfreunde legten am Ufer an und freuten sich auf meinen Kaffee, den ich ihnen mit Begeisterung servierte. Sie brachten uns einen Fisch, ähnlich wie unsere Forelle, mit dem Namen Scheffalo. Ich bereitete ihn nach einem alten Fischerrezept köstlich zu, mit Lorbeerblättern vom kleinen Baum vor dem Haus.

Um Sergios Ferienhaus herum gab es eine Plantage mit vielen verschiedenen Obstbäumen und Gemüsefeldern und eine Quelle mit kristallklarem Wasser. Ein wirkliches Paradies, mir fehlte nur der Adam, mit dem ich hier glücklich sein konnte. Eines Tages fanden wir vor der Tür zum Paradiso einen kleinen Hund. Er war grausam zugerichtet und kaum noch lebensfähig. Sergio operierte ihn sofort in seiner Ambulanz und bald ging es ihm wieder gut. Ich hatte große Freude an diesem kleinen Vierbeiner, der uns jeden Tag seinen Dank auf seine Weise entgegenbrachte. Wir hatten einen großen Schäferhund, die beiden freundeten sich schnell an. Trovatello – der Gefundene – war das Oberhaupt in diesem Duo. Wenn Fressenszeit war, stellte er sich auf einen kleinen Hügel und ließ lauthals verkünden: *»Erst ich und dann Du!«* Alf, unser Hund, war ein Gütiger und ließ seinem kleinen Freund stets den Vorrang. Eines Tages war unser Hund jedoch verschwunden. Wir bemerkten es nach einem grande Temporale – einem Gewitter, als wir aus dem Ort in unsere Idylle heimkehrten. Nur Trovatello begrüßte uns, allerdings anders als gewohnt. Es war ein klägliches Bellen, das kein Ende fand. Er vermisste seinen großen Freund und verstand nicht, dass er an unserer Seite fehlte.

Mein Mann war untröstlich, sein Hund war sein Ein und Alles. Er rief die halbe Nacht vergeblich seinen Namen. Am nächsten Morgen teilte mir mein völlig verzweifelter Ehemann mit, er befürchte, dass sein über alles geliebter Hund im nahe gelegenen Sumpf für immer versunken sei. Mein Herz war weder für Mann noch Hund wirklich offen. Aus mir kamen nur klägliche Trostworte, die ihre Wirkung verfehlten. In meinen Gedanken fragte ich mich unter anderem, ob er auch einmal um mich so trauern würde, denn ich hatte immer das Gefühl: Erst der Hund, dann ich! Die Erlösung kam am Mittag. Ein Bauer von der nahe gelegenen Olivenfarm brachte uns einen völlig verstörten Hund. Er war voller Angst vor dem Gewitter geflüchtet und suchte vor dem starken Regen Schutz bei diesem Italiener. Wir bedankten uns überschwänglich und mein Mann wollte mit einem Geldschein den Finder entlohnen. Sergio war entsetzt, das konnten wir nicht machen, es wäre eine Beleidigung gewesen. Vielmehr sollten wir die Einladung des Finders zum Essen am nächsten Tag – einem Sonntag – in seinem Olivenhain annehmen. Wir taten es mit Freuden. Eine große Tafel für zwanzig Personen war mitten in der Natur vorbereitet. Über einem Holzgestell hingen endlos lange Spaghetti, von der Hausfrau frisch zubereitet. Sie nahm nicht einmal selbst Platz an der Tafel, sondern stand in der Küche und versorgte Gäste, die Familie und die Arbeiter, die zur Ernte da waren. Dabei machte sie einen fröhlichen Eindruck und wollte gar nicht aufhören, uns immer wieder die köstliche Pasta auf unseren Teller zu schöpfen.

Frauen neigen dazu, sich miteinander zu vergleichen. Ich fragte mich, ob ich auch zu diesem selbstlosen Dienen mit fröhlicher Mine fähig war, und schnitt dabei nicht gut ab. Ich erlebte Ferientage, erfüllt von einer Sehnsucht nach mehr Nähe zu Sergio. Es war eine ungeheure Spannung zwischen diesem Mann und mir. Wenn wir allein waren, küsste er mich und gestand mir seine Liebe.

Mein Freund, und späterer Geliebte Sergio, auf seinem Besitz in Terracina Italien

Ich konnte diese Liebe nicht wirklich genießen, Schuldgefühle sprachen dagegen, denn mir war klar, dass mein Mann mich wirklich liebte, auch wenn er diesem Gefühl wenig Ausdruck geben konnte. Auch bei ihm spielten Gefühle der Schuld eine Rolle. Oft genug hatte ich ihm Vorwürfe gemacht, dass er mir seine Impotenz vor der Hochzeit verschwiegen hatte. Mein großer Kinderwunsch konnte von meinem Mann nicht erfüllt werden. So trug ich mich nach drei Jahren mit dem Gedanken, Walter zu verlassen. Er wollte die Ehe aufrechterhalten und sann nach einer Lösung. Er machte unserem gemeinsamen Freund Sergio während eines Urlaubes im Paradiso den Vorschlag, mich zu schwängern und damit die Ehe zu retten. Das Gespräch verlief unter den Männern, ohne mein Beisein. Aber ich hörte zufällig das Gespräch mit an. Sergio war begeistert, für ihn hieß das: Was er ersehnte, aber verboten glaubte, bekam nun eine Erlaubnis. Er fiel seinem Freund um den Hals und versprach ihm, sein Möglichstes zu tun, er habe ja bereits fünf Kinder gezeugt. Ich war entsetzt, fühlte mich wie eine Kuh, die zum Bullen geführt werden sollte, und reiste mit meinem Ehemann sofort ab. Sergio folgte jedoch seiner Liebe zu mir und besuchte uns in unserem tief verschneiten schwäbischen Dörfchen. Er benutzte meinem Mann gegenüber den Vorwand, er wolle gern einmal Schnee erleben. Walter hatte seinen ursprünglichen Plan bereits bereut und verteufelt und versuchte auf andere Art und Weise, mich an seiner Seite zu halten. Er wusste nichts von der Liebe, die sich ohne Ziel und Absicht zwischen Sergio und mir entwickelt hatte.

Trennung

Der Schnee schmolz, zwischen Sergio und mir entbrannte unaufhaltsam ein Liebesfeuer. Das, was einst von Walters Seite aus sein sollte, sang nun eine ganz eigene Melodie. Die Liebe war in seinem vorgeschlagenen Deal nicht enthalten. Das, was er einst angeboten hatte, erboste meinen Mann nun aufs Äußerste. Damit hatte Walter nicht gerechnet, meine Liebe sollte nur ihm gehören! Er fühlte sich verraten und verkauft und reagierte mit heftigsten Vorwürfen. Das Fiasko strebte seinem Finale zu. Der Vorhang fiel, der Applaus fehlte: Ich reichte die Scheidung ein, obwohl aufgrund der Impotenz meines Ehemannes die Ehe von Amts wegen aufgelöst worden wäre, weil sie nie vollzogen wurde. Er hätte sich einer peinlichen Untersuchung unterziehen müssen, das wollte ich ihm ersparen. Wieder ging es nicht um mich, sondern um einen Mann, der mich um die Wahrheit betrogen hatte. Ich hätte, rechtlich gesehen, mit einer aufgelösten Ehe Vorteile gehabt, doch ich tat es nicht. Es war, als wenn ich für mich nie eine Lanze brechen konnte! Immer waren die Anderen wichtiger!

Die Ehe wurde normal geschieden, ich verzichtete auf Unterhalt. Sergio spürte seine große Chance und fing an, für mich ein Haus in Terracina zu bauen. Casa alle cinque Pinie al Mare. Das Haus sollte am Meer liegen, auf dem Grundstück gab es fünf Pinienbäume. Im Moment war es für mich verlockend, Deutschland hinter mir zu lassen und in Italien einen Neuanfang zu wagen – mit einem wohlhabenden Partner, der mich erobert hatte und den ich von Herzen liebte. Aber es gab damals in Italien noch kein Divorzio – Scheidung. Sergio war selbst verheiratet und hatte fünf Kinder. Nach langem Hin und Her entschied ich mich dagegen, seine Mätresse zu werden in diesem kleinen Ort, in dem er ein prominenter Mann war. Nach meiner Absage war Sergio in seiner männlichen Ehre so gekränkt, dass er mir ein Telegramm schickte: *»Non che un letto in Italia for Inke.«* – es gibt in Italien kein Bett mehr für Inke –, diese Botschaft sprach für sich und ich habe meine Entscheidung von damals nie bereut.

Obwohl Sergio mir sehr fehlte, erkannte ich, dass ich als seine Geliebte nie glücklich geworden wäre. Er war für mich nun mit meinen Gedanken unerreichbar geworden. Zehn Jahre später besuchte ich ihn mit einem Freund in seiner Praxis. Er begegnete mir mit einem Baby auf dem Arm und beklagte sein Schicksal als betagter Vater, der das Kind nicht eingeplant hatte. Dann holte er eine kostbare Schatulle aus seiner Ordinate und zeigte mir meine Briefe, die er darin aufbewahrt hatte. Wieder kehrte die Liebe zu diesem außergewöhnlichen Mann in mein Herz zurück – mit der Gewissheit, dass wahre Liebe sich immer wieder neu findet und die Herzen beflügelt – mit einer geheimnisvollen Melodie. Doch diese Liebe zu leben, dafür war es zu spät. Sergio verließ im Alter von fünfzig Jahren die materielle Ebene. Ich weiß nicht, ob er jemals glücklich gewesen ist. Er war ein außergewöhnlicher Mensch, der sich viele gute Andenken im Leben geschaffen hatte. Aber so, wie ich, suchte er vergeblich die große Liebe, die zwei Menschen dauerhaft miteinander verbindet.

Neuer Anfang

Es ging nach meiner Scheidung von Walter nun darum, einen Neuanfang zu starten und mit meinem Leben etwas Sinnvolles anzufangen. Ich spielte mit dem Gedanken, in der Dritten Welt als Kinderkrankenschwester hilfreich zu sein. Aber es kam anders: Der Mensch denkt und Gott lenkt. Zeitgleich meldete sich mein Bruder Mathias, der in einer Beziehung mit einer sehr viel älteren, verheirateten Frau steckte und einen Menschen brauchte, der ihm zur Seite stand. Wir hatten zwar über Jahrzehnte keinen Kontakt, aber anderen Menschen zu helfen, das ging bei mir immer. Ich brauchte damals selbst Hilfe, und so war es wohl ein Wink des Schicksals, dass wir beide erneut zusammenkamen.

Ich verließ meinen achtzehn Jahre älteren Mann nach fünf Jahren Ehe, die nie wirklich vollzogen wurde, im Herbst 1969. Es war ein stürmischer, grauer Herbsttag – der letzte Tag in unserer gemeinsamen Wohnung, die für mich nie ein Zuhause war. Wir tauschten keine großen Worte aus, wir beschränkten uns auf das Notwendigste. Beim Abschied versprach ich ihm, dass wir in Kontakt bleiben würden. Es sollte ein Pflaster auf seiner Wunde sein, doch es blieben leere Worte und ich habe nie wieder mit ihm gesprochen.

Ich nahm in einem kleinen Transporter das Nötigste mit und folgte meinem Bruder nach Braunschweig. Von einer Nachbarin erfuhr ich, dass mein Mann sich nach unserem Abschied mit Schlaftabletten betäubte und erst nach drei Tagen wieder ins Leben zurückkehrte. Die Leute in dem kleinen schwäbischen Dörfchen erzählten: *»Nun hat die schöne Frau den armen alten Mann verlassen.«* Aber lange hielt sich diese Nachricht nicht. Sie wurde nach vier Wochen abgelöst von einer Botschaft, die die erste an Sensation übertraf: *»Der alte Mann hat wieder eine Frau.«*, denn mein Exmann fand ziemlich schnell eine Nachfolgerin für mich. Ich wünsche ihm heute, dass er mit ihr all das erleben durfte, was mit mir nicht möglich war. Ich habe lange gebraucht, um meinen Anteil an diesem Scherbenhaufen zu erkennen. Ich hatte meinen Mann nie geliebt, wollte nur versorgt sein und erhoffte mir durch ihn Heilung meiner Wunden. Meine Luftschlösser zu erkennen und die Realität zu sehen, das gelang mir erst in den späteren Jahren.

Mein Bruder hatte mir in seiner Wohnstadt Braunschweig eine Stelle in einem Kindergarten für behinderte Kinder besorgt. Ich fühlte mich wohl mit ihm, der ein sehr fürsorgliches Wesen hatte und mir mit Rat und Tat in der neuen Heimat zur Seite stand. Außerdem hatte ich das Gefühl, dass ihm auch meine Nähe guttat. Unser Glück war von kurzer Dauer: Mathias fuhr zu einer Kur, dort lernte er Waltraud kennen. Er kehrte aus der Kur mit ihr zurück und stellte sie mir als seine Verlobte vor. Ich war geschockt und zeigte mich nicht bereit, sie als meine zukünftige Schwägerin anzuerkennen. Nach Jahrzehnten der Trennung hatte ich meinen Bruder wiedergefunden und sollte ihn nun mit einer anderen Frau teilen? Es war mir nicht möglich, und auch Waltraud zeigte kein großes Interesse an diesem Triumvirat. Beide spürten meine Ablehnung der Frau gegenüber, mit der mein Bruder glücklich war. Es gab einen Konflikt, aus dem wir nicht herauskamen, denn wir hatten nicht gelernt, darüber zu sprechen und gemeinsam nach einer Lösung zu suchen. Enttäuscht verließ ich Braunschweig und nahm blindlings eine Stellung als Leiterin einer Einrichtung für behinderte Kinder in Frankfurt an.

Guter Platz

Endlich bekam ich Boden unter meinen Füßen. Ich fühlte mich zum ersten Mal in meinem Leben am richtigen Platz. Meine Aufgabe war es, eine alte Villa, die tagsüber fünfzehn behinderte Kinder aufnahm, auf fünfzig Plätze zu erweitern. Das hieß auch, ein entsprechendes Team aufzubauen, das den Anforderungen der Förderung und der Pflege der Kinder gerecht wurde. In dem dafür notwendigen Umbau konnte ich eigene Ideen einbringen und mich so von Anfang an verwirklichen. Es gelang mir, mithilfe meiner Mitarbeiter das Haus erfolgreich aufzubauen. Ich hatte auch in finanzieller Hinsicht ziemlich freie Hand und konnte meine Vorstellungen gut in die Tat umsetzen. Zum Schluss hatte ich in meiner Verantwortung dreißig Mitarbeiter, fünfzig Kinder und fünfzig Elternpaare. Ich vergrub mich in meiner Arbeit, teils aus Freude, teils aber auch, um meine Einsamkeit nicht zu spüren. Mitarbeiter und Eltern schätzten mich als eine kreative Frau, die stets darum bemüht war, dass es den Großen und Kleinen, die das Haus mit Leben erfüllten, an nichts fehlte.

Ich konnte nach freiem Ermessen das Haus einrichten, umbauen und renovieren. Für die teilweise schwer behinderten Kinder gab es alle Therapeuten, die zu deren Förderung ihr Bestes gaben. Diese besonders bedürftigen Kinder berührten mein Herz. Ich galt selbst stets als sonderbar in meiner Familie, deshalb fragte ich mich manchmal:

»Bin ich auch behindert? Bin ich eine von ihnen?«

Ja, meine besondere Hingabe und Verantwortung für diese besonderen Wesen hatten viel mit meiner eigenen Geschichte zu tun. Es gelang mir nie, wirklich liebevoll für mich zu sorgen. Aber für das, was um mich herum kreuchte und fleuchte, war ich mit Freude und Hingabe bereit, mich einzubringen. Auf diese Weise tat ich auch etwas für mich, auf jeden Fall für mein Selbstwertgefühl, das nie besonders stabil war. In dieser Zeit entfaltete ich meine Kreativität und meinen Ideenreichtum in besonderer Weise. Ich hatte wenig mit Begrenzungen von außen zu tun und genoss es sehr, mich zu entfalten, wozu ich bis dahin noch nie Gelegenheit hatte.

Findelkind

Ich hatte es nie gelernt, auf meine Bedürfnisse zu achten, so war es wiederum mein Mitgefühl, das mich bewog, die geistig behinderte Gisela zu mir zu nehmen. Sie arbeitete in der Einrichtung als Putzhilfe. Ich spürte eine besondere Zuneigung zu ihr, sie kam jeden Tag für eine Viertelstunde in mein Büro, um mir ihr Herz auszuschütten, Dabei erfuhr ich von ihren tiefen Wunden, die ihre Familie ihr aufgrund ihrer Behinderung und Wehrlosigkeit zugefügt hatten. Der Vater war Alkoholiker, die Mutter krank und mit vier Kindern überfordert. Gisela versäumte nie unsere gemeinsame Viertelstunde und wurde dabei immer zutraulicher. Ich erfuhr einiges aus ihrem Leben, aber weil sie eine Sprachbehinderung hatte, war ich darauf angewiesen, mir einiges zusammenzureimen. Im Großen und Ganzen hörte ich ihr vor allen Dingen zu, gleich ob ich es detailgerecht verstand oder nicht. Uns verband die Sprache des Herzens, und das spürte Gisela.

Ich wusste, dass sie normal in die erste Klasse eingeschult wurde, dann musste etwas passiert sein mit ihr. Sie erzählte, dass sie einmal eine Treppe heruntergefallen sei, Näheres konnte ich ihr aber nicht entlocken. Ich machte mich auf die Suche nach der wahren Ursache ihrer Behinderung. Ich schrieb alle Behörden an, die jemals mit Gisela Kontakt hatten. Es fühlte sich für mich an wie ein Mosaik: Steinchen für Steinchen würde ich die Wahrheit herausfinden. Eines Tages fehlte die Akte von Gisela, jemand hatte sie aus meinem Aktenschrank entnommen und sie war für immer verschwunden. Mir war klar, dass derjenige, der die Akte entwendet hatte, im Zusammenhang mit Gisela etwas zu verbergen hatte. War es der alkoholkranke Vater, die überforderte Mutter, oder die beiden Stiefbrüder? Es blieb für mich ein Rätsel.

Ich war gerade in Brasilien im Urlaub, als Giselas Mutter starb, und in meiner Abwesenheit wurde ich zum Vormund von Gisela ernannt. Gern nahm ich diese Verantwortung für sie auf mich, denn ich fühlte mich ja ohnehin bereits zuständig für sie. Bei meiner Rückkehr fand ich Gisela in einem Heim vor, in dem sich vorrangig Prostituierte aufhielten. Diese Notlösung konnte ich für Gisela nicht akzeptieren, denn sie hatte bereits einen festen Platz in meinem Herzen. Ich nahm sie mit zu mir, in meine Wohnung. Dieser Schritt war etwas zu groß, aber das stellte ich erst im Nachhinein fest. Wiederum war es ihr Leid, das mich dazu bewog, und nicht meine wahren Bedürfnisse. Ich war getrieben, Gutes zu tun, um mir eine Daseinsberechtigung zu verdienen. Ich kam mit Gisela sehr an meine Grenzen und wollte nach einem Jahr für sie eine Lösung finden. Manchmal suchte ich sie auf Frankfurts Straßen, oder wurde von der Polizei benachrichtigt, dass ich sie abholen sollte. Ihr Freiheitsdrang war grenzenlos und meine Regeln für ein harmonisches Zusammenleben entsprachen nicht so ganz ihrem Geschmack. Aber wir liebten uns – das konnte immer wieder Berge für uns verschieben.

Es waren nie eine übliche Kommunikation oder Höflichkeitsfloskeln, mit der Gisela ihren Dank ausdrückte, aber sie konnte meine Hände streicheln, so zart, so liebevoll, wie es das wohl nur einmal im Leben gibt. Wir machen alle die Erfahrung, dass eine Verbindung zwischen zwei Menschen – ohne Worte – eine bestimmte Melodie erklingen lässt, die sich mehr einprägt als das Verbale.

Ungeachtet dessen war ich mit meiner Tätigkeit als Heimleiterin voll und ganz ausgefüllt und konnte Gisela nicht die Zeit zur Verfügung stellen, die sie gebraucht hätte. Als das Jahr vergangen war, bat ich den himmlischen Vater, ihr einen Mann, der uns beide aus unserer misslichen Lage befreien sollte, zu schicken. Ich hielt es selbst für unmöglich, dass sich ein Mann mit ihr in eine dauerhafte Beziehung einlassen würde, fand aber keine andere Lösung. Ich hätte Gisela, die ich trotz aller Schwierigkeiten lieb gewonnen hatte, nicht wieder in ein Heim geben können. Die himmlischen Weichen standen zu diesem Zeitpunkt bereits auf Grün – für Gott ist alles möglich – und Reiner trat in unser Leben. Sie lernten sich auf einer »Freizeit für Behinderte« kennen. Gisela ging bereits am zweiten Abend zu Reiner ins Bett. Diese Aktion wurde mir wiederholt mit glühenden Augen von ihm berichtet. Er entbehrte die innere Freiheit und die Spontaneität, die Gisela in dieser Hinsicht zu eigen hatte. Nach meiner Erkenntnis haben Menschen, die eher vernachlässigt aufwachsen, mehr innere Freiheit als die streng Erzogenen.

Reiner wuchs in einer akademischen Familie auf. So hatte die Behinderung von Reiner dort noch einen anderen Stellenwert. Man versuchte aus ihm etwas zu machen, ihm etwas beizubringen, zumindest gute Manieren. Spontaneität und Herzenssprache blieben dabei auf der Strecke. Für mich war Giselas Handeln aus ihrem Herzen heraus ein Phänomen, denn sie hatte mit Menschen – gerade in ihrer Ursprungsfamilie – nicht so gute Erfahrungen gemacht. Trotzdem konnte sie auf jeden Menschen ohne Hemmungen zugehen. Später hatte ich mich einmal mit Reiner und Gisela in einem Lokal verabredet. Es gab dort eine Tanzfläche, auf der zu besonderen Gelegenheiten getanzt wurde. Als ich kam, um sie abzuholen, tanzte Gisela allein auf der Tanzfläche zu der Musik, die aus dem Radio kam. Sie bemerkte mein Kommen nicht, so versunken war sie in ihr Tun.

Reiner lebte mehr auf dem Boden der Tatsachen, hatte lebenspraktische Begabungen und erwies sich als eine gute Ergänzung zu Gisela. Das Geschenk des Himmels hatte uns erreicht, wir nahmen es mit Dankbarkeit und Freude in Empfang. Es berührte mein Herz, wie die beiden Liebenden miteinander umgingen. Eine Saat fiel auf ein vorbereitetes Feld und wir Drei gaben den Dünger dazu, soweit es uns möglich war. Gisela, *»mein unmögliches Schrabnell«*, wurde von Tag zu Tag hübscher und in ihrem Verhalten normaler. Selten habe ich erlebt, dass die Liebe einen Menschen so sehr verändern kann. Der Himmel senkte sich für zwei behinderte, leidgeprüfte Menschen auf die Erde und ließ zwei Sterne zu einem einzigen, leuchtenden Stern werden. Das Glück hatte mich eingeladen, daran teilzunehmen – und ich tat es. Eine Tür tat sich auf für meine geliebte Gisela – mein Findelkind – das mir so ans Herz gewachsen war. Ich hatte keine Ahnung, wie es um »die schönste Sache der Welt« bei dem Paar bestellt war. Über Sexualität bei Behinderten gibt es verschiedene Meinungen, die mir in meiner Ratlosigkeit wenig nutzten. Ich kaufte ein Aufklärungsbuch mit vielen Fotos und las ihnen daraus vor. Ich hatte dabei ungute Gefühle. Das Thema war bei mir mit einigen belastenden Erlebnissen verknüpft, die noch immer nach Aufmerksamkeit verlangten. Doch was ich hier zuwege brachte, war für mich und die Erlösung meiner weiblichen Lust, eher eine Kontraindikation. Was war hier meine Aufgabe? Oder hatte ich gar keine? Würde die Intuition der beiden Liebenden hier das Richtige tun, oder sollte ich ihnen als Sexflüsterin zu ihrem Glück verhelfen? War mein Zutun für das Paar eine Zwangsbeglückung oder eine wirkliche Hilfe? Ja, diese Frage konnte mir niemand beantworten. Ich versuchte, dem Paar etwas zu erklären, stotternd und lückenhaft. Meine Unterweisungen überzeugten mich selbst nicht. Es war eher peinlich und von Freude nichts zu spüren. Gisela hatte in der Richtung einmal Schreckliches erlebt, als sie von einem Behinderten vergewaltigt wurde. War Reiner in der Lage, das mit ihr zu heilen?

Heute würde ich ihre lichtvollen Helfer bitten, den beiden zu zeigen, was sie zu ihrem Glück brauchen. Ich könnte loslassen – das Zauberwort für so viele komplizierte Situationen im Leben:

»Lass los, lass Gott.«

Nie werde ich erfahren, wie das Spiel hieß, das sie miteinander spielten. Aber letztendlich ging es mich nichts an – ob mit oder ohne Sexualität, ist hier nicht die Frage. Vielmehr, ob sie miteinander glücklich sein konnten. Ich kann nur sagen, dass ich über Jahrzehnte selten ein so glückliches Paar erleben durfte.

Eine Hürde galt es in dieser Love Story noch zu überwinden. Reiner kam aus einer Akademikerfamilie, Giselas Vater war Arbeiter. Die akademische Familie ließ durchblicken, dass sie sich eine Schwiegertochter anders vorgestellt hatten. Eine Frau, mit der man sich sehen lassen konnte, mit guten Manieren, die »artgerecht« gekleidet war und der man noch etwas beibringen konnte. Das war mit Gisela nicht möglich. Mein Schatz war authentisch, handelte intuitiv und spürte die falschen Töne, die Menschen in ihren Melodien sangen. Davon machte sie auch gern bei mir Gebrauch. Wenn ich nicht in meiner Mitte war und sie ihrer Meinung nach ungerecht behandelte, war ich ihr »Rattengewitter«. Das teilte sie mir dann gerne unverhohlen mit. Nie konnte ich ihr etwas übel nehmen, dafür sorgte die Liebe, die uns miteinander verband. Sie legte wenig Wert auf Anerkennung oder Missbilligung und liebte sich selbst, soweit es ihr mit der Behinderung möglich war.

Auch ihre zukünftigen Schwiegereltern mussten sich so manches aus der Tiefe ihres Herzens anhören, was nicht so ganz salonfähig war. Ich brauchte viel Überzeugungskraft, um ihnen klarzumachen, dass der Himmel bei dem Paar seine Hände mit im Spiel hatte. Sie hatten es nicht so mit dem Himmel und ich fürchtete um die Zukunft dieser Herzensverbindung von Reiner und Gisela. Ich sah in den Eltern von Reiner dass einzige Hindernis, daher reifte in mir ein Plan: eine Heirat! Eine richtige Hochzeit zwischen Mann und Frau wäre die Lösung, damit sie für immer zusammenbleiben konnten. Es war nicht üblich, dass geistig behinderte Menschen heirateten. Das Paar war von meinem Plan jedoch sehr begeistert. Gisela schwärmte in höchsten Tönen von einem weißen Kleid mit Schleier, sie wurde immer normaler in ihren Wünschen und Sehnsüchten. Mit voller Absicht weihte ich zunächst die beiden in meinen Plan ein und sprach erst dann mit den Eltern. Ihr Sohn hatte längst mit Begeisterung von dem Plan erzählt, sie waren erschüttert und machten mich verantwortlich für den »unpassenden« Stein, den ich ins Rollen gebracht hatte.

Reiner zog alle Register und ich spürte, wie ernst er es meinte, Gisela zu heiraten. Gisela betete mit mir zu ihrem geliebten Jesus, der ihr Flehen erhörte. Den Eltern blieb nichts anderes übrig, als einen weiteren Schritt in unsere Richtung zu gehen. Das hieß, dass erst einmal eine Verlobung gefeiert wurde. Ein probeweises Zusammenwohnen durfte folgen. Dazu wurde eine Wohnung in der Nähe der Eltern angemietet. Mit meiner Hilfe bestand das Paar die ihnen auferlegte Prüfung. Die Hochzeit wurde vorbereitet – Giselas glücklichster Tag ihres Lebens war der 5. Januar 1981.

Ich sehe uns heute noch in der kleinen Kirche, voll mit Rollstühlen und Menschen, die etwas anders aussahen als gewöhnlich und sich teilweise sehr emotional verhielten. Gisela war für mich die schönste Braut, die diese Erde je hervorbrachte. Im entscheidenden Moment herrschte atemlose Stille. Es waren zwei glückliche *»Ja«*, die meine Augen feucht werden ließen. Ich saß vorne, vertrat Mutter und Vater für Gisela und heulte vor Rührung und Freude. Kein Paar auf dieser Erde konnte glücklicher sein als dieses. Inzwischen beschreiten sie nun schon drei Jahrzehnte ihren gemeinsamen Weg, mit allen Hindernissen.

Giselas Ursprungsfamilie fehlte bei dieser Hochzeit. Dieter, der Einzige in der Familie, der für Gisela Verständnis und Wohlwollen aufbrachte, nahm sich das Leben. Das geschah in der Zeit, als Gisela bei mir wohnte. Ich lud die Stiefbrüder von Gisela zu mir ein, denn ich beabsichtigte, dass Gisela durch sie vom Tod ihres geliebten Bruders erfuhr. Gisela zeigte an dem Tag auf diese Nachricht keinerlei Reaktion. Als ich sie einige Tage später ins Bett brachte und an ihrem Bettrand saß, hob sie ihr Schmusetier hoch zu mir und sagte: *»Gib Dieter Küsschen!«* Wir umarmten uns und weinten zusammen. Sie brauchte lange, um zu verstehen, dass sie Dieter nicht mehr sehen und berühren konnte. Zeitgleich starb die Tante, die Gisela am meisten liebte. Als sie davon erfuhr, fragte sie mich, welche Blumen ich auf meinem Grab haben wollte. Sie hatte auf der einen Seite ihren Glauben an Jesus, andererseits hatte sie auch schon viel Schlimmes verkraften müssen. Ich konnte sie beruhigen und sie davon überzeugen, dass wir nicht an Blumen auf meinem Grab denken mussten.

Gisela erbte von ihrem Bruder ein antikes Nähtischchen. Er hatte vor seinem Freitod eine Botschaft an sie hinterlassen. Für Gisela war diese Erinnerung an ihren geliebten Bruder etwas sehr Wertvolles. Sie war nicht davon abzubringen, es mir schenken zu wollen. Ich erkannte darin ihre Dankbarkeit und Herzensverbindung zu mir. Es war für mich mehr, als Worte jemals ausdrücken könnten. Als ich das Tischchen einmal restaurieren ließ und es Gisela zeigte, weinte sie. Ich glaube, ihre Tränen mischten sich in einem Kelch der Freude und der Traurigkeit. Wenn ich sie gefragt hätte, warum sie weint, hätte sie mir darauf keine logische Antwort geben können. Der Verstand hatte bei ihr kein großes Mitspracherecht.

Mit ihr geschah etwas und das war immer richtig.

Das Ehepaar bekam nun nach der Hochzeit eine eigene Wohnung, in der sie von mir betreut wurden. Es machte mir Freude, aber ich kam an meine Grenzen, weil ich mich auch mit den Vorstellungen der Angehörigen auseinandersetzen musste. Nach zehn Jahren plante ich, Frankfurt zu verlassen, um in Würzburg eine geistige Heimat in einer spirituellen Gemeinschaft zu finden. Kein Familienmitglied konnte an meine Stelle treten, was ich gut annehmen konnte. So begab mich auf die Suche nach einer geeigneten Einrichtung für die beiden. Ich fand ein Heim, das sich auf Paarbeziehungen spezialisiert hatte. Man ließ die behinderten Menschen als Paare zusammenkommen, wenn sie sich über eine Zeit in ihrer Zweisamkeit bewährten. Sie wurden zusammen auf der Weihnachtsfeier mit Namen aufgerufen. Ihren glücklichen Gesichtern war anzumerken, dass sie sich der besonderen Auszeichnung als offizielles Paar bewusst waren. Es war wie eine kleine Heirat von zwei Menschen, bei denen nicht ihre Behinderung, sondern die Zuneigung zu einem Weg- Gefährten oder einer Gefährtin im Vordergrund stand. Sie durften dann auch zusammen eine Wohnung bzw. ein Zimmer im Heim beziehen. Auch hier galt, dass die Frage der Nachkommenschaft geklärt werden musste. Ich musste mich anfangs dafür rechtfertigen, warum ich auf einer Eheschließung von Reiner und Gisela bestanden hatte. Sie waren in dieser Gemeinschaft ein besonderes Paar, weil sie die staatliche Legitimation hatten – und das musste der Heimleiter vor den anderen Bewohnern vertreten.

Gisela hatte einen eigenwilligen roten Faden in ihrem Wesen. So war sie die Einzige, die keinen blauen Arbeitsanzug anzog, sondern mit Vorliebe meine alternativen bunten Kleider trug. Man musste sich an einige Marotten von ihr gewöhnen. Es war ungewöhnlich, dieses Verhalten von meiner Gisela: Sie pickte sich gern die Rosinen aus dem Kuchen, ohne zu fragen, wem sie gehörten. Durch eine entbehrungsreiche Kindheit hatte sie – wie ich – gelernt zu überleben. Die Frage, ob ein bestimmtes Verhalten ihrer Umwelt passte oder nicht, war wie ein unangebrachter Luxus. So ging sie selten an einem Mann vorüber, ohne mit ihm zu flirten. Immer hatte sie ein Schmusetier bei sich, das ihr zu einer Verbindung zu anderen Menschen verhalf. Es geschah nonverbal, darum war es für mich so beeindruckend und beispielhaft.

Die Mitarbeiter der Einrichtung konnten Gisela zunächst nicht einordnen und waren mit ihrer Persönlichkeit überfordert. Sie steckten sie erst einmal in die Psychiatrie. Wie eine Löwin, die den Kampf um ihr Junges aufnimmt, stürzte ich in die psychiatrische Klinik, befreite Gisela und nahm sie mit zu mir nach Hause. Nach einem längeren Gespräch mit dem Heimleiter fand Gisela schließlich ihren Platz und ihr Zuhause in der Einrichtung. Gisela ist beliebt bei den Behinderten und den Mitarbeitern, weil sie eine spielerische Art an sich hat und niemandem etwas zuleide tut. Für sie wurde im Laufe ihres Aufenthaltes so manche Extrawurst gebraten, was Gisela durch ihr originelles, ausgefallenes Sein stets honorierte.

Reiner steht seiner Gisela treu und zuverlässig zur Seite, sorgt für den lebenspraktischen Bereich und lässt es seiner Frau an nichts fehlen. Mit ihm hat sie in der Richtung das große Los gezogen. Im Großen und Ganzen war ich recht froh, diese Einrichtung für die beiden gefunden zu haben. Jetzt, im Alter, sieht es wie bei anderen Paaren ganz anders aus. Gisela ist alt geworden, liegt vornehmlich im Bett und nimmt wenig am Leben teil. Reiner ist aktiv und muss nun viele Aktivitäten allein unternehmen. Manchmal spricht er voller Enttäuschung von Scheidung und besinnt sich dann wieder auf die Liebe, die sie einst zusammengeführt hat.

Auch Reiner zeigt mir in besonderer Weise seine Liebe und Dankbarkeit. Er ist des Schreibens und Lesens nicht kundig, schreibt mir trotzdem jeden Monat einen langen Brief. Er sucht sich einen religiösen Text aus, mithilfe der Betreuer, und schreibt Buchstaben für Buchstaben ab. Dabei unterläuft ihm kein Fehler. Stundenlang sitzt er an so einem Brief und freut sich, wenn er dafür besondere Anerkennung von mir erhält. Wenn er einkaufen geht, stehen auf einem Zettel merkwürdige Hieroglyphen, deren Bedeutung nur er kennt. Er weiß sich in allen Lebenslagen zu helfen, was für Gisela sehr hilfreich ist. Sie gibt sich oft royal ihrem »Diener« gegenüber, der unermüdlich für sie da ist. Ich weiß, dass sie es im Grunde ihres Herzens zu schätzen weiß. Gisela und ich haben viel Gemeinsames in unserem Inneren, auch ich habe mir bisweilen Hilfe für den Alltag gewünscht, denn ich fühlte mich oft von den Aufgaben überfordert.

So gelang es mir, die ich mich selbst immer heimatlos fühlte, diesen beiden Menschen zu einer Heimat zu verhelfen. Ich bin mit der Betreuung und der Verantwortung oft überfordert gewesen, und doch ist die Freundschaft mit ihnen eine große Bereicherung für mein Leben. Sie zeigen mir ihre Liebe auf eine Art und Weise, wie es Worte niemals könnten. In tiefer Dankbarkeit werde ich immer mit ihnen verbunden sein.

Meine geistig behinderten Schützlinge Reiner, 55, und Gisela, 59 Jahre alt

Behinderte Kinder

Für mich waren die behinderten Kinder, die in meiner Obhut waren, etwas Besonderes, sehr Liebenswertes. Ich erinnere mich noch gern an einige Kuriositäten, die ich mit ihnen erleben durfte:

Ich lag im Krankenhaus und sollte am Blinddarm operiert werden. Christian – ein mongoloider Junge – besuchte mich mit seiner Mutter. Er war besonders in seinem Sprechen behindert und bekam selten einen ganzen Satz heraus. Er stand an meinem Bett, starrte mich entsetzt an und sagte voller Überzeugung:

»Die muss hier raus!« Sicherlich eine gesunde Reaktion, denn Christian war von mir etwas anderes gewohnt, als leichenblass im Bett zu liegen.

Zu Weihnachten schenkte ich einem spastisch gelähmten Jungen, der im Rollstuhl saß und Manuel hieß, ein Kinderbuch. Manuel fing heftig an zu weinen und erklärte mir, er sei doch schon groß, und das Buch sei etwas für die Kleinen. Ich war bestürzt und fragte ihn, welchen Wunsch er hätte. Er schaute mich aus großen, traurigen Augen an und meinte, einen Tag einmal laufen können. Zwei Monate später wurden er und andere behinderte Kinder mit ihren Eltern nach Rom zu einer Papst Audienz eingeladen. Bei seiner Rückkehr erzählte mir Manuel mit einem strahlenden Lächeln, dass er auf dem Arm vom Papst gewesen wäre. Als ich ihn fragte, wie er sich da gefühlt hätte, wurde er etwas verlegen und beichtete mir, dass er vor Aufregung in die Hose gemacht und der rechte Ärmel des Papst Gewandes davon etwas abbekommen hätte. Der Papst hätte darüber geschmunzelt und es in dem Moment abgelehnt, eine neue Robe anzulegen. Manuel bekam für diesen Ausflug eine Urkunde und mehrere Fotos. Ich freute mich mit ihm und lud ihn zu einem Fest ein, auf dem er allen Kindern von seiner Reise zum Papst berichten konnte. Es war auf jeden Fall für Manuel ein unvergessliches Erlebnis.

Eines Tages bekam ich einen anonymen Anruf von einer Frau. Sie berichtete, dass es in ihrer Nachbarschaft einen behinderten Jungen geben würde, der in einem Käfig leben musste. Ich konnte das nicht glauben, setzte mich ins Auto und fuhr zu der angegebenen Adresse. Eine Mutter mit zwei Mädchen öffnete mir die Tür. Sie schien erleichtert, als ich ihr den Grund meines Anrufes mitteilte. Sie ging gleich in den Raum, in dem ihr Sohn Thomas in einem Käfig saß. Er streckte zur Begrüßung beide Arme durch die Gitterstäbe. Ich war schockiert über diesen Anblick. Thomas rührte mein Herz auf besondere Weise. Mir war klar, dass hier keine großen Gespräche, sondern nur Hilfe angebracht war. Ich versprach der hilflosen Mutter, ihren Jungen am nächsten Morgen abholen zulassen, damit er bei uns mit den anderen Kindern zusammen spielen konnte. Es war eine reine Herzensentscheidung, obwohl mein Verstand warnend seine Stimme erhob, die ich jedoch überhörte.

Am nächsten Tag quietschte Thomas vor Freude laut und anhaltend während der Autofahrt. Im Haus rannte er gegen Türen und Wände und musste erst lernen, mit der neuen Freiheit umzugehen. Ich war erstaunt, dass die Freude noch so in seinem Herzen lebendig war – ich freute mich, nicht auf meinen Verstand gehört zu haben. Bei meinen Hausbesuchen erfuhr ich von der Mutter, dass ihr Mann zwei junge Mädchen umgebracht hätte und zu einer lebenslangen Haftstrafe verurteilt wurde. Vater und Sohn waren beide eingesperrt – mir fehlten die Worte! Wenn ich die Mutter besuchte, wusste ich nicht, ob es im Hinterzimmer noch den Käfig gab. Ich wollte sie nicht unter Druck setzen, sondern ihre freie Entscheidung abwarten. Ich versuchte ihr zu helfen, damit sie gut durch den Dschungel der Behörden kam und mit den beiden Töchtern besser leben konnte.

Eines Tages zeigte sie mir freudestrahlend das Zimmer, in dem der Käfig nun fehlte. Stattdessen gab es ein Kinderbett, in dem Thomas schlief. Er kam nach zwei Jahren in ein SOS Kinderdorf nach Bremen, wo ich ihn einmal besuchte. Ich hoffe, dass er die Lektion aus seinem besonderen Schicksal lernen konnte und einen guten Weg gegangen ist. Er hat für immer einen Platz in meinem Herzen, auch als das Vorbild eines Wesens, dass trotz Leid die Freude nie aus dem Herzen verbannt hatte.

Ich erinnere mich auch an Dieter. Er hatte die Tendenz, das Weite zu suchen. Die Mutter erzählte, er sei nur zufrieden, wenn sie einmal täglich mit ihm U-Bahn führe. Er säße dann die ganze Zeit am Fenster, schaue voller Bewunderung auf die vorbeiziehenden Sehenswürdigkeiten und würde die Mutter mit Händen und Füßen darauf aufmerksam machen. Er hatte eine starke Sprachbehinderung, aber das Mutterherz verstand den Sohn. Eines Tages verschwand Dieter aus der Gruppe, während alle im Garten spielten. Ich machte mich mit einer Mitarbeiterin auf die Suche, bis sie meinte, dass er vielleicht mit der U-Bahn fahre. Ich antwortete mit meinem verwirrten Kopf, dass ich das nicht glauben könnte, da er doch kein Fahrgeld hatte. Ich konnte vor Aufregung weder einen klaren Gedanken fassen noch mir vorstellen, dass er auch ohne Fahrschein in die U-Bahn gestiegen war. Nach einer Stunde vergeblichen Suchens hörten wir im Autoradio, dass man in der U-Bahn einen behinderten Jungen gefunden hätte, der nicht sprechen konnte. Man hatte ihn bei den »Heiligen Schwestern« abgegeben. Ich war froh und musste insgeheim über mich schmunzeln, denn nun wusste ich, dass Dieter sogar ohne Fahrschein mit der U-Bahn fahren konnte.

Ich sorgte dafür, dass die behinderten Kinder genügend Kontakt zu gesunden Kindern hatten, und lud die gesunden Kinder mit ihren Mitarbeitern zu einer Weihnachtsfeier ein. Zu diesem Anlass kam jedes Jahr der Oberbürgermeister mit einem dicken Scheck. Wir verkleideten uns in Weihnachtsmann und Knecht Ruprecht und tauchten so bei den Kindern und ihren Eltern auf, die bereits in der festlichen Aula versammelt waren. Es war mein drittes Weihnachten in der Einrichtung, als wir auf die gesunden Kinder warteten. Es war eine Viertelstunde über der Zeit und die wartenden Kinder wurden langsam unruhig, als ich zu den Versammelten – inklusive Oberbürgermeister – spontan sagte: *»Die kommen nicht, bei denen ist Scharlach ausgebrochen.«* Ich war schockiert und konnte mir nicht erklären, wie es zu meiner Äußerung gekommen war. Ich wäre am liebsten in den Boden versunken. Dazu kam es nicht, denn es klingelte das Telefon. Es war die Leiterin des anderen Kindergartens, um mir mitzuteilen, dass sie wegen Scharlach nicht kommen könnten. Ich teilte ihr mit, dass ich das bereits wüsste, worauf sie fragte, woher ich diese Botschaft empfangen hatte. Eine peinliche Situation entstand für mich als öffentliche Person, die in Frankfurt bereits einen Namen hatte.

Einige Tage später wollte ich eine Mutter anrufen, um ihr zu sagen, dass das angemeldete Kind nun kommen könnte. Nachdem ich den Hörer in der Hand hatte, legte ich ihn wieder auf die Gabel und sagte zu der Mitarbeiterin neben mir, das Kind ist inzwischen gestorben. Sie sagte: *»Damit macht man keine Späße.«* Wir waren nicht wenig erstaunt, als die Mutter dann bei meinem Anruf den Tod des Kindes bestätigte. Ich spürte, dass meine medialen Fähigkeiten sich wieder zeigten. Es war mir peinlich, denn ich hatte mich sonst sehr unter Kontrolle. Es war mir wichtig, was andere Menschen von mir hielten. So bat ich den lieben Gott, er möge mir diese Ahnungen wieder »abnehmen«, und so hatte ich erst einmal damit nichts mehr zu tun.

Es gelang mir, ein gutes Team aufzubauen. Es wurde viel für die Förderung der Kinder getan und sie hatten alle Therapeuten, die sie zu ihrer Unterstützung brauchten. Die Mitarbeiter und ich duzten uns und machten dabei keine Unterschiede, ob es das Reinigungspersonal, der jüngste Zivildienstleistende oder der Hausmeister war. Es war eine fröhliche, harmonische Atmosphäre im Haus. Ich ließ alle Wände bunt anstreichen, was zu damaliger Zeit etwas ungewöhnlich war. Es machte sich positiv bemerkbar, dass ich nicht an Konventionen durch meine Erziehung gebunden war, sondern mich in meiner Position selbst verwirklichen konnte, ohne zu fragen, was der »Anstand« dazu sagte. Tag und Nacht arbeitete ich für diese Einrichtung und freute mich, dass ich das erste Mal in meinem Leben in der Arbeit Erfolg hatte und die ersehnte Anerkennung bekam. Als die ersten Kinder in die Sonderschule kamen, staunte der Direktor und meinte, noch nie so freie, glückliche Kinder erlebt zu haben.

Mein Motto für diese Arbeit hatte ich von Maria Montessori übernommen:

»Hilf mir, es selbst zu tun.«

Das hieß für mich, dass jeder neue Schritt eines Kindes mit Aufmerksamkeit bedacht und gefeiert wurde. Wir brauchten dafür besondere Geduld, denn es war einfacher, einem Kind die Schritte abzunehmen, als zu warten, ob es die Handlung selbst vollziehen konnte. Die Kinder freuten sich, wenn sie etwas fertigbrachten, was vorher nicht möglich war. Selbst der kleinste Schritt und die winzigste Handreichung gaben genug Anlass für Aufmerksamkeit und Anerkennung. Es war bewundernswert, wie die Kinder mit ihrer Behinderung umgingen, sie waren kleine Helden, die immer wieder versuchten, dem Leben etwas Gutes abzugewinnen. Auch die Eltern waren in ihren Bemühungen um die Förderung der Kinder zu bewundern.

Zigeunerfamilie

Wir hatten bei uns eine Zigeunerfamilie. Sie kamen aus Ungarn und jedes Jahr wuchs die Familie durch einen neuen Erdenbürger – eine Fußballmannschaft war bereits vollzählig. Die Kinder kamen der Reihe nach zu uns, sie waren entweder behindert oder stark entwicklungsverzögert. Während die Mutter überfordert und hilflos war, blieb der Vater bemüht – er reparierte Autos. Ich mochte diesen Vollblutzigeuner, der so wunderschön traurige Lieder singen konnte. Ich tat für die Familie, was mir möglich war. Er reparierte zwar Autos, hatte aber selbst keinen Führerschein. Um die Fahrtüchtigkeit zu prüfen, muss man es aber in Bewegung setzen. Dabei passierten ihm immer wieder Missgeschicke, vor allem insofern, als er einige Male von der Polizei geschnappt wurde und sein Name aktenkundig war. Eines Tages beschädigte er bei einer Fahrt ein anderes

Auto. Den Schaden konnte er nicht bezahlen, darum beschloss man, ihn hinter Schloss und Riegel zu bringen. Ich befürchtete das größte Chaos, denn er war für die Frau und seine elf Kinder der Fels in der Brandung. Ich musste den Vater vor dem Gefängnis bewahren!

So erschien ich mit elf Kindern im Gerichtssaal. Als der Richter zur Ordnung rief und die Kinder wegen ruhestörendem Lärm an die Luft setzen wollte, erhob ich ungefragt meine Stimme und nahm dem Verteidiger das Plädoyer vorweg. Es war leicht für mich, dem Gericht zu erklären, welches Schicksal die Famile ohne Vater zu erwarten hatte. Danach zog sich das Gericht zur Beratung zurück. Es erging folgendes Urteil: *»Wegen unbilliger Härte wird von einer Inhaftierung des Familienvaters abgesehen, dafür werden ihm fünfzig Sozialstunden auferlegt.«* Durch meine Kontakte zu den Behörden erreichte ich, dass er die Stunden bei uns – also bei seinen eigenen Kindern ableisten konnte. Damit waren zwei Fliegen mit einer Klappe geschlagen. Ich freute mich über diesen Erfolg.

Die Eltern der behinderten Kinder kamen meist aus sozial schwachen Familien. Ich wollte eines Abends die Familie Schubert besuchen, ihr Sohn Jens war nicht geistig oder körperlich behindert, aber verhaltensgestört, sehr blass und traurig. Ich klingelte an der Wohnungstür, Frau Schubert öffnete mir und rief ihrem Mann zu, wer da geklingelt hätte. Er rief aus dem Hinterhalt: *»Sie können gleich wieder gehen, von ihrer Sorte habe ich die Schnauze voll.«* Für den Moment war ich ratlos, dann erspähte ich durch den Türspalt ein Bierglas vor seiner Nase und rief: *»Ach, Herr Schubert, ich habe so einen Durst, geben sie mir ein Schluck aus ihrer Flasche ab?«* Damit hatte der Familienvater nicht gerechnet, er war es gewohnt, vom Jugendamt und weiteren Behörden Vorhaltungen zu bekommen, aber um einen Schluck Bier hatte ihn noch niemand gebeten. Nachdem er sich vom ersten Schreck erholt hatte, durfte ich mich neben ihn setzen und trank mein Bier an seiner Seite. Es schmeckte mir, denn wir hatten ein freundliches Gespräch und machten einen neuen Termin aus. Ich wollte nicht gleich mit der Tür ins Haus fallen und berührte bei diesem ersten Zusammentreffen das Thema Kinder nicht. Mit der Zeit gelang es mir, mit Vater Schubert die Wohnung umzuräumen und eine bessere Atmosphäre zu schaffen.

Minderwertig

Es gab in meinem Leben damals noch eine andere Seite, die ich nicht an mich heranließ. Ich hatte zu mir selbst keine liebevolle Verbindung und konnte wenig für mich selbst tun. Ja, ich vernachlässigte mich zugunsten der Menschen, die mir anvertraut waren. Ich wusste wenig mit mir selbst anzufangen, wirkliche Freunde hatte ich nicht zu dieser Zeit. Ich lebte die Sucht, gebraucht zu werden, und vergaß dabei meine sonstigen Bedürfnisse. Ich war daran gewöhnt, dass es mir psychisch nicht so gut ging, aber das versteckte ich, so gut ich konnte.

Eines Tages stand ich vor einem Elternpaar, das sich bei mir Rat holte wegen ihres behinderten Kindes. Sie starrten auffällig auf den Boden, während wir miteinander sprachen. Ich senkte ebenfalls den Blick und entdeckte zwei verschiedene Schuhe an meinen Füßen. Ich wäre in diesem Augenblick gern ein Mäuschen gewesen, das sich ins erste beste Mauseloch verkroch. Ich hatte mal wieder eine schlaflose Nacht hinter mir und leistete mir wenig Sorgfalt bei meiner Morgentoilette. Dabei musste ich wohl zu zwei verschiedenen Schuhen gegriffen haben und sorgte damit für ein Erstaunen bei den Eltern. Wir gingen in mein Büro und ich tat alles, um Kontenance zu bewahren. Das konnte nicht lange gut gehen.

Nachmittags begann ich heimlich Rotwein zu trinken, um das nagende Gefühl meiner inneren Einsamkeit nicht zu spüren – es gelang mir von Woche zu Woche weniger. Ich begann eine Therapie und mir wurde meine persönliche Situation immer klarer. Ich konnte nun meinem Handeln in der Arbeit nicht mehr diesen großzügigen Raum geben. Ich stellte mich als strahlenden Mittelpunkt dieser Einrichtung zunehmend infrage und verlor an Sicherheit. Ich konnte überhaupt keine Kritik mehr vertragen. Da mich meine Mitarbeiter immer als sehr selbstbewusst erlebten, wurde Kritik mir gegenüber selten geäußert. Nun rückten sie damit raus und befreiten sich von zurückgenommenen Vorbehalten mir gegenüber. Es klappte alles irgendwie nicht mehr so gut und das Team spürte meine Unsicherheit. Eine Mitarbeiterin, die es auf meine Position abgesehen hatte, fing mir gegenüber ein böses Spiel an. Ich hatte nicht die Stärke, ihr gegenüberzutreten, sondern zog mich verletzt zurück. Als ich keinen Ausweg mehr sah, kündigte ich meine Position nach sieben Jahren als Heimleiterin eines Hauses, das ich maßgeblich selbst gestaltet und aufgebaut hatte. Es geschah aus Angst, mich weiterer Kritik aussetzen zu müssen. Es war niemand da, mit dem ich vertrauensvoll über diese folgenreiche Entscheidung hätte sprechen können. Das hieß erst einmal für mich, auf ein sehr gutes Gehalt zu verzichten und keine angesehene, öffentliche Person mehr zu sein, die stets ihr Selbstwertgefühl durch die Anerkennung der Mitmenschen stabilisierte.

Es war einerseits für mich eine Erleichterung, da ich während dieser Tätigkeit ständig meine Grenzen überschritten hatte. Andererseits war ich nun auf mich gestellt und spürte mehr als zuvor meine inneren Schmerzen und nagende Einsamkeitsgefühle. Es fehlten mir vor allen Dingen die Kinder. Sie hatten viel Gutes für mein gebrochenes Herz getan. Im Nachhinein weiß ich, wir haben uns gegenseitig geheilt, es war eine gute Zeit, sie hat mich wachsen lassen und mir eine herzenswarme Erinnerung geschenkt.

Lebenswende

Ich bezog für Hundert Mark eine kleine Wohnung im fünften Stock in einem Vorort von Frankfurt. Ich teilte mir das Sanitär mit einem Mann, der mir erst einmal unbekannt war. Ich kannte meine Bedürfnisse nicht wirklich, so nahm ich an, was sich mir bot. Nichtstun war mir nicht möglich, mit einer normalen Tätigkeit konnte ich mich nicht zufriedengeben, außerdem musste es etwas Besonderes sein. Vor allen Dingen wollte ich endlich die Anerkennung meiner Ursprungsfamilie. Sie sollten erkennen, dass ich weder geistig behindert noch ein Wechselbalg war. Zur Umsetzung dieser Absicht musste ich mir etwas Außergewöhnliches ausdenken. Bisher galt bei ihnen eher die Sichtweise, dass nur, wer selbst behindert ist, sich zur Arbeit mit den behinderten Kindern hingezogen fühlen kann.

Niemand in meiner Familie hatte ein Abitur. Wenn ich das erreichte, müssten sie mich endlich ernst nehmen und mir die ersehnte Anerkennung geben, dachte ich. Gesagt – getan. Ich bereitete mich auf das externe Begabten Abitur vor. Dazu bedurfte es zweier Gutachten über meine herausragende Intelligenz und die ausführliche Beschreibung meiner Vorstudien, welche Bücher, welche Filme, welche Zeitschriften ich kannte. Darüber hinaus wurde ein problematischer Lebenslauf erwartet, in dem ich begründete, warum ich erst mit vierzig Jahren mein Abitur machen konnte. Papier ist geduldig und ich fand zwei wohlwollende Gutachter, die mir eine besondere Begabung beurkundeten. Insofern waren die geforderten Papiere für mich kein Problem. Ich wurde angenommen und sollte das Abitur auf der Gesamt-Hochschule in Kassel ablegen. Es wurde u. a. eine fünfstündige Klausur erwartet über das Hauptthema, das dem zukünftigen Studium entsprach. Dazu war es notwendig, den verantwortlichen Dozenten kennenzulernen. Im Gespräch musste ich versuchen, ihn auf das spezielle, gewünschte Thema zu lenken. Eine entspannte Atmosphäre musste geschaffen werden zwischen dem Professor und mir – der Adeptin, um zu erreichen, dass das gewünschte Thema für die Klausur von ihm ausgewählt wurde.

Ratschläge

Mein Nachbar, mit dem ich das Sanitär teilte, war inzwischen mein Geliebter und stand mir mit Rat und Tat zur Seite. Er meinte zu dem bevorstehenden Besuch bei dem Professor, ich sollte mich anständig anziehen, denn ich gewandete mich gern etwas ausgefallen. Außerdem sollte ich sein Diktiergerät mitnehmen, um das Gespräch aufzunehmen. Manchmal können Ratschläge auch Schläge sein, was sich recht bald zeigen sollte. Ich zwängte mich in ein feines Kleid, fühlte mich darin recht unwohl und packte das Gerät in einen Korb. Als ich vor der Tür des Besprechungszimmers in der Hochschule wartete, kam mir ein Typ entgegen mit Jesus Sandalen, offenem bunten Hemd und einer lustigen Kappe auf dem Kopf. Es war ganz mein Stil, so wie sich mein Professor mir gerade zeigte. Ich hatte mich selbst verraten und stand nun in meiner »Verkleidung« vor dem Artgenossen. Ich wäre am liebsten in den Boden versunken oder hätte mein »schönes Kleid« ausgezogen und an den nächstbesten Nagel gehängt. Vielleicht hätte das der Situation eine pikante Wende gegeben, aber lassen wir diese amourösen Vorstellungen. An eine entspannte Atmosphäre zwischen ihm und mir war aufgrund meiner Verunsicherung nun nicht mehr zu denken. Ich setzte schnell das Gerät in meinem Korb in Gang und nahm ihm gegenüber Platz zum Gespräch. Alles, was ich mir vorgenommen hatte zu sagen, verschwand im Nebel des Vergessens und war einfach nicht mehr präsent. Nachdem sich das Gespräch schleppend dahinzog, rappelte es plötzlich in meinem Korb. Die erste Kassette in dem Aufnahmegerät war zu Ende. Mein Gebieter wurde aufmerksam und erwartete Rede und Antwort von mir über das Spektakel. Ich legte ein umfangreiches Geständnis ab und vergaß dabei nicht, meinem Geliebten die Verantwortung für dieses Spiel in die Schuhe zu schieben. Aber das half erst einmal nicht. Der Professor wurde sehr wütend und meinte, es sei alles gelaufen, ich würde zum Abitur nicht zugelassen und er fühle sich betrogen von mir. Meine geplante akademische Laufbahn geriet sehr ins Schwanken.

In meiner Verzweiflung kehrte ich zu meinem eigentlich Naturell zurück und legte eine bühnenreife Szene voller Dramatik aufs Parkett. Meine Tränen ließen mich nicht im Stich, sie gaben diesem Auftritt das notwendige Flair. Meine Erschütterung kannte nicht ihresgleichen, und meine Reue, auf den Verursacher hereingefallen zu sein, zeigte sich in ihrer höchsten Form.

Mein Professor war sichtlich beeindruckt von meiner Leidenschaft, reichte mir ein Taschentuch und solidarisierte sich mit mir gegen diesen Unhold, der mir den Ratschlag mit dem Diktiergerät gegeben hatte. Das Fiasko löste sich auf, ich konnte ihn dahin lenken, wo ich ihn brauchte, nämlich auf das Thema Autismus, das ich als Thema für die fünfstündige Klausur wählen wollte. Ich hatte durchaus den Eindruck, dass er meiner Spur folgte. Wir tranken noch einträchtig einen Kaffee zusammen und ich verließ die Schule. Ich war erleichtert über den Erfolg in letzter Sekunde, der vorher in so weite Ferne gerückt war.

Ich hatte meine Zulassung in der Tasche, und tatsächlich wählte dieser Professor für mich das Thema Autismus bei Kindern, das ich in der Sternstunde mit ihm besprochen hatte. Er benotete es mit einer Eins, ich bestand das Abitur, mit dem ich mir einen besonderen Bonus bei meiner Familie erhoffte. Doch niemand nahm Notiz davon, eher erklärten sie mich für verrückt, im Alter von vierzig Jahren noch das Matura zu machen. Heute kann ich sie verstehen, denn anstatt mir eine Pause zu gönnen und in aller Ruhe zu überlegen, was nun anstand, stellte ich meine Welt auf den Kopf, nahm eine völlig andere Identität an und erwartete Applaus von meiner Umgebung. Meine Familie hatte andere Wertvorstellungen und konnte und wollte mir in meinen Sondervorstellungen und Extravaganzen nicht folgen. Meine Bemühungen, von ihnen Anerkennung zu bekommen, waren eher eine Kontraindikation. Ich wollte ihnen nicht auf Augenhöhe begegnen, sondern mich über sie erheben und ihnen sozusagen von oben zuwinken. Meine innere Stimme sagte mir oft:

»Ich gehöre nicht dazu.«

Dass das keine gute Basis für eine freundschaftliche Versöhnung war, konnte ich damals noch nicht erkennen.

LSD Trip

Nachdem der rote Teppich für mich als Studentin ausgelegt war, wollte ich wissen, wie es sich anfühlt, mit einer Droge eine innere Reise zu machen. Ein Freund von mir erklärte sich bereit, mein Führer zu sein. Ich nahm LSD und hatte großes Glück: kein Drama, kein Horror, nur wundervolle Erlebnisse. Mein Bewusstsein nahm eine andere Dimension an und bewirkte, dass ich alles, was ich sah und erlebte, in wundervoller, märchenhafter Weise aufnahm. Ich durfte die Einheit allen Seins erleben, das war für mich ein großes Geschenk. Ich gewann daraus die Erkenntnis, dass wir zwar durch unsere Wertungen aus der Einheit fallen, sie aber tatsächlich existiert! Ja, wir sind alle miteinander verbunden, spüren aber oft nichts davon, weil wir durch unsere Wertungen die Trennung immer wieder herbeiführen. Selektieren müssen wir, um zu überleben, aber es geht um unsere Abwertungen und Vorurteile, mit denen wir uns über unsere Mitmenschen erheben.

Meine Reise der besonderen Art begann in der Natur. Auf einer Wiese beobachtete ich eine Ameise, die auf einem gebeugten Grashalm balancierte und sich einem Wassertropfen am Ende des Halmes näherte. Ich sah mit Erstaunen diesem Schauspiel zu und war wie gebannt, als sie vor dem Tropfen stehen blieb und durch ihre Bewegungen dafür sorgte, dass der Tropfen seinen Platz aufgab. Nun konnte sie ungehindert ihre Reise auf der Rückseite des Grashalms fortsetzen. Dieses Schauspiel, welches normalerweise von uns unbeobachtet bleibt, ist mir in Erinnerung geblieben, weil mein verändertes Bewusstsein darin etwas Kostbares entdeckte.

Wenige Augenblicke später hatte ich das Gefühl, von starken Armen in einen Schoß bedingungsloser Liebe und Geborgenheit gezogen zu werden. Ich spürte die Nähe zum Schöpfergott – meine Vorbehalte, Ängste und mein Widerstand gegen ihn durften sich in diesem Augenblick auflösen.

Es ist mir nicht möglich, Dich – meinen lieben Leser, meine liebe Leserin – an dieser ***Unio Mystica*** *teilhaben zu lassen.*

Es war so persönlich und unbeschreiblich – im wahrsten Sinne des Wortes hatte Gott Wort gehalten und sich mir in seiner ganzen Herrlichkeit gezeigt. Seine bedingungslose Liebe befähigte ihn, mich trotz meiner inneren Abwehr zu lieben. Eine innere Stimme sagte: *»Ihr habt Euren freien Willen und könnt Euch in jedem Augenblick der Dunkelheit oder dem Licht zuwenden.«* Das war es also! All das Schreckliche auf der Erde passiert durch die Abgründe in unserem Unterbewusstsein. Unsere Aufgabe ist es, daraus zu lernen und den Weg zum Licht und mit dem Licht zu gehen. Es war, als wenn ein dichter Vorhang fiel, sich ein Nebel auflöste und sich in mir eine ganz neue Sichtweise zeigte.

Bislang hatte ich so meine eigene Meinung von dem, der seinen Sohn hier unten massakrieren ließ und es sich im Himmel auf seinem Thron gemütlich machte. Ich sah in ihm den Schöpfergott, der gütig lächelnd inmitten seiner Engel – die ihm ergeben dienten – auf uns als kleine Sünder hinunterblickten. Dabei ließ er uns hier unten leiden, ließ Kriege, Hunger, Vergewaltigungen und all die Gräueltaten entstehen. Wahrscheinlich war er stolz darauf, dass ihn die Unwissenden auf der Erde den lieben Gott nannten? Sollte er doch wenigstens zu sich stehen und Verantwortung zeigen für all das Schreckliche, das jeden Tag auf der Erde passierte! – dachte ich vor diesem Erlebnis. *»Nein, Dich kann ich nicht lieben«*, ließ ich Gott wiederholt wissen, *»wenn Du Dich rechtfertigen willst, dann kannst Du Dich zeigen, aber das hast Du nicht nötig angesichts Deiner vielen gläubigen Schafe. Auf eins mehr oder weniger kommt es Dir nicht drauf an, ich zähle sowieso nicht, das hast Du mir wiederholt bewiesen! Nur die, die Dir blind vertrauen, zählen. Aber dazu will ich nicht gehören. Ich möchte Deine Anwesenheit und Deine angebliche Liebe spüren. Warum zeigst Du Dich nicht, wenn Du nichts zu verbergen hast?«*

Nach diesem Erlebnis mit LSD war mir klar, dass Gott selbst auf der Erde war und alles Leid und Schmerz auf sich genommen hatte. Ich sah in meinem eigenen Inneren das gütige, göttliche Antlitz, das mir zulächelte und mir mein schlechtes Gewissen nahm. Ich erkannte seine bedingungslose Liebe, die niemals bestraft, aber uns den freien Willen lässt – auch dann, wenn wir uns völlig in der Dunkelheit verlieren, uns unser eigenes Gefängnis zimmern und uns durch unseren Irrglauben darin selbst gefangen halten. Es waren vierundzwanzig Stunden, in denen dieses Erlebnis mit Gott mein Leben veränderte. Meine neue Erkenntnis hörte ich Wort für Wort mit meinen inneren Ohren, und ich spürte durch sie die Wahrheit, nach der ich mich so sehnte. Durch meinen Glauben an ihn – einen gerechten, liebenden Gott – fühlte ich mich geliebt als seine Schöpfung.

Die Wunde der Ungeliebten konnte nun ihrer Heilung entgegensehen.

Ich brauchte für diese Erfahrung diese Droge – ich weiß nicht, ob ich das auf einem anderen Weg geschafft hätte. Nach der LSD Behandlung war eine sich daran anschließende, nachhaltige Therapie angebracht. Denn es wurde viel Unbewusstes ins Bewusstsein getragen. Diese Droge wird unter ein Verbot gestellt und verurteilt, ohne dass damit eigene Erfahrungen gemacht werden. Sie wird gerne dämonisiert, aber das einzig Dämonische daran ist die Unwissenheit, mit der Menschen sie beurteilen aufgrund einer falschen Handhabung der Substanz. Es ist mit allen Heilmitteln so, nur die richtige Dosierung und der passende Umgang damit führt zum Therapieerfolg. Leider wird LSD mit anderen psychoaktiven Substanzen in einen Topf geworfen, ohne zu hinterfragen, ob man sich die hilfreiche, heilende Komponente nicht nutzbar machen könnte. Um LSD in eine hilfreiche Therapie zu integrieren, müsste sorgsam erkundet werden, welche Bedingungen es dafür braucht. Es ist wichtig, einen verantwortungsvollen Führer zu haben, der die Droge – mit ihrem Schatten – gut kennt und damit sensibel umzugehen weiß. Dann kann durch ein erweitertes Bewusstsein Heilung geschehen, die sonst vielleicht nicht möglich ist. In der Schweiz gibt es einen Arzt, der sich mit der Forschung und der Anwendung von LSD befasst. Er hat darüber ein Buch verfasst, das im Internet zu finden ist.

Ich nahm bis heute nie wieder Drogen – dieses Erlebnis war in meinem Herzen als etwas Kostbares gespeichert, da bedurfte es für mich keiner Wiederholung.

Vaterunser

Als Dank für den Gott, der nun in meinem Herzen blühte, entstand mein persönliches »Vaterunser«, welches ich Dir – lieber Leser und liebe Leserin – an dieser Stelle ans Herz lege:

Vater Mutter Gott, die Du bist in uns
geliebt ist Dein Name
Dein Reich ist in uns
Es geschieht das, was die Seele erkennt und sie wachsen lässt
wie im Himmel, so auch auf Erden.
Das Brot des Lebens gibst Du uns täglich
und verstehst unsere Fehler,
wie wir verstehen die Fehler unserer Nächsten
Du führst uns aus der Versuchung
und erlöst uns und das Übel,
denn unser ist das Reich und die Kraft und die Herrlichkeit
von Ewigkeit zu Ewigkeit
A M E N

Es ist mir wichtig, die Schuld aus meinem Leben zu streichen, die Vergebung durch Verstehen zu ersetzen und SIE, die VATERMUTTERGÖTTIN als die Liebende zu verstehen, die uns aus der Versuchung führt und uns erlöst. Ich spreche zu ihr in der Gegenwart. Die Führung und die Erlösung sind für mich das Brot des Lebens.

Falsche Motive

Ich war Abiturientin und Studentin an der Universität Frankfurt. Die Freiheit an der Universität war für mich völlig ungewöhnlich, damit konnte ich nicht umgehen. Niemand bemerkte mein Kommen und mein Gehen. Zu lange war ich einen Acht Stunden Tag gewöhnt, der von anderer Hand geregelt und kontrolliert wurde. Es war für mich so neu, dass ich mich nicht wirklich einfinden und wohlfühlen konnte. Meine Motivation zu studieren, war fragwürdig. Ich wollte vor allen Dingen meiner Familie etwas beweisen, um von ihnen geachtet zu werden, und ein für alle Mal den Makel beseitigen, den mir meine Familie verpasst hatte. Diese Veränderung wäre auf einem Weg der Liebe sicherlich von Erfolg gekrönt gewesen, aber in der damaligen Situation wollte ich mich über die anderen Familienmitglieder stellen. Es verwundert nicht: Niemand nahm groß Notiz von meiner Aktion. Ich war damals nicht frei genug, um in den Vorlesungen den Stoff in mich aufzunehmen, außerdem machten mir die Depressionen zu schaffen. Und so verließ ich nach einigen Semestern die Universität. Den Abschluss als Sozialarbeiterin holte ich später an der Fachhochschule nach.

Zweite Ehe

Ich war zweiunddreißig Jahre alt und lernte durch eine Vermittlung Phil kennen – einen besonders eleganten, attraktiven Mann – der auf einem Ball mein Tischherr war. Er brachte mich anschließend nach Hause und besuchte mich fortan jeden Tag. Nach drei Monaten zog er bereits in meine Dreizimmerwohnung ein. Er hatte keine eigene Wohnung, sondern wechselte von einem Unterschlupf in den nächsten. Das nahm ich damals nicht kritisch wahr, ich wollte, dass das dünne Eis hielt und es keinen Einbruch gab. Aber es schwebte wie ein Damoklesschwert über uns und wurde – wie so vieles andere – verdrängt. Er war den ganzen Tag lang unterwegs und ging dabei Geschäften nach, von denen ich keine Ahnung hatte. Er war lieb zu mir und wir beide waren froh, dass wir dem Alleinsein nicht mehr ausgesetzt waren.

Ich war damals noch Leiterin der Einrichtung für behinderte Kinder in Frankfurt. Meine Mitarbeiterinnen, mit denen ich mich gut verstand, mochten meinen neuen Geliebten nicht. Sie meinten, dass er nicht zu mir passe. Für mich stellte sich diese Frage nicht, mir waren seine Gesellschaft und das Gefühl, dass mich jemand liebte und für mich da war, wichtiger. Den Luxus, mich zu fragen, ob er für mich der Richtige war, konnte ich mir nicht leisten. Es genügte, dass mir jemand Aufmerksamkeit und Anerkennung schenkte. Wir genossen unser Zusammensein und wagten nicht, es infrage zu stellen.

Ich plante eines Tages eine Dienstreise an die Nordsee auf die Insel Ameland, ich war auf der Suche nach einem Ferienplatz für die behinderten Kinder. Auf der Insel Ameland sollte es ein passendes Objekt geben. Meine Spesen für diese Reise teilte ich mit vier weiteren Mitarbeiterinnen. An einem Wochenende fuhren wir in meinem VW-Bus los. Den ersten Halt machten wir in Amsterdam und besuchten dort eine Diskothek. An der Bar sah ich einen wunderschönen Mann, der dort ganz allein saß. Ich bekam Lust auf seine Nähe, und da ich kein Englisch konnte, ging ich zum Kellner und bat ihn, diesem Mann auszurichten, dass ich die Nacht mit ihm verbringen wollte. Der Auserwählte kam strahlend auf mich zu und war bereit, mir meinen Wunsch zu erfüllen. Allerdings anders, als meine Mitarbeiter sich erhofften, denn sie wünschten sich insgeheim, dass er mich von der Beziehung mit Phil erlösen würde. Es kam, wie es kommen sollte: Wir tauschten Zärtlichkeiten miteinander aus, ansonsten erzählte er mir von seiner Verlobten und setzte am nächsten Tag seine Weltreise fort.

Ich kehrte zurück zu Phil, ohne mir viele Gedanken über die vergangene Begegnung mit einem anderen Mann zu machen. Doch es schwebte etwas Dunkles über unserer Beziehung. Wir spürten es beide und hatten es besonders eilig, die vermeintliche Sicherheit im Außen zu finden. So bereiteten wir, nachdem wir uns – wieder einmal – erst drei Monate kannten, die Hochzeit vor! Nichts war gut genug für uns. Unsere zukünftige Bleibe musste ein Haus im Taunus sein, das einem bekannten Filmschauspieler gehörte, der im Begriff war, in die Stadt zu ziehen. Der Bungalow hatte eine traumhafte Aussicht und war umgeben von einem großen Park. Auf dem Teich schwammen zwei exotische Enten. Ich gab ihnen die Namen Hinkel und Gackeleia – in Erinnerung an die Hühner meiner Kindheit. Das Federvieh war damals ein Stückchen heile Welt für mich, denn ich hatte eine besondere Beziehung zu diesen Tieren. Ich wünschte mir, mit der Taufe der Enten wenigstens einen Abglanz der Hühnerwelt aus meiner Kindheit zu erschaffen. Rangsdorf, wo ich meine Kindheit verbrachte, und diese exklusive Residenz im Taunus hatten sonst nichts gemeinsam. Es war mir nicht möglich, dort etwas Heiles, Heimeliges zu gestalten. Schließlich suchten die Enten eines Tages das Weite, weil wir uns zu wenig um sie kümmerten.

Da meine mystischen Erfahrungen immer mehr verlässliche Gestalt annahmen, suchte ich die Naturwesen, die sich langsam in unserem Park ansiedelten. Mit ihnen spürte ich Freude. Wie in meinen Kindertagen, erzählte ich ihnen von meinen Erlebnissen, Wünschen und Sehnsüchten. Manchmal fing ich dabei plötzlich an zu weinen. Ich stellte mir die Frage, ob ich denn nicht glücklich sei mit dieser ganzen Pracht und Herrlichkeit. Ich fand keine Antwort, aber dafür zeigten sich dunkle Ahnungen für die Zukunft. Ich gab mir keine Zeit, darüber lange nachzudenken. Oberflächlich gesehen, hatte ich wirklich keinen Grund, traurig zu sein. Wir hatten unser Leben nach allen Regeln der Kunst organisiert.

Wir hatten uns im Außen eine perfekte Welt gebaut. Es sollte nun der kometenhafte Aufstieg für mich kommen, nach all den entbehrungsreichen Jahren.

Wir fuhren einmal zu meiner Mutter nach Freiburg. Auf der Fahrt dorthin stellte sich in unserem Gespräch heraus, dass mein Verlobter in früheren Zeiten bei meinem Onkel Kurt gearbeitet hatte. Meiner Mutter ging es wie meinen Mitarbeitern, sie fand keinen Gefallen an ihrem zukünftigen Schwiegersohn. Phil war über den Besuch bei seiner zukünftigen Schwiegermutter auch nicht glücklich, denn er fand keine Möglichkeit, ihr klarzumachen, welch gute Partie ihre Tochter mit ihm machen würde. Nachdem wir uns verabschiedet hatten, rief sie ihren Cousin Kurt an, um die Neuigkeit zu berichten. Er war entsetzt und meinte: *»Um Gottes Willen, Inke darf diesen Mann niemals heiraten, er ist kriminell, hat damals dubiose Geschäfte gemacht, ich habe mich deshalb von ihm getrennt.«* Meine Mutter beschwor mich, die geplante Hochzeit abzusagen. Sie vertrat bei meiner zweiten Hochzeit die gegenteilige Variante, diesmal ging es ihr um ein klares *»Nein«*, während sie sich beim ersten Mal ein klares *»Ja«* für ihre Tochter erhoffte. Da wirkliche Liebe aber nie Einzug in unseren beiden Herzen halten konnte, hatte ich nicht das nötige Vertrauen, dem Ruf meiner Mutter zu folgen. Zumal ihr Rat, den sie mir bei der ersten Heirat gab, unsäglichen Schmerz mit sich brachte. Aufgrund ihres eigenen Lebens konnte sie mir in Sachen Partnerschaft kein Vorbild sein. Sie wusste es einfach selbst nicht.

Ihr Wort blieb ohne Folgen, doch es hätte mir viel Leid erspart, wenn ich darauf gehört hätte. Andererseits habe ich mit meiner zweiten Ehe sehr spezielle Erfahrungen gemacht und hatte besondere Lektionen zu lernen. Wie ein Magnet zog es mich zu dem Luxus, der mir von meinem zukünftigen Ehemann in Aussicht gestellt wurde und der bereits Formen annahm. Ich heiratete also Phil. Meine Mutter kam trotz ihrer Bedenken und Ahnungen um ihren Schwiegersohn zu dieser Hochzeit. Meine Mitarbeiter wurden von mir nicht zur Hochzeit eingeladen, sie mochten meinen zukünftigen Mann ohnehin nicht – ich wollte Harmonie und Frieden an diesem Tag. Meine Wahl hatte ich nicht ganz mit dem Herzen getroffen, denn es war immer noch umgeben von einer Schutzmauer. Ich hatte wenig Verbindung zu meinem Inneren, ich handelte mit dem Verstand und wollte mit aller Macht etwas erzwingen:

Liebe, Luxus, Zugehörigkeit und Familie.

Mein Start in dieses neue Leben hing an einem dünnen Faden. Das, was einem Neugeborenen für den Start ins Leben Schutz und Wärme gibt, hatte ich selbst nicht bekommen. Das bewirkte eine gewisse Haltlosigkeit in mir, die einfach immer wieder auftauchte. Ich handelte oft, wie ohne Sinn und Verstand, getrieben von dem Wunsch, ein gutes Leben zu haben. Wie dem Sterntalermädchen sollte es mir in den Schoß fallen. Ich wusste nicht, was ich selbst dafür tun konnte. Ich war froh, wenn es Zeiten gab, in denen ich mich etwas wohl fühlte – mit mir oder im Beisein anderer Menschen.

Auf dem Weg zum Standesamt erschien mir mein Verlobter ziemlich nervös, ich stellte mir die Frage, ob er vielleicht im entscheidenden Moment *»Nein«* sagen würde. Er saß am Steuer, ich als Braut neben ihm. Meine Schwester Karin und meine Mutter teilten sich die hinteren Plätze im Auto. Auf halber Strecke schrie meine Mutter entsetzt: *»Die Braut hat ja gar keine Blumen.«* Meine Schwester, die immer zur Stelle war, wenn es etwas zu organisieren gab, stürzte in den ersten besten Blumenladen und kam mit einem Strauß für mich zurück in den Wagen. Ich traute meinen Augen nicht, es waren die gleichen Blumen, wie bei meiner ersten Hochzeit. Es war ein Omen, ein Wink des Schicksals. Ich war tatsächlich für einen Moment geschockt. Dann siegte wieder die Kontrolle über meine Gefühle und niemand merkte mir etwas an. Noch war das Drama, das seinen roten Teppich schon lange ausgelegt hatte, abzuwenden. Meine warnende Intuition fand von mir jedoch keine Beachtung, und es fällt mir heute schwer, dafür eine Erklärung zu finden. Auf jeden Fall wollte ich etwas beweisen. Ich wollte der höheren Klasse angehören, einen eleganten Mann an der Seite haben und die Residenz im Taunus, die ich mit ihm bewohnte. Das hatte noch keiner aus der Familie geschafft!

Meine Schwester, die bei uns noch etwas wohnen wollte, wurde von der ganzen Klaviatur ihrer Gefühle überrannt. Sie konnte wohl diesen ganzen Prunk mit dem Bild ihrer kleinen Schwester nicht vereinbaren. Sie plauderte bei meinem frisch angetrauten Ehemann fleißig aus dem Nähkästchen – alles, was sie über meine Männergeschichten wusste, hatte nun eine Chance, ans Licht zu kommen. Als ich in der Küche weilte, horchte ich an der Tür – ich war das aus meiner Kindheit gewöhnt, wenn sie in der Nähe war. Voller Erfolg, was ich da zu hören bekam! Das, was ich als Kind gern getan hätte und nicht konnte, holte ich jetzt nach: Ich setzte meine große, mächtige Schwester an die Luft! Wie gut das tat, wir hatten perfekt die Rollen vertauscht. Endlich war ich einmal die Stärkere, die sagen konnte, wo es langging. Meinem frisch angetrauten Ehemann gegenüber blieb dieser Konflikt völlig unerwähnt. Er war ohnehin mit einem größeren Drama beschäftigt, das bislang aber noch im Dunklen schwelte.

Unser Bungalow befand sich etwa zwanzig Kilometer von Wiesbaden entfernt, wo Phil sein Büro als Bauträger hatte. Wir fuhren jeden Morgen gemeinsam zu seiner Arbeitsstelle, dann nahm ich das Auto, um damit nach Frankfurt in die Behinderten Einrichtung zu fahren. Eines Morgens wurden wir auf halber Strecke nach Wiesbaden von der Polizei angehalten. Als sie meinen Mann nach seinem Führerschein fragten, meinte er, er hätte zur Zeit keinen. Er sagte das mit einem sonnigen Lächeln, als ginge es um ein fehlendes Taschentuch, das er gerade nicht zur Hand hatte. Ich stutzte, wie konnte er sich mit mir ein Haus im Taunus suchen und jeden Tag ohne Führerschein zum Büro fahren? Ich fand keine Antwort. Mir fielen die Worte meiner Mutter ein, dass Phil mit seiner kriminellen Ader schon einiges angestellt hatte. Zu Hause stöberte ich in seinen Unterlagen, und dabei kam heraus, dass er sich viele Jahre vor der Polizei im Ausland versteckt hatte. Es ging um Betrügereien im großen Stil. Als ich meinen Mann daraufhin ansprach, beteuerte er, dass er nun mit meiner Hilfe auf einem guten Weg sei, und beschwor mich, ihn nicht zu verlassen. Mein gewohntes Programm, dass die anderen wichtiger waren als ich, setzte wiederum ein. Ich hatte Mitgefühl mit meinem Gescheiterten und glaubte, dass alles noch ein gutes Ende nehmen würde. Schließlich hatte ich schon vielen anderen Menschen geholfen.

Wir zogen nach Wiesbaden, damit Phil nicht mehr auf ein Auto angewiesen war. Unser Domizil im Taunus war nur ein kurzes Gastspiel. Wir residierten wiederum fürstlich, ein großer Spiegelsaal mit einem Napoleon Wappen an der Decke war strahlender Mittelpunkt unseres neuen Domizils. Ich fühlte mich in den Prachträumen nie heimisch und richtete mir in einem Nebenzimmer eine Ecke ein. Ich war sehr erfüllt von meiner Arbeit mit den behinderten Kindern und verlor die Welt meines Ehemannes immer mehr aus den Augen. Wir lebten mehr oder weniger nebeneinanderher. Phil ersann Luftschlösser für die Zukunft. Er hatte die fixe Idee, so viel Geld zu verdienen, dass ich nicht mehr arbeiten müsste. Für mich war meine Arbeit aber kein Muss, sondern ein Stück heile Welt, das mir guttat.

Ab und zu musste ich meinen Mann zu Banken begleiten und mich besonders elegant kleiden, um Eindruck auf die Geschäftspartner zu machen. Diese Welt war mir fremd und ich gab mir nicht die Mühe, sie näher kennenzulernen. Es war für mich schon eine starke Gewohnheit, gute Miene zum bösen Spiel zu machen bei diesen Besuchen. 1974 sprach man von einer Rezession, es ging wirtschaftlich bergab und mein Mann brauchte einen Kredit. Ich begleitete ihn ohne innere Beteiligung. Erstaunt war ich über viele Rollen Toilettenpapier, die man in dem Bankgebäude im Flur stapelte. Anscheinend war die Situation so beschissen, dass der Bedarf an Spezialpapier ins Unermessliche stieg. Ich fühlte mich unwohl und musste trotzdem schmunzeln, weil ich vor meinem geistigen Auge die Herren Bankdirektoren sah, wie sie ständig das Sanitär aufsuchten und dabei Unmengen Papier verbrauchten, um mit der Situation fertig zu werden. Wir suchten das Büro des Bankdirektors auf. In seinem Refugium gab es keine Rollen Spezialpapier. Aber der Raum war so karg und kalt gestaltet, dass ich mir so meine Gedanken machte, was man tun könnte, um diesem Ambiente etwas Wärme zu geben. Plötzlich entdeckte ich ein kleines Sträußchen aus haltbaren Blumen, es wirkte in dieser Umgebung, als hätte es sich dorthin verlaufen. Mitten im Geschäftsgespräch drückte ich laut mein Entzücken über diese kleine Dekoration aus. Mein Mann war peinlich berührt, und meinte zu seinem Geschäftspartner: *»Wissen sie, meine Frau arbeitet mit behinderten Kindern.«* Das war seine Legitimation für mein »unmögliches Verhalten«.

In diesen Kreisen musste man selbst auch behindert sein, um sich mit diesen »armen Kreaturen« abzugeben. Der Mann ihm gegenüber war jedoch sehr angetan, denn seine Frau war sozusagen Kollegin und verrichtete die gleiche Arbeit. Das Geschäft bekam nun einen privaten Anstrich, der letztlich dazu verhalf, dass ein Kredit zustande kam. Wir gingen zusammen mit seiner Frau in ein Nobelrestaurant zum Abendessen – ich war rehabilitiert. Ich wusste damals noch nicht, dass ich diesen Kredit später von meinem Gehalt abbezahlen würde, als Phil für immer von der Bildfläche verschwand.

Es kam die Zeit, da auch mein Gehalt nicht mehr ausreichte, um die hohe Miete unseres eleganten Domizils zu bezahlen, und so zogen wir bei Nacht und Nebel unbemerkt aus der Wohnung. Dem glorreichen Einzug folgte ein dramatischer Auszug.

Fällt eine Krähe ins Mehl, bleibt sie nicht lange weiß.

Wir stellten unsere Möbel irgendwo unter und fanden vorübergehend eine Bleibe in meinem Büro. Dort stand eine Couch, auf der wir schliefen, Phil ging morgens früh weg und kam erst wieder, wenn ich Feierabend hatte. Es war ein unhaltbarer Zustand – in dem Haus, in dem ich eine leitende Stellung innehatte! Meine Mitarbeiter fanden sich in ihrer Abneigung gegen meinen Mann bestätigt. Auf der anderen Seite brachten Sie mir Verständnis entgegen und boten mir ihre Hilfe an. Ich tat alles, um diese peinliche Situation schnell beenden zu können.

Es war nicht einfach damals, in Frankfurt eine bezahlbare Wohnung zu finden. Es dauerte zwei Monate, dann wurde ich fündig in der Nähe meiner Arbeitsstätte. Die neue Unterkunft hielt keinem Vergleich mit den beiden davor verlassenen Etablissements statt. Sie lag an einer verkehrsreichen Straße und ließ wenig Sonne durch die Fenster. Es gab weder Balkon noch sonst einen besonderen Komfort. Ungeachtet dessen fühlte ich mich nach der langen Zeit des Unwohlseins in den Prunkräumen zum ersten Mal in meinen vier Wänden behaglich und zu Hause. Ich richtete die Räume so schön wie möglich ein. Die Wohnung bekam von mir einen besonderen Flair, der die kleinliche Ausstrahlung des Hauses vergessen ließ.

Mein Mann traf sich mit unbekannten Männern des Öfteren in unserer Wohnung. Eine dunkle Wolke, die über diesen Zusammenkünften schwebte, war für mich spürbar. Ich hatte aber keine Möglichkeit, mit Phil über meine Ängste zu sprechen. Eines Tages, als die Männer gerade die Wohnung verließen, vergaßen sie einen Koffer. Als ich ihn öffnete, sah ich mit Erstaunen, dass er bis obenhin voller Geldscheine war. Eine Freundin, die bei mir zu Besuch war, brach in Entzücken aus und meinte: »*Komm, ein paar Scheine mehr oder weniger bleiben unbemerkt, und wir können unsere Kasse etwas auffüllen.*« In mir machte sich Panik breit. Ich sah in dem Koffer ein Symbol für ein nahendes Unheil. Ich schob ihn, ohne etwas zu entnehmen, unter das Bett. Nun war der Zeitpunkt da, um mit meinem Mann ein ernstes Wort zu sprechen. Dazu kam es jedoch nicht mehr: Noch am selben Tag bekam ich einen Anruf von der Polizei, dass mein Mann verhaftet worden sei.

Von dem dadurch ausgelösten Kreislauf Kollaps erholte ich mich rasch, danach war ich bestrebt, ihm zu helfen und ihn möglichst zu befreien. Ich gab mich auf dem Polizeipräsidium als Sozialarbeiterin – nicht als Ehefrau – des Inhaftierten aus. Es war mir wichtig, etwas zu tun für diesen, meinen Mann, der mir bei allen Schwierigkeiten auch immer wieder seine Liebe zeigte. Ich bekam ihn nicht zu Gesicht, und als man meinen Schwindel bemerkte, wurde ich schnell an die Luft gesetzt. Nachfolgend wurde ich endlosen Verhören von der Polizei unterzogen. Der Koffer wurde am nächsten Tag von einem seiner Kumpane abgeholt. Er bedrohte mich aufs Äußerste und sagte, mein Leben wäre in Gefahr, wenn ich sie denunzieren würde. Es gab nichts mehr zu verraten, es stand alles im Licht der Wahrheit.

Phil kam in ein Gefängnis nach Heidelberg, dort besuchte ich ihn ein Jahr lang regelmäßig. Er schrieb mir jeden Tag aus seiner Zelle glühende Liebesbriefe. Eines Tages bekam ich vom Staatsanwalt die Benachrichtigung, dass sich Phil in seiner Zelle umbringen wollte, und man appellierte an mich als Ehefrau. Ich war wieder in meinem Element, bezahlte eine hohe Kaution und besorgte für meinen Noch-Ehemann eine Bleibe. Ich hatte inzwischen einen neuen Freund und Phil ging nach seiner Freilassung eine neue Beziehung ein. Unsere Ehe wurde von Amts wegen aufgelöst, das heißt, für ungültig erklärt, da mir mein Ehemann seine kriminelle Vergangenheit verschwiegen hatte. Das war die zweite Ehe, in der ich einen Grund hatte, sie für ungültig erklären zu lassen, weil es etwas Verschwiegenes gab. Ich konnte in den folgenden Jahren keine Verbindung mehr zu ihm aufnehmen. Er verschwand für immer, wahrscheinlich unter einem anderen Namen.

Phil war – so wie ich – dem Leben nicht gewachsen. Wir wollten fern jeder Vernunft ein schönes Leben haben. In diesem Punkt hatten wir uns gesucht und gefunden. Ich denke heute mit ein wenig Wehmut an einen Menschen, der versuchte, mit Geld und Gut dem Leben Sinn und Halt zu geben – und seine Frau an sich zu binden. Ich weiß nicht, ob ich Phil wirklich geliebt habe. Auf jeden

Fall konnte ich ihn nicht von seinem verhängnisvollen Weg abbringen. Es wäre sicherlich möglich gewesen, denn letztlich suchte er Liebe und Anerkennung, die er bei mir nicht in dem Maße fand, wie er sie gebraucht hätte, um den kriminellen Weg ein für alle Mal wieder zu verlassen. Mit dieser Erkenntnis spüre ich ihm gegenüber heute weder Groll noch Vorwurf.

Ich hatte einen anderen Weg zu gehen: Den Weg mit den Kindern, die mich ganz in Anspruch nahmen. Es bleibt ungeachtet dessen für mich ein Gefühl übrig, dass ich als Ehefrau versagt habe. Er hatte mich geliebt und ich hatte mich immer danach gesehnt, geliebt zu werden, aber wir waren beide nicht in der Lage, diese Liebe zu leben und umzusetzen.

Alles verstehen – heißt: alles verzeihen.

Dritte Ehe

Ich heiratete ein drittes Mal. Als wir uns kennenlernten, hatte ich gerade die größte Krise meines Lebens überwunden. Meine starken Depressionen und meine suizidalen Gedanken hatten sich von mir verabschiedet. Christa, eine Freundin, die mir in dieser schweren Zeit Hilfe anbot, wollte eine Disko besuchen und ich ging ihr zuliebe mit, obwohl mir die laute Musik sehr zu schaffen machte. Als wir nach zwei Stunden die Bar verließen, sprach mich ein junger Mann an und bat mich um meine Telefonnummer. Ich war zu keiner Reaktion fähig und verließ mit meiner Freundin diesen Ort. Nach fünf Minuten vermisste ich meinen Schal und kehrte noch einmal zurück. Da gab mir mein Verehrer einen Zettel mit seiner Telefonnummer. Ich bewegte oft in mir die Frage, ob auch der vergessene Schal mit mir Schicksal spielte, wie die zurückgelassenen Blütenzweige in Walters Auto. Wahrscheinlich war beides eine Inszenierung des Schicksals. In zwei Ehen begann die Ouvertüre zum gemeinsamen Spiel mit etwas Vergessenem von mir. Vielleicht wohnten zwei Seelen in meiner Brust: Die eine wollte dem Schicksal entfliehen, die andere ihm folgen. Da musste der Zeremonienmeister mit den vergessenen Zweigen oder einem liegengebliebenen Schal in das Geschehen eingreifen, damit das Spiel beginnen konnte.

Christa bestand darauf, die Nummer auf dem Zettel anzurufen. Der Angerufene hatte sich an seinem Geburtstag gerade von seiner Freundin getrennt. Wieder war es nicht mein Bedürfnis, sondern der arme verlassene Mann, um den ich mich kümmerte. Wir luden ihn ein, er kam mit einem riesigen Paket Kuchen, um mit uns sein fünfundzwanzigstes Jubilate zu feiern. Es blieb nicht bei diesem Kaffeeklatsch. Ich hatte nun an meiner Seite einen treuen Begleiter, der alles für mich tun wollte. Ich leistete mir kaum eine eigene Meinung, da meine Flügel von den Depressionen noch frisch gestutzt waren. Er war fünfzehn Jahre jünger als ich. Man sah es uns nicht an, er hatte etwas schütteres Haar und mich hielt man mein Leben lang für zehn Jahre jünger. Ich hatte mir eine gewisse Kindlichkeit bewahrt, was sicherlich zu meinem jugendlichen Aussehen beitrug. Diesen Altersunterschied wollte ich als Geheimnis zwischen uns stehen lassen. Eines Tages gab ich ihm ein Urin Fläschchen, mit der Bitte, es beim Arzt vorbeizubringen. Erst im Nachhinein fiel mir ein, dass auf dem Etikett mein Geburtsdatum stand. Das Geheimnis war nun wohl keines mehr. Ich sprach Wolfgang am Abend darauf an, er lachte und meinte, dass es für ihn in der Hinsicht nie ein Geheimnis war und auch kein Problem bedeute.

Ich hatte durch meine Depressionen in der Vergangenheit kein Zuhause mehr. Ich konnte meine spärliche Behausung, in der meine Seele so viele Qualen erlitten hatte, nicht mehr bewohnen und hielt mich bei meiner Freundin Christa auf. Wolfgang sorgte sich liebevoll um mich und machte mir bald einen Heiratsantrag. Er gab mir Herz und Hand, doch ich sagte zu ihm: *»Ich liebe Dich nicht.«* Er meinte nur: *»Das kommt noch.«*, und dabei blieb es. Wir bereiteten die Hochzeit vor. Meine geliebte, zukünftige Schwiegermutter aus dem Schwabenländle musste unbedingt dabei sein, denn ich lernte diese Frau lieben, wenn wir sie in ihrem kleinen Dörfchen besuchten. Sie hatte noch nie ihr Dorf verlassen und nahm sich eine Begleitung mit für die Reise nach Frankfurt. Ich plante ihr zuliebe, mich kirchlich trauen zu lassen. Dafür setzte ich alle Hebel in Bewegung. Ich musste – nach zwei Scheidungen – die Kirche für mein Abenteuer gewinnen. Ich lernte einen Pfarrer kennen, der sich bereit erklärte, uns kirchlich zu trauen. Er war selbst einmal geschieden und legte demzufolge keinen so hohen Maßstab an.

Ich liebte diese einfache Bäuerin aus dem schwäbischen kleinen Dörfchen und wollte ihr eine heile Welt präsentieren. Dabei stand ich wieder nicht zu mir, sondern spielte das gewohnte Spiel: Alle Menschen sind wichtig, nur ich mir selbst nicht. Als Trauzeugen wurden meine geistig behinderten Schützlinge eingesetzt, die dafür eine Woche lang lernten, ihren Namen schreiben. Ein Freund schenkte uns ein Buch mit dem Titel: »Der Mann und die ältere Frau«. Ungeachtet dieser Gebrauchsanweisung für eine glückliche Ehe, fingen unsere Schwierigkeiten recht bald an.

Wolfgang wollte mit mir ein beschauliches Leben führen. Er war fünfundzwanzig Jahre alt und bislang war es ihm immer gelungen, Konflikten weitgehend aus dem Wege zu gehen. Er hatte in seinen Lenden wenig Kraft, gab sich aber Mühe, mich trotzdem zu befriedigen. Sicherlich trug seine reduzierte Manneskraft dazu bei, dass er von sich selbst wenig hielt. Solange wir beschäftigt waren, ein Nest zu bauen, gab es keine größeren Probleme. Wolfgang tat alles im Äußeren, um mich bei Laune zu halten. Das neue Zuhause bot mir keine Heimat, weil ich keinen inneren Halt hatte, aber ich machte gute Miene zum bösen Spiel. Wir hatten uns organisiert. Ich ahnte, dass wir zusammen kein gutes Ende haben würden, denn ich konnte mich auf ihn wenig einlassen. Er war Mathematiker, hatte eine gute Stellung und ließ sich nichts zuschulden kommen.

Ich sah mich nach therapeutischer Hilfe um. Durch die Therapie erkannte ich mehr und mehr meinen Anteil und den roten Faden in meinen Beziehungen. Ich war nicht fähig, eine gesunde Beziehung einzugehen, und fand jeweils Partner, denen ich aufgrund ihrer Makel die Verantwortung abgeben konnte. Die Ursache fand sich im traumatischen Erleben meiner Geburt, in der Unliebe meiner Mutter und dem traumatischen Abschied von meinem Vater. Ich musste noch einmal diesen Schmerz erleben, um meine Psyche zu heilen. Mein Einverständnis dafür ließ jedoch noch lange auf sich warten – und damit auch meine Heilung. Ich gab mir Mühe, Wolfgang ein schönes Zuhause zu erhalten, aber das reichte zum beiderseitigen Glück nicht aus. Als er mich kennenlernte, war ich noch wie eine Raupe, aber inzwischen zeigte sich mehr und mehr der Schmetterling in mir, und zwar ein ziemlich bunter.

Ich war gerade auf einem spirituellen Höhenflug, hatte meine Depressionen überwunden und umgab mich mit interessanten Menschen. Ich lud die »Auserwählten« gern zu uns nach Hause ein. Die Ansichten und Entscheidungen meines Mannes fand ich höchst unpassend für meine spirituelle Karriere, an die ich fest glaubte. Wir waren beide nicht in der Lage, über unsere Situation zu sprechen. Mit Vorliebe verließ er schweigend den Raum, wenn sich eine dunkle Wolke zwischen uns drängte. In diesen Augenblicken hatte ich das Gefühl, dass blutige Tränen aus meinen Augen schossen. Ich fühlte mich ausgeliefert und hilflos in solchen Augenblicken. Das einzige Mittel, sein Schweigen zu verwandeln, wäre Liebe gewesen, aber die gab es nicht in meinem Herzen. Stattdessen machte ich eine spezielle Erfahrung: Ich empfand dieses Schweigen als eine mächtige Gewalt, gegen die ich mich nicht wehren konnte. Sie ging von einem scheinbar harmlosen Menschen aus, der stets darauf bedacht war, sich nichts zuschulden kommen zu lassen. Doch er sollte sich später an eine Schuld – an ein dunkles Geheimnis binden. Es war ihm nicht zuzutrauen, doch das war eine oberflächliche Betrachtung. Für niemanden sind die dunklen Abgründe in einem Menschen sichtbar, nicht einmal für ihn selbst. So kommen eines Tages die ungeahnten Dinge an die Oberfläche: ein Schmerz, ein Schrei nach Rache, der sein Ventil in einer ungeheuerlichen Tat findet. Wir waren trotz späterer äußerer Trennung über eine dunkle Tat über Jahrzehnte gebunden.

Wir machten erst einmal so weiter. Mir wurde immer klarer, dass ich eine Erlösung im Außen gesucht hatte, bei einem Mann, der selbst darauf wartete, von seinen Qualen erlöst zu werden. Wir beide verstanden noch nicht die Melodie des Lebens – den Sinn, die Wahrheit und Weisheit darin. Ich suchte vermehrt Hilfe bei Therapeuten, in Meditation und Yoga. Alle vier Wochen eröffnete sich mir eine halbe, heile Welt: Wir besuchten seine Mutter in ihrem kleinen schwäbischen Dörfchen, das sie nur einmal verließ, anlässlich unserer Hochzeit. Die beiden Siamkatzen Mizi und Maunzi nahmen wir mit. Sie waren ein Symbol für Liebe, Zärtlichkeit und spielerisches Leben. Sie hätten der Mutter die Wahrheit berichten können über unsere Ehe, sozusagen als Zeitzeugen. Aber zum Glück gaben sie nur ihr *»Miau«* von sich. Zu Wolfgangs Mutter hatte ich eine warmherzige, liebevolle Beziehung. Sie freute sich, dass ihr Sohn, der im Dorf einen unehelichen Sohn hatte, nun in »ordentlichen Verhältnissen« lebte. Ich spielte ihr die glückliche Ehefrau vor. Wolfgang musste nichts vorspielen, er schwieg – wie immer – und wechselte nur ab und zu ein Wort mit uns. Sie war interessiert an unserem Leben, denn in ihrer kleinen geregelten Welt passierte nicht viel. Ich beantwortete alle ihre Fragen und nahm meine blühende Fantasie zu Hilfe, um ihre Neugierde und Anteilnahme zu befriedigen.

Als schließlich feststand, dass Wolfgang und ich uns trennen würden, war mir klar, dass ich diese redliche Frau, die so an uns glaubte, nie mehr wiedersehen würde. Der Abschied von ihr fiel mir schwer. Auf der Rückfahrt nach unserem letzten Besuch bei ihr hatte ich heftige Blasenkrämpfe, deren Ursache in einem dunklen Geheimnis gebunden war. Es wurde erst zwei Jahrzehnte später gelüftet. Damals konnte ich nicht einmal ahnen, warum Wolfgang gerade in diesem

Zusammenhang nicht fähig war, etwas zu sagen. Im Himmel ist alles gespeichert, und so manche dunkle Nische wird plötzlich in Licht gehüllt und sichtbar. Ich wusste nicht, wie es in ihm aussah, nur dass sein Schweigen diesmal, im Zusammenhang mit meiner verkrampften Blase, auf mich etwas unheimlich wirkte. Eines Tages verließ er für immer mich und die gemeinsame Wohnung. Er nahm nur wenige Sachen mit. Unsere Trennung löste in mir eine Lawine verschiedener Gefühle aus. Einerseits war eine Erleichterung in meinem Inneren zu spüren, andererseits fühlte ich mich einsam und schuldig. Ich hatte Zweifel daran, ob Wolfgang nun in seiner kleinen Wohnung auch alles hatte, was er brauchte. So machte ich mich mit einigen Habseligkeiten auf den Weg. Ich hatte Hemmungen, in den zweiten Stock hinaufzugehen, wo er eine Wohnung für sich gefunden hatte. Es brannte Licht – es war die blaue Stunde zwischen Hell und Dunkel. Ich bat einen Passanten, die Tasche mit all den Sachen zu ihm hinaufzubringen. Der Mann weigerte sich, sah mich, die ich plötzlich weinen musste, mitleidig an und ging schnellen Schrittes weiter. Eilig ging ich nun selbst die Treppen hinauf und stellte, ohne zu klingeln, die Tasche vor die Tür. Ich hatte Angst, ihm zu begegnen. Was übrig blieb von dieser Ehe, waren mein Mitgefühl und quälende Schuldgefühle. Unsere Ehe hielt drei Jahre lang, ich war dreiundvierzig Jahre alt.

Wieder allein

Ich verzichtete auf Unterhalt, lieber ging ich zum Sozialamt und holte mir dort mein Almosen ab. Nach einem Jahr beschloss ich, die Frührente zu beantragen. Ich ging wegen meiner Depressionen erneut zu einem Psychiater, wieder stellte jemand viele Fragen. Nach einer Weile sah er mich erstaunt an und sagte: *»Sie unterscheiden sich von allen anderen Klienten, die mit ihrem Anliegen zu mir kommen.«* Das Staunen gesellte sich nun zu mir. Ich war zwar daran gewöhnt, anders zu sein als andere Menschen in meinem Umfeld, aber ich verstand nicht, was dieser Mann im weißen Kittel da meinte. Er holte weiter aus: *»Sie antworten so wahrheitsgetreu auf meine Fragen.« »Ja, ist das hier nicht üblich?«*, fragte ich zurück. Er schmunzelte und meinte: *»So kann man das sagen. Wenn jemand die Rente möchte, lügt er eventuell das Blaue vom Himmel runter, das kann man von ihnen nicht behaupten. Sie sagen so unverblümt die Wahrheit.«* Mir wurde klar, dass ich mein ganzes Leben lang wenig für mich eingestanden hatte. Ich wäre auch verwundert gewesen, wenn das mit der Rente geklappt hätte. Ich entgegnete also, dass ich nicht daran glauben würde, dass ich die Rente bekommen könnte. Verblüfft sah mich der Psychiater mich an und meinte: »*Wenn jemand die Rente verdient hat, dann doch sie. Sie haben sich zwanzig Jahre ihres Lebens für die armen Kinder eingesetzt und sind darüber hinaus so eine ehrliche Haut.*« Ein Hauptgewinn für mich war in Sicht. Der Arzt stand kurz vor seiner Pensionierung und konnte es sich leisten, in mein Gutachten etwas Hilfreiches hineinzuschreiben. Es war wie ein warmer Regen für mich: Fünfzehn Jahre vor meiner Altersrente brachte der Himmel mir jeden Monat dieses Geschenk.

Dunkles Geheimnis

Nach meiner Trennung von Wolfgang ging es mir gesundheitlich schlecht. Ich hatte ein schleichendes Fieber, depressive Verstimmungen und diffuse Ängste. Das Fieber kam und ging. Es war wie ein unsichtbares Tier, das mich von Zeit zu Zeit heimsuchte und dafür sorgte, dass es mir schlecht ging. Ich suchte verschiedene Ärzte auf. Jeder von ihnen hatte eine kluge Diagnose, keine entsprach der Wahrheit. Nicht einer von ihnen hatte die Größe zu sagen, dass er nicht wüsste, was mir fehlte.

Erst nach zwanzig Jahren enthüllte sich das dunkle Geheimnis. Ich traf zufällig Wolfgangs besten Freund, Heinrich. Wir hatten in dieser langen Zeit keinerlei Verbindung und trafen uns zufällig an einem Urlaubsort. Wir mochten uns immer gern, und so gingen wir zusammen in ein Lokal. Ich erzählte von meiner Odyssee zu den Ärzten und meinen vielfachen Beschwerden. Die Reaktion des Freundes verunsicherte mich. Er bestellte sich einen Whisky, trank ihn rasch hinunter und schaute mich lange an. Dann wollte er, ohne sich von mir zu verabschieden, das Lokal verlassen. An der Tür hielt ich ihn zurück, die Bedeutung dieser Begegnung blieb mir nicht verborgen. Er wollte mir etwas sagen, ein Geheimnis lüften, das spürte ich deutlich. Ich ahnte, dass er etwas wusste, was mit meinen Beschwerden in Zusammenhang stand. An seinem Zögern spürte ich, dass er diese Situation nicht ohne Weiteres meistern konnte. Er kehrte an unseren Tisch zurück und zündete sich sehr gemächlich eine Zigarette an, als wolle er noch etwas Zeit gewinnen.

Ungeachtet seiner Verunsicherung setzte ich ihn unter Druck, ich konnte meine Anspannung kaum noch ertragen. Ich musste ihm beeiden, dass ich seine Information nur für mich behalten und ansonsten keinen Gebrauch davon machen würde. Mir fiel dieser Eid nicht schwer, aber meine Erwartung stieg ins Unermessliche. Wolfgang hatte ihm an einem feuchten Abend gestanden, mir mehrere Male Arsen ins Essen gegeben zu haben. Als ich diese Hiobsbotschaft vernahm, machte sich Entsetzen in meinem Inneren breit. Ich wollte es erst nicht glauben, es war so unfassbar. Wie kam er dazu? Was hatte ihm Anlass für so eine Gräueltat gegeben? Er hatte so eine unschuldige Aura, war er nicht normal? Welcher Abgrund tat sich da in seinem Inneren auf? Wie konnte er das mit seinem Gewissen vereinbaren? Wollte er mich tatsächlich umbringen?

Ich sah mich in Gedanken zur Polizei gehen, meinen Exmann im Gerichtssaal in Handschellen, abgeführt wegen versuchten Mordes. War ich in einem falschen Film, oder war das meine Realität? Ein Gedanken Karussell drehte sich in meinem Kopf, mein Kreislauf versagte, ich fand mich auf dem Boden liegend wieder. Heinrich war besorgt und rief einen Arzt, der mir eine Spritze gab. Langsam erholte ich mich von dem Schock, der mir durch die soeben erhaltene Hiobsbotschaft in die Glieder gefahren war. Es war so traurig: Ich sah uns als Paar am Anfang dieser Geschichte vor dem Traualtar stehen – und nun das! Es war unfassbar und nicht zu beschreiben. Mir fehlten die Worte. Heinrich verlängerte spontan seinen Urlaub für einen weiteren Tag, um mir in dieser Verfassung beizustehen.

Es gab also in meinem Leben ein Kapitel, das man üblicherweise nur in Kriminalromanen liest. Ich brauchte lange, um diese Tatsache anzunehmen. Mir wurde klar, dass diese ungeheuerliche Tat eine lange Vorgeschichte hatte. Durch Wolfgangs introvertiertes Wesen konnte ich in den drei Jahren unserer Ehe seine Gefühle wenig erkennen. Mit seiner ungeheuerlichen Tat ging er das Risiko ein, entdeckt und bestraft zu werden. Als Mathematiker hatte er sich wohl ausgerechnet, wie groß die Chance war, dass diese Tat im Dunkel des Verborgenen bleiben konnte. Meine vielfältigen Fragen in diesem Zusammenhang blieben unbeantwortet. Hass, Rachegefühle und Verzweiflung hatten wohl in ihm den

Platz der anfänglichen Liebe eingenommen. Seine verdrängten Gefühle mussten sich in Schattenmonster verwandelt haben, und Fairness und Mitgefühl für einen Menschen, den er mal geliebt hatte, waren verbannt worden. Nur so konnte ich mir sein Handeln erklären. Mir blieb nichts anderes übrig, als den Tatsachen ins Auge zu sehen.

Wenn das Ziel, welches er verfolgte, hieß: »Es darf keinen Nachfolger an Deiner Seite geben.«, dann hatte er Erfolg mit seinem Vorhaben. Ja, es war ihm gelungen. Durch die Auswirkungen des Arsens in meinem Körper war ich nicht fähig, mich für eine erneute Partnerschaft zu öffnen. Nun aber konnte ich gezielt etwas gegen diese Vergiftung tun. Es gelang mir, mithilfe spezieller Kräuter und unter heftigsten Beschwerden, das Gift aus meinem Körper auszuleiten. Dabei rochen meine Ausscheidungen in der Tat, so wie in Krimis beschrieben, nach Bittermandel, was ein untrügliches Indiz für Arsen ist.

Seit das dunkle Geheimnis gelüftet wurde, sind nun fünfzehn Jahre vergangen. Meine Einstellung zu dieser Tat durfte sich wandeln. Es gibt für mich nicht das Böse im Menschen, sondern Hilflosigkeit, Unsicherheit und eine lange Wegstrecke des Ungeliebtseins. Die seelischen Leiden und ihre Symptome sind für uns äußerst schwer zu erkennen, sie bekommen daher oft nicht die Rücksichtnahme und das Mitgefühl, wie es körperliche Erkrankungen für sich beanspruchen. Vor allen Dingen dann, wenn ein Mensch nicht in der Lage ist, sich zu outen, sich anzuvertrauen, über seine Probleme mit anderen Menschen zu sprechen. Wolfgang war wie Diogenes in der Tonne: äußerst introvertiert, verschlossen, mit sich allein, sprachlos im eigenen Gefängnis. Wie leid mir das heute tut. Damals habe ich davon wenig mitbekommen. Ich wünsche ihm, dass er auch aus dieser Lektion lernen konnte und für sich etwas mehr Freiheit gewonnen hat.

Ich habe mich über Jahrzehnte mit den Geheimnissen der Seele und ihren dunklen Verließen befasst – und dafür ein besonderes Mitgefühl entwickelt. Hass auf andere Menschen und Gefühle der Vergeltung waren mir immer fremd, dafür habe ich immer zu sehr nach meinem Anteil geschaut.

Das Wasser haftet nicht am Berg
und die Rache nicht an einem geöffneten Herzen.

Das hatte ich verinnerlicht. Manchmal wünsche ich mir, wenn ich in München bin, wo Wolfgang jetzt beheimatet ist, ihm zu begegnen, um etwas mit ihm zu heilen. Wenn es so sein soll, wird es geschehen. Ich würde ihm mit Schonung und Milde begegnen. Heute weiß ich, dass uns nur das geschieht, was wir für unser geistiges Wachstum benötigen, mit anderen Worten: wozu die Seele »Ja« gesagt hat. Angesichts der fürchterlichen Verbrechen, Krankheiten und Katastrophen auf der Erde fällt es nicht leicht, sich mit diesem Gedanken anzufreunden. Aber geistiges Wachstum ist nun mal der Sinn des Erdenlebens. Wie kam dieser Mensch, der sonst kein Wässerchen trüben konnte, zu dieser Tat? Ich werde es wohl nie ganz erfahren. Auf jeden Fall kann ich sagen, dass mir heute, wenn ich das Geschehen noch einmal Revue passieren lasse, mein Frieden wichtiger ist als jeder Gedanke an Vergeltung.

Wir richten uns selbst – dank unserer Göttlichkeit.

Wie mag ihm zumute gewesen sein, wenn das Gewissen an seine Tür klopfte und um Einlass bat? Diese Frage stellte ich mir oft. Hatte es eine Chance, von ihm gehört zu werden, oder wurde es im Keim erstickt? Sicherlich war es für ihn nicht leicht, damit fertigzuwerden, dass er das Leben eines Menschen, den er einmal geliebt hatte, aufs Spiel setzte. Es ist unglaublich, was das Unterbewusstsein anrichten kann, wenn der Mensch keine Verbindung zur Quelle hat, zu der eigenen Göttlichkeit. Es wird auf dem inneren Weg viel über das Ego gesprochen. Darüber, dass wir es überwinden sollten. Ich denke, wir brauchen unser Ego, um die Anforderungen des Lebens zu meistern, aber wir sollten etwas für unser Bewusstsein tun. Dabei können uns Therapien, Meditation und andere Entspannungsübungen helfen. Es heißt: »Stille Wasser sind tief«, und das traf auf jeden Fall den Kern Wolfgangs. Die Tiefe besteht oft aus unbewussten Gedanken und Handlungen. Da er nie über Gefühle sprechen und sie zum Ausdruck bringen konnte, trug er sie ungelöst als Schatten in seinem Inneren mit sich herum. Alles, was wir erleben in unserem Leben, verlangt nach Aufmerksamkeit und Verarbeitung. Es ist gefährlich, durch Verdrängung das Unbewusste zu einem großen Sumpf werden zu lassen. Ich kann selbst viele Lieder singen über mein unbewusstes Handeln, auch ich habe Menschen verletzt oder ihnen Schaden zugefügt. Aber ich glaube nicht, dass ich zu einer solchen Tat fähig gewesen wäre.

Vergebung

Durch meine spirituelle Arbeit wusste ich, wie wichtig Vergebung ist – in diesem Fall war es nicht ganz leicht. Jedes Jahr, an seinem Geburtstag im Oktober, wollte ich ihm schreiben, dass die Wahrheit ans Licht gekommen sei und ich ihm vergeben mochte. Ich spürte, die Zeit dafür musste erst noch heranreifen. Eines Tages sah ich in einer Meditation die Bilder, wie ich mich ihm gegenüber verhalten hatte: ohne Liebe, ohne Achtung und mit ziemlich abwertenden Gedanken über seine Persönlichkeit. Nun konnte ich ihm schreiben. Ich teilte ihm mit, dass die Wahrheit ans Licht gekommen war, dass ich viele Schwierigkeiten zu überwinden hatte, es mir aber nun relativ gut ginge. Ich würde versuchen, ihm zu vergeben, ich hätte meinen Anteil an unserer Misere erkannt und bereut. Ich habe auf mein Schreiben nie eine Antwort von ihm erhalten, aber darum ging es mir auch nicht. Ich wollte der Wahrheit und der Gerechtigkeit die Ehre geben. Darum hatte ich in meinem Schreiben auch meinen Anteil, der zu den Konflikten in der Ehe führte, mitgeteilt. Sicherlich rätselt er heute noch, wie sich das dunkle Geheimnis, das er um alles in der Welt zu verbergen versuchte, gelüftet hatte.

Neue Horizonte

Bald nach der Trennung gründete ich in der Wohnung eine Wohngemeinschaft – auch, um nicht allein zu sein. Es war schwierig mit mir und den anderen. Mir wurde immer klarer, dass ich an diversen Konflikten mit beteiligt war, und suchte vermehrt therapeutische Hilfe. In diversen spirituellen Kreisen machte ich häufig die Erfahrung, dass überall nur mit Wasser gekocht wird, und so blieb ich lange auf der Suche nach einer geeigneten Gemeinschaft. Eine Freundin von mir besuchte das Zentrum »Universelles Leben« in Würzburg. Dieses Werk definierte sich als eine urchristliche Gemeinschaft mit Prophetie und Geistheilung. Ich versprach mir davon, Hilfe zu finden für mein ständiges Unwohlsein, und begann den »Mystischen Pfad«, der dort gelehrt wurde. Meine Vorreiterin – besagte Freundin – war mein großes Vorbild, ich wollte sein wie sie. Sie war immer korrekt gekleidet, hatte auf alles eine Antwort und saß in der vordersten Reihe neben der Prophetin, um die sich das Werk aufbaute. Sie arbeitete Tag und Nacht für den Himmel. Ich dagegen war meistens müde und sah mich ständig in der hintersten Reihe der »frommen« Schüler sitzen. Wie groß war mein Entsetzen und Erstaunen, als sie sich eines Tages das Leben nahm. Sie hatte Einblick in das Werk, wie kaum jemand anderes, und kannte von daher auch die dunklen Nischen. Sie wollte diesem Energiefeld entfliehen und versuchte, sich wieder an die alte Energie anzuschließen, in der sie bei Bhagwan stand, ihrem früheren Meister.

Ich gehe davon aus, dass sie sich selbst in einem Energie Chaos gefangen hielt und, um ihre Verzweiflung zu beenden, diesen Weg wählte. Ich nahm mir damals vor, nie wieder in einem anderen Menschen ein Vorbild zu sehen. Ob ich dieses Vorhaben immer eingelöst habe, kann ich heute nicht mehr sagen. Ich litt unter den Folgen der Arsenvergiftung und wollte Hilfe von der Prophetin, die über seherische Kräfte verfügte. Per Foto wurde ich ihr vorgestellt. Ihre Antwort war, ich sollte nicht so große Erwartungen haben. Ansonsten schlug sie mir einen mystischen Pfad vor, den ich nun gehen sollte, um ein guter Mensch zu werden. Ihre Unliebe hatte mich nicht stutzig gemacht, dazu setzte ich sie auf einen zu hohen, goldenen Thron. Ich war noch in der Phase, in der viele Menschen entweder über mir standen, besser waren oder recht hatten – jedenfalls fühlte es sich so an.

Einen Paradiesvogel kannte man vor mir nicht in diesem heiligen Gefolge. Da ich aber immer einer war, wurde ich dementsprechend bestaunt und ausgegrenzt. So blieb ich einsam und allein mit meinen Sehnsüchten und Träumen nach einem besseren Leben. Ich ersehnte die Nähe zum Himmel, wie ich es auf meiner Drogenreise vor einigen Jahren erlebt hatte. Ich fühlte mich von allen guten Geistern verlassen. Wo waren sie in dieser urchristlichen Gemeinschaft mit der ganzen Heiligkeit? Es konnte doch nicht sein, dass ich wieder eine falsche Wahl getroffen hatte? Diese Frage bewegte ich hin und her. Ich verwarf meine Gedanken hunderte Male, denn eine Alternative, die mir Erlösung bot, war nicht in Sicht. Ich wartete nicht mehr auf die rettende Hand eines Prinzen, doch nun sollte sich der Himmel erbarmen. So machte ich – auch hier – gute Miene zum bösen Spiel und ließ mir von meinen geistigen Geschwistern sagen, was zu tun und was zu lassen sei. Für jedes freundliche Wort war ich dankbar.

Ich hoffte doch noch auf ein Stückchen Himmel.

Mein Studium an der Universität Frankfurt hatte ich wegen meiner Depressionen beenden müssen. Nun machte ich meinen Abschluss als Sozialarbeiterin an einer Fachhochschule. Für meine Diplomarbeit wählte ich das Thema: »Die christliche Nächstenliebe in der Sozialarbeit«. Ich machte Interviews mit den Mitarbeitern einer Naturklinik, die zum Werk des »Universellen Lebens« gehörte. Das gab mir einen gewaltigen Auftrieb. Ich war in meinem Element und gewann an Selbstwertgefühl. Meine Dozentin, die die Arbeit betreute, war eine katholische Ordensschwester. Sie teilte mir unverhohlen ihre Probleme mit, die sie mit der Prophetin hatte, die in meinen Aufzeichnungen erwähnt war. Ich war bereits selbst unsicher geworden, ob der Himmel mit dem Wirken dieser Heiligen und deren Offenbarungen so einverstanden war, und konnte dem nichts entgegensetzen. Ich vertraute mich ihr mit meinen Zweifeln an, die ich selbst gegenüber dieser heiligen Gemeinschaft hatte. Sie freute sich über meine Offenheit, und letztlich gab sie mir für meine Arbeit eine Auszeichnung. Sie war wohl in der Lage, meine Arbeit und ihr Misstrauen der Prophetin gegenüber zu trennen.

Wieder wurde mir eine neue Lektion erteilt: Ich bekam unerträgliche Rückenschmerzen. Obwohl ich seit Jahren auf meine Gesundheit achtete, blieb mir nichts anderes übrig, als jeden Tag Schmerzmittel zu nehmen, um einigermaßen über die Runden zu kommen. Dieser Zustand hielt sechs Wochen lang an, dann entdeckte ein Arzt an meinem rechten Bein eine verdächtige Rötung, die ihn schlussfolgern ließ, dass es sich dabei um einen infektiösen Zeckenstich handelte. Ich bekam Penicillin und wurde von meinen Schmerzen befreit. Die Mikroben waren damit aber nicht aus dem Körper verschwunden und machten mir in zeitlichen Abständen mit vielfältigen Symptomen immer wieder zu schaffen.

Ein Mikrobiologe bezeichnete diese winzigen Überlebenskünstler, gegen die kaum ein Kraut gewachsen scheint, einmal als »kleine schlaue Teufelchen«. Und nach Rupert Sheldrake sind sie Teil von Morphogenetischen Feldern, die über Zeit und Raum hinaus existieren. War es nun die Aufgabe der Borrelien-Entinität, mir zu signalisieren, dass ich fortan mit meinem Körper etwas achtsamer und feinfühliger umgehen sollte? Diese Botschaft erreichte durchaus mein Herz. Ich fing an, mich vegetarisch zu ernähren, und es gelang mir vom ersten Augenblick an so gut, dass ich nie wieder ein Stück Fleisch zu mir genommen habe. Drogen, wie Alkohol und Nikotin, gehörten ja schon länger der Vergangenheit an.

Universelles Leben

Ich glaubte am Anfang, dass ich selbst Jesus Christus wohl am ehesten in diesem urchristlichen Werk begegnen würde, dem ich nun seit zwei Jahren angehörte. Ich kam lange nicht ans Ziel. Vielmehr wurde ich auf meine Fehler und Schwächen in oft unbarmherziger Weise aufmerksam gemacht. Meine Schuldgefühle, die mich in meinem Leben stets begleiteten, wurden noch mehr genährt, und ich sah mich in der Reihe meiner »Freunde« ganz hinten als Letzte stehen, weil ich es nicht besser verdiente, als noch einmal die Unliebe zu erfahren. Andererseits zeigte sich wieder meine Sensitivität: Ich hatte Ahnungen, die sich in der Zukunft als Wirklichkeit herausstellten. Eines Tages gab mir die Prophetin eine »Heilung«, indem sie mir die Hände auflegte. Ich vernahm intuitiv, aber sehr deutlich ihre Gedanken: *»Mach, dass Du hier wegkommst, wir brauchen Dich nicht!«* Ich war tief verletzt und nahm freiwillig den Platz in der hintersten Reihe der »Gottgefälligen« ein. Ich rechnete fest damit, eines Tages die auserwählte Gruppe verlassen zu müssen. Als ich mich davon etwas erholt hatte und das Entsetzen über ihre Botschaft in mir mehr zulassen konnte, ging ich zu meinem behandelnden Arzt, der ebenfalls zu der Gemeinschaft gehörte, und berichtete ihm, was ich in der Heilsitzung von der Prophetin vernommen hatte. Er sah mich mitleidig an und machte mich sodann auf meine dunkle Seele aufmerksam. Wer hätte geahnt, dass er einige Zeit später – nachts und klammheimlich – die Wohngemeinschaft der Prophetin verließ, um endlich seiner eigenen Wahrheit wieder die Ehre zu geben?

Würzburg

Nach meinem Studium wollte ich Frankfurt verlassen, um dem Werk, das sich in Würzburg etabliert hatte, nahe sein zu können. Der Vermieter meiner Dreizimmerwohnung erwartete von mir die komplette Renovierung aller Räume durch einen Fachbetrieb, nach meinem Auszug. Bei dieser Aussicht hingen meine Flügel tief, denn ich lebte nach meiner Scheidung von Sozialhilfe. Mit dem Schöpfergott hatte ich schon einige Male gute Erfahrungen gemacht, und so geschah es, dass ich ihn um eine Lösung bat. Die kam schneller als erwartet: Ein Mann rief auf meine Anzeige an, in der ich einen Nachmieter suchte. Er fragte mich, ob er als Homosexueller mit seinem Freund eine Chance hätte, die Wohnung zu bekommen. Das war das Letzte, was ich meinem sehr konservativen Vermieter zutraute und verneinte seine Frage. Dann dachte ich am nächsten Tag aber an Gott und auch, dass er sich sicherlich etwas bei dieser telefonischen Begegnung gedacht habe. Die Telefonnummer konnte ich auf meinem Display noch erkennen, ich rief noch einmal an, denn mir kam eine Idee, die ich dem erstaunten Mann unterbreitete. Er war sehr angetan davon und setzte meine Idee sofort in die Tat um. Er ging mit einem weiblichen Wesen zum Vermieter, stellte sie als seine Verlobte vor und bekam den Mietvertrag. Kurz vor Einzug beichtete er dem Vermieter, dass sich seine Geliebte einen anderen gesucht hätte und er nun vorübergehend einen Freund bei sich aufnehmen würde. Als Belohnung für meine gute Idee, die zum Erfolg geführt hatte, renovierten die beiden Männer die gesamte Wohnung aus eigener Tasche. Ich dankte dem himmlischen Vater für seine originelle Idee. Der Zweck heiligt die Mittel – wie es scheint – auch bei Gott.

Kombucha

Eines Tages fragte mich eine Bekannte, ob ich nicht für den Hofladen jede Woche fünf Liter Kombucha herstellen mochte – das ist ein Gesundheitsgetränk, welches aus Tee, Zucker und einem qualleähnlichen Pilz hergestellt wird. Ich bejahte und fand Gefallen an dieser kleinen Aufgabe, die ich gewissenhaft jede Woche erfüllte. Nach einem halben Jahr zog ich zu Freunden auf einen ehemaligen Bauernhof. Als ich die Scheune öffnete, erblickte ich eine Parade riesige Steintöpfe. Ich blieb wie gebannt stehen und betrachtete die braunen Keramikgefäße in verschiedener Größe. Es war mir, als sprächen sie zu mir: *»Wir warten hier auf Dich schon eine Weile, wir sind arbeitslos und fühlen uns beiseitegeschoben. Du kannst uns wieder nutzbringend ins Leben führen.«* Ich setzte mich sprachlos auf den nackten Steinboden. Wer hatte sie vom Himmel fallen lassen? Ich fühlte mich wie das Sterntalermädchen, dem eine wundervolle Gabe von Gott geschenkt wird – auf unerwartete Weise. Die Töpfe bekamen meine volle Aufmerksamkeit, und da sich kein Eigentümer fand, begann ich im großen Stil eine spezielle Produktion von Kombucha. Das Werk »Universelles Leben« hatte in ganz Deutschland Märkte. Ich lieferte an die Zentrale, und das Getränk wurde auf den Märkten verkauft. Ich arbeitete Tag und Nacht und freute mich über diesen Erfolg.

Wieder einmal achtete ich nicht auf meine Bedürfnisse und auf meine Gesundheit. Ich bekam heftige Unterleibsbeschwerden. Ein Frauenarzt, bei dem ich zur Routine-Untersuchung war, äußerte den Verdacht auf Krebs und empfahl mir dringend eine Operation. Meine Intuition ließ mich die OP absagen und zweiundvierzig Tage fasten, wie Jesus in der Wüste. Ich machte Gott einen Vorschlag:

»Wenn Du mich heil machst, will ich ganz vielen Menschen den Kombucha zukommen lassen.« Ich hatte ja schon gute Erfahrungen mit ihm gemacht, er hat wohl gespürt, wie ernst ich es meinte, und ließ das Wunder geschehen – ich hatte in der nächsten Zeit das Gefühl, dass er auf diesen Vorschlag einging.

Im Keller entdeckte ich ein dunkles, namenloses Verließ, das ich innerhalb von kurzer Zeit in meine Kombucha Werkstatt verwandelte. Von überallher bekam ich Hilfe, es war wirklich wie ein Wunder. Mit Gottes Hilfe stellte ich in der Woche zweihundert Liter Kombucha her und verkaufte es an das »Universelle Leben«. Gott hielt Wort und schickte mir Heilung, nach zweiundvierzig Tagen Fasten wurde in meinem Bauch kein Befund mehr festgestellt. Als ich mich bei meinem Arzt, der mir damals den Vorwurf machte, ich spiele ohne Operation mit meinem Leben, vorstellte, brachte er kein Wort mehr heraus.

Ich schrieb ein Buch über die Heilkraft des Kombucha und wurde daraufhin zu einer Fernsehsendung nach München eingeladen. Dieser Erfolg tat meinem Selbstwertgefühl, das nie wirklich stabil war, richtig gut. Nach der Sendung saß ich noch eine Stunde am Zuhörertelefon, beantwortete Fragen und erzählte von Gott, dem ich so viel zu verdanken hatte. Die Beziehung zu IHM wurde immer lebendiger und ich sah mich mehr und mehr als ein göttliches Wesen – als ein Teil des *Großen* und *Ganzen*.

Heiler Ausbildung

Eines Tages fuhr ich zu einem Heiler Kongress nach Basel. Ich fühlte mich unwohl unter so vielen Menschen. Bevor ich wieder das Weite suchte, lernte Ich einen Mann kennen, der mich auf eine besondere Heilerin aufmerksam machte. Ich ging zu ihrem Stand und fragte sie nach meiner Lebensaufgabe. Sie sah mich von oben bis unten an und meinte lachend: »Du bist Heilerin, und zwar durch und durch.« Das saß! Mein Ego hüpfte. Ich fragte, ob sie noch einen Platz in ihrer Heiler Schule für mich hätte, was sie bejahte. Am nächsten Tag war mir klar, dass die Ausbildung bei ihr in der Schweiz für meine Verhältnisse nicht zu bezahlen wäre. Ich wandte mich wieder Gott zu und meinte zu ihm: *»Wenn Du aus mir eine Heilerin machen willst, dann lass Dir etwas einfallen.«* Ich sprach inzwischen sehr locker mit ihm, etwa so, wie mit einem guten Freund. Wiederum erhörte er mich und flüsterte mir seine gute Idee ins Ohr. Ich rief in der Ausbildungsstätte an, erzählte von meinem Problem und bot mich an, während des Seminars die Teilnehmer mit Kaffee und dem Nötigen zu versorgen, außerdem könne ich die Räume sauber halten. Am Heiligen Abend 1997 in den Vormittagsstunden bekam ich die telefonische Zusage, mir das Geld für die Ausbildung auf diese Weise verdienen zu können. Ich fuhr mit einer Mitfahrgelegenheit nach Bern und begann dort meine Ausbildung als Heilerin.

Nebenher diente ich als Putzfrau und Kaffee-Köchin. Ich schlief nur recht und schlecht im Seminar Raum, und ich verrichtete dementsprechend halbherzig meine mir selbst auferlegten Pflichten. Als ich zum zweiten Abschnitt der Ausbildung wieder anreiste, drückte mir die Leiterin den Schlüssel eines Hotelzimmers in die Hand. Sie hatte für mich ein Zimmer gebucht. Als ich sie darauf aufmerksam machte, dass ich mir doch die Ausbildung verdienen müsste, lächelte sie und fragte mich, ob ich denn selbst mit meiner Arbeit zufrieden gewesen wäre. Als ich das verneinte, sagte sie: *»Also, dann lass es geschehen.«* Gott hatte wieder seine Hände im Spiel. Ich bekam ein Hotelzimmer und die Ausbildung geschenkt. Immer mehr Gutes konnte in mein Leben kommen, ich sah mich mehr als Schöpfer und konnte das Opfergewand Stück für Stück ablegen.

Mutterworte

Ich hatte während der Ausbildung ein bemerkenswertes Erlebnis: Eine befreundete Teilnehmerin wollte mir eine Massage geben. Sie hatte besondere, sensitive Fähigkeiten und fragte mich, bevor sie begann: *»Hast du eine Mutter in der geistigen Welt?«* Ich bejahte, sie sagte: *»Ist das so ein ‚na und Typ'?«* Ja, ich war erstaunt, eine Lieblings Redewendung meiner Mutter war tatsächlich: *»Na-und!«* Dann durfte ich, sieben Jahren nach ihrem Tod, ihre Botschaft hören: *»Bitte vergib mir, Du hast Dich ungeliebt gefühlt, ich habe Dich geliebt, konnte es aber nicht zeigen, ich habe mich selbst nie geliebt, es war schlimm, was wir auf der Erde so erlebt haben. Bitte vergib mir für alles, was Dir wehgetan hat. Es geht mir gut. Deine Gebete sind alle bei mir angekommen. Du hattest meine lichtvollen Helfer gebeten, mich auf dem Weg nach Hause zu begleiten, so fand ich die Brücke und konnte, obwohl ich ein ungläubiger Mensch war, bald die Heimat erreichen. Meine Aufgabe sind die Blumen. Sie sind hier so schön und duften wundervoll«*, berichtete mir die Seele meiner Mutter von der anderen Ebene. *»Manchmal lege ich einen Gegenstand anders hin, damit Du bemerkst, dass ich anwesend war«*, erzählte sie weiter. Ich war nicht fähig, ihr zu danken oder etwas zu antworten, ich hatte zum ersten Mal einem Channeling beigewohnt. Diese Situation versetzte mich in ein Erstaunen, das lange anhielt. War es möglich, dass man ohne Körper sprechen konnte? Misstrauen stellte sich ein. Dann dachte ich wieder an das »na und!« Ja, das hat sie so gern gesagt, also musste doch was dran sein. Wie war das nur möglich? Ich fragte mich das immer wieder.

Dann sprach ich lange mit meiner Ausbilderin. Sie hatte ein umfangreiches geistiges Wissen und eine Verbindung zur geistigen Welt. Nachdem sie mir alle Fragen im Zusammenhang mit dieser Botschaft beantworten konnte, fing ich an mich zu freuen, dass meine Mutter zu mir gesprochen hatte. Es tat ihr leid, was sie mir angetan hatte, das stellte das Geschehene in ein anderes Licht und brachte mich einem Verständnis näher. Ich wollte nun zukünftig darauf achten, ob Gegenstände einen anderen Platz einnahmen als den, den ich ihnen zugedacht hatte, aber im Eifer des Gefechts, in dem ich mich meistens befand, kam es dazu nicht.

Ich konnte nicht ahnen, dass es mir einmal etwas Gewohntes sein würde, Botschaften aus der geistigen Welt zu empfangen. Dieses Erlebnis machte einiges mit mir. Ich stellte mir meine Mutter mit Flügeln vor und musste herzhaft lachen. Ob sie da oben auch eine Schürze trug? So, wie sie es auf Erden bevorzugte? Das war meine nächste Fantasie über meine Mutter in der geistigen Welt. Ich merkte, dass das Ganze noch weit weg war für mich. Andererseits überzeugte mich die Frage meiner Kollegin, ob meine Mutter so eine »na und Haltung« gehabt hätte, sehr. Mich wunderte nur, dass man nach sieben Jahren auf der anderen Ebene noch so sehr menschliche Züge beibehielt. Vielleicht hatte sie auf einer weichen Wolke lange geschlafen und sich wenig darum gekümmert, menschliche Gewohnheiten hinter sich zu lassen? Sie hatte die Gemütlichkeit immer geschätzt.

Ich bekam ein anderes Gefühl zu meiner Mutter. Ja, ich wollte ihr Verständnis entgegenbringen und ihr auch sagen, dass ich erkannt habe, wie schwer ich ihr das Leben gemacht hatte, anstatt sie in ihrem Leid aufzumuntern und im Alltag zu unterstützen. Es waren immer die Anderen – außerhalb der Familie – die meine Zuwendung und Hilfe bekamen. Innerhalb der Familie waren es die unerfüllten Erwartungen, die mich lähmten und mich daran hinderten, selbst etwas für eine bessere Atmosphäre zu Hause zu tun.

In der gesamten Schöpfung gibt es für mich nichts Erstaunlicheres, nichts Faszinierenderes, nichts Rätselhafteres oder Heiligeres als die menschliche Person.

Menschen haben jede Grenze auf der Erde überschritten und jeden Winkel erforscht, sie haben die Schwerkraft überwunden und erheben sich in die Lüfte. Doch trotz aller Kenntnisse, die von den größten Geistern im Laufe der Jahrhunderte gesammelt wurden, sind wir nicht in der Lage, das Geheimnis derjenigen Menschen zu lüften, die wir lieben, mit denen wir arbeiten und täglich zu tun haben. Selbst Hochbegabte, die komplizierteste Probleme mit Leichtigkeit lösen können, sind vom Verhalten ihrer eigenen Mitarbeiter, ihrer Familie oder Freunde häufig völlig überfordert oder darüber verblüfft.

Was sind das für Menschen um mich herum? Was wünschen oder brauchen sie von mir? Warum tun oder sagen sie so etwas? Wie kann ich sie besser verstehen? Wie kann ich mich selbst besser verstehen? Warum sehne ich mich von ganzem Herzen nach etwas und arbeite ständig daran, um dann in einem kurzen Augenblick gerade das zu tun, was alle meine Chancen zerstört?

Diese Fragen hatte ich mir mein Leben lang gestellt und nie Antworten bekommen, die mich befriedigt hätten. Bis ich mir nach Jahrzehnten selbst diese Fragen beantworten konnte durch das Enneagramm, dessen Lehre mir auf meinem Weg begegnete.

Enneagramm

Ich möchte das Wissen des Enneagramms als eine Reise beschreiben: Die Mutigen, die sich zu dieser Reise aufmachen, werden sich unerwartet in einer Verhüllung von Stärke und Schwäche erleben. Sie wecken ihren inneren Detektiv, der die Spuren durch das Labyrinth menschlichen Verhaltens hindurch findet und sie zur Entdeckung ihrer wahren Persönlichkeit führt – des einzigartigen Schatzes, der, unter dem Schutt der Überlebensregeln verborgen, auf seine Erlösung wartet. Die Reise führt über alle Gipfel und Täler der Spiritualität und der menschlichen Beziehungen. Es geht über das reine Beschreiben von Eigenschaften und Vorlieben hinaus bis zur Ebene der Motivation.

Warum tun wir, was wir tun?

Fast unmerklich wuchs durch das Enneagramm in mir das Wissen, was wirklich zählt und wann der Schein trügerisch sein Licht verteilt. Während wir die Bereiche unseres Lebens durchgehen, lernen wir auch, alle anderen Menschen zu schätzen, zu verstehen und uns mit ihnen auseinanderzusetzen. Es geht um die geistigen und seelischen Hauptabhängigkeiten, die Wurzeln, aus denen Fehlmotivation und Fehlverhalten entstehen. Wie das hässliche junge Entlein lernen wir, uns vor dem Gefühl des Schmerzes und der Verwirrung zu schützen. In seiner Jugend vermied es das Entlein, ins Wasser zu schauen, um sich seinem hässlichen Spiegelbild nicht stellen zu müssen. Es beginnt wie eine Rätselgeschichte. Wie kommt die Entenmutter an ein überdimensioniertes Ei in ihrem Nest? Die

Frage wird noch ominöser, als das Ei aufbricht und ein monströs-hässliches Entlein herausgetaumelt kommt.

Niemand konnte herausfinden, was es war und wie es dahingekommen war. Arme Entenmutter! Wie in jeder großen Rätselgeschichte sind die Dinge nicht das, was sie zu sein scheinen. Obwohl das Entlein für eine schmerzhafte Suche, Ablehnung und Einsamkeit bestimmt war und sich schließlich in die missliche Lage dreinschicken musste, wirkte doch alles für sein letztendliches Wohl zusammen. Das gute Ende vollzog sich schließlich durch die Verwandlung in den schönsten aller Schwäne. Wandlung – oder Transformation – ist nicht schmerzlos, doch ist Schmerz schöpferisch und heilsam. Wir alle haben die Wahl zwischen den Qualen, wie sie unweigerlich aus einem unbewussten Leben folgen, oder dem heilenden Schmerz der bewussten Aufnahmebereitschaft, die sich für Wachstum einsetzt, und dem Ringen um ein Ablegen des Egoismus. Es geht nicht um die Zerstörung, sondern um die tiefe Verwandlung der Persönlichkeit.

Bei den neun verschiedenen Fixierungen des Enneagramms gibt es drei Zentren, die die jeweiligen Verhaltensmuster mitbestimmen. Das sind Herz, Bauch und Kopf. Den drei Herztypen geht es vorrangig um Beziehungen, dem Bauchmenschen um Abgrenzung und leibliches Wohl und dem Kopfmenschen um Wissen, Fakten und Systeme.

Ich lernte diese spirituelle Typologie kennen und lieben und ihren Wahrheitsgehalt zu schätzen. Es geht dabei um die Fixierung des Egos, und es ist sehr wichtig, behutsam damit umzugehen – vor allen Dingen dann, wenn es um die Typisierung der Mitmenschen geht. Um sich selbst und andere Menschen kennenzulernen, ist es wichtig zu wissen, dass sich die Fixierung mit dem Grad der Erlösung reduziert. Es geht also nicht um die guten Seiten, Begabungen und Talente, sondern um das, was sich oft belastend auswirkt: unser Ego.

Schon immer war ich auf der Suche
nach diesem unbekannten Wesen: Ich selbst!

Warum unterschied ich mich so sehr von meinen Geschwistern, warum war mir mein Vater so nah? Warum fühlte ich mich manchmal wie eine Außerirdische? Es waren nicht nur meine medialen Fähigkeiten, sondern es war meine Veranlagung, die mir Rätsel aufgab. Das Enneagramm beantwortete mir alle meine Fragen über die Identität meiner Persönlichkeit. Ich konnte mich unter den *neun* verschiedenen Egofixierungen in der *vierten* Position schnell erkennen. Dabei halfen mir meine kinesiologische Ausbildung und die Tatsache, dass ich der tragischen Romantikerin, der Individualistin und der Melancholikerin weitgehend entsprach. Es half mir sehr, zu mir zu finden, mich zu verstehen und mir zu vergeben. »Ich bin, ich weiß nicht wer, ich komme, ich weiß nicht woher, ich gehe, ich weiß nicht wohin, mich wundert, dass ich so bin, wie ich bin« – das ist ein passender Ausspruch für mich und vielleicht auch für andere. Es passte, ich war eine stilvolle Individualistin. Etwas verrückt, ausgefallen, sehr verletzlich und ständig ringend um den eigenen Wert.

Meine Gefühle von »himmelhoch jauchzend – zu Tode betrübt« bestimmen mich auch jetzt manchmal. Mit einem ausgeprägten Schönheits- und Stilempfinden kämpfe ich gegen mein Chaos an. Die *Vier* und die Ordnung wachsen selten an ein und demselben Baum, es ist eher das kreative Chaos, das sie ständig begleitet. In der Gegenwart anderer Menschen ist die *Vier* stets darauf bedacht, die nötige Aufmerksamkeit zu bekommen. Wenn sie sie nicht bekommt, nimmt sie es gern persönlich und gibt sich verletzt ihrer Opferrolle hin. Meine Geschwister und ich lebten in sehr verschiedenen Welten. Eine Brücke von der einen zur anderen Welt gab es nur selten, eher wurde mit Unverständnis reagiert. Ich versuchte immer wieder Pfötchen zu geben und zu zeigen, wie lieb ich war. Das war für das Muster der *Acht*, die meine beiden Geschwister Persönlichkeiten trugen, eine Kontraindikation. Sie reagierten oft aggressiv auf mich und schlugen eher auf meine Pfötchen, die ich dann verletzt zurückzog. Wir tragen unser Muster von Anbeginn unserer Lebenssafari über die Erde in uns, wir suchen es uns aus – schon vor der Inkarnation.

Das Enneagramm hat mich sehr bereichert, und mich erreichte eine warme Welle der Versöhnung für das, was mich ausmachte mit meinen Fehlern und Schwächen. Endlich durfte ich mich erkennen, in der Gewissheit, dass es von meiner Sorte noch mehr Exemplare gab. Ich kam also nicht von einem anderen Planeten, sondern meine Individualität hatte unter anderem mit der *Vier* – die ich war – zu tun. Ich begann, mich intensiv damit zu beschäftigen, und stellte fest, dass ich die verschiedenen Typen kinesiologisch austesten konnte.

Mit Vorliebe beobachtete ich Menschen und musste oft schmunzeln, wenn ich bemerkte, wie sehr ihr Verhalten zu ihrer Fixierung passte. Ich fing an, die *neun* Typen zu spielen, mit verschiedenen Dialekten und ihrem artgerechten Verhalten. Bald fanden sich sogar Möglichkeiten, damit öffentlich aufzutreten. Es gelang mir, das Publikum zu begeistern, denn ich bezog sie gern in das Spiel mit ein. Für meine Arbeit als Lebensberaterin waren mir das Wissen, das Verständnis und die Erkenntnis des Enneagramms besonders hilfreich. Wenn sich jemand am Telefon zu einer Therapie oder Beratung anmeldete, nahm ich die Energie auf und konnte Bezug nehmen auf seine oder ihre Persönlichkeit. Menschen fühlten sich wahrgenommen und hatten Vertrauen zu mir. Sie waren erstaunt, dass ich, ohne Näheres von ihnen in Erfahrung gebracht zu haben – wie z. B. das Geburtsdatum und andere private Details – ihre Persönlichkeit so gut erkennen konnte.

Ich wurde einmal als Enneagramm Beraterin eingeladen zu einem alternativen Gesundheitstag. Die Veranstaltung fand in einem Schlosspark statt, daher bot es sich an, meinen Stand stilvoll mit neun Perrückenköpfen zu dekorieren, um den Charakteren ihren Ausdruck zu verleihen. Ich steckte sie auf Besenstiele und ordnete sie auf dem Platz um meinen Stand herum an. Es war ein kurioses Bild, in der man die *Vier* als Kreatorin gut erkennen konnte. In der Mitte stand ein Lehnstuhl – das war der Wahrheitsfinder. Jemand konnte auf ihm Platz nehmen und etwas über sich erfahren. Ich nahm die Energie des Suchenden auf, um ihm einen Kernsatz zu sagen, der besonders zu seiner Egofixierung passte.

Die unerlöste *Acht* im Enneagramm ist z. B. bekannt dafür, dass sie sich sehr schwer damit tut, Fehler zu erkennen und um Verzeihung zu bitten. Ein alter Mann saß auf dem Lehnstuhl, abwartend, was ich ihm sagen würde. Er war eine solche *Acht*. Es war mir wichtig, die richtige Frage zu stellen und nicht etwas zu behaupten. Ich fragte ihn: *»Kann es sein, dass Sie sich schwertun, um Vergebung zu bitten?«* Atemlose Stille folgte, als sich dieser Mann seiner Erschütterung hingab und anfing zu weinen. Er war gerade in einem Lebensabschnitt, in dem ihm dieses Verhalten durch nähere Umstände deutlich gezeigt wurde. Er war sozusagen schon sensibilisiert, nun brachte ich das Fass zum Überlaufen. Als er sich wieder gefasst hatte, war er dankbar dafür und nahm sich fest vor, sich in Zukunft liebevoller zu verhalten. Ich umarmte ihn und versicherte ihm, es sei nie zu spät, sich zu verändern.

Ich erlebte viel Menschliches an diesem Tag, und meine Begeisterung für das Enneagramm stieg um ein Vielfaches. Immer mehr Menschen kamen zu meinem Platz – er erregte etwas Aufsehen, was nicht unbedingt zu meiner Absicht gehörte. Ein katholischer Priester sah dem Spiel von Weitem zu. Als ich das Finale einläutete und an ihm vorbeiging, meinte er: *»So etwas, wie sie, hätte man früher verbrannt!«* Ich entgegnete ihm mit der Frage, ob es wohl heute dafür noch Fürsprecher gäbe? Er wusste keine Antwort und verließ einfach schnurstracks unser kleines »Gespräch«.

Eines Tages lud ich ein zu einem Enneagramm Seminar, es sollte eine Woche lang dauern. Mein Ziel war es, die Teilnehmer so zu lenken, dass sie in der Lage waren, sich selbst in dieser Typologie mit ihrer Egofixierung zu erkennen. Ein stattlich aussehender Typ kam auf mich zu und meinte: *»Mit mir hast Du wenig Arbeit, denn ich weiß, ich bin eine Vier.«* Ich schmunzelte, denn ich hatte bereits ausgetestet, dass er eine *Acht* war. »Wer will schon ein böser Junge sein?« – das sagte man dieser Fixierung gerne nach –, dachte ich in diesem Augenblick, doch ich hüllte mich in Schweigen und er bekam keine Antwort von mir.

Am dritten Tag kam er ziemlich verzweifelt zu mir, er hatte herausgefunden, dass er eine *Acht* war. Ich beruhigte ihn und zeigte ihm, wie wichtig die *Acht* mit ihrem herausfordernden Verhalten für das Wachstum anderer Menschen ist.

Drei Tage nach Beendigung des Seminars stand er vor meiner Wohnungstür, mit einem Blumenstrauß und strahlendem Gesicht. Er übergab mir den Strauß und einen Dankesbrief. Mit seinen Zeilen drückte er seine Wertschätzung für das Enneagramm aus – seinen Dank, dass er zwei wichtige belastende Fixierungen bei sich erkannte, nämlich die Fehler und Schwächen der Anderen zu erkennen und sie darauf aufmerksam zu machen, während die eigenen Fehler unter Verschluss gehalten werden und von daher keine Notwendigkeit der Vergebung zu sehen ist. Als er erkannte, dass er das Muster der *Acht* hatte, ging er zu seiner Freundin, die sich von ihm abgewandt hatte, und bat sie um Vergebung für all das, was er ihr in der Vergangenheit unverblümt an den Kopf geworfen hatte. Damit gab er ihr etwas, worauf sie lange ergebnislos gewartet hatte – sie war bereit, mit ihm einen neuen Anfang zu starten.

Für mich ist es ein Phänomen, dass es für manche Menschen so schwierig ist, zu ihren Fehlern zu stehen und zu versuchen, es wiedergutzumachen, wenn sie jemandem eine Verletzung zugefügt haben. Solange ich mich z. B. noch in meinen Vorwürfen gegenüber meinem Vater aufhielt, erkannte ich nicht, dass er und ich das gleiche Muster in uns trugen. Ich machte mir nie die Mühe, ihn im Enneagramm ausfindig zu machen. Je näher ich der Versöhnung mit ihm kam, je mehr konnte ich unsere Ähnlichkeiten zulassen. Vorher war er der üble Heiratsschwindler, der mein Wesen verwundete. Mit der Erkenntnis, dass wir uns so ähnlich waren, wuchs mein Verständnis für sein Handeln. Er verließ uns, weil er sich ungeliebt und unverstanden fühlte, ich verließ aus demselben Grund dreimal meine Ehepartner. Erst sehr spät konnte ich das erkennen und zulassen. Die *Vier* ist auf der Suche nach sich selbst, und weil sie an ihrem Wert zweifelt, sucht sie die Bestätigung im Außen. Die kann sie bei einer *Neun* – die meine Mutter war – nur schwer erhalten. Eine *Neun* hat keine speziellen Werte, sie verhält sich eher neutral in ihrem Bestreben, einfach zufrieden zu sein. Sie hat Mühe, ihre Meinung zu äußern, denn sie findet sich selbst unwichtig. Weil sie sich vormacht, zufrieden zu sein, ist sie auf Bestätigung nicht so angewiesen. Wenn es um Konflikte geht, sucht sie ihre kleinen Fluchten und Nischen auf. Sie scheut die Mühe, in die Arena zu gehen, um einen Konflikt auszutragen, denn sie liebt ihre Bequemlichkeit. Mit ihrer Meinung hält sie sich zurück, entweder hat sie keine oder sie erlaubt sich keine. So taumelt sie dahin – etwas benebelt, findet nichts wirklich erstrebenswert, nichts wirklich wichtig und damit auch nicht dramatisch, um der Aussage: »*Ich bin zufrieden*« gerecht zu werden.

Darum ordnete sie sich meiner großen Schwester, die als *Acht* – eine Führerin – ein Macht- und Dominanzpotenzial hatte, lieber unter. So war es bequemer. Meine Schwester kam auf die clevere Idee, in mir, als ich zwölf Jahre alt war, eine Haushaltshilfe zu finden, als sie ihr zweites Kind erwartete. Ich wurde umgeschult in eine kleine Dorfschule auf der Insel Hiddensee und musste jeden Tag einen Schulweg von zwei Stunden in Kauf nehmen. Meine Mutter wäre in der Lage gewesen, sich auszumalen, welche Drangsal mich erwartete, aber ein Problem wirklich zu erkennen, das lag ihr fern. Sicherlich war es ihr nicht bewusst, was da auf mich zukam, denn wir kannten uns nicht wirklich – das blieb so bis zu ihrem letzten Atemzug. Ich wurde gebraucht von meiner großen Schwester, deren Anerkennung und Liebe ich bis zum bitteren Ende hinterherlief. Das war sicherlich mein Motor, um mich darauf einzulassen, ihr zu dienen. Ich bekam nach wie vor ihre Ablehnung zu spüren, und es gab Schläge auf meine Pfötchen, bis sie bluteten. Die *Acht* gehört, solange sie unerlöst ist, zu den »bösen Jungs und bösen Mädchen«. Sie steht sich selbst am nächsten und weiß, wo das größte Stück Kuchen zu haben ist. Sie ist deshalb ein so guter Lehrer für die, die wachsen wollen, weil wir das Böse in ihnen zu vergeben haben.

In dieser Aktion sah meine Schwester vor allen Dingen ihren Vorteil: Ich schlief im Schafstall, morgens holte ich vor der Schule das Vieh von der Weide zum Melken, und ich brachte es abends wieder hin. Aufgrund eines aggressiven Potenzials hat die unerlöste *Acht* eine Neigung, andere zu manipulieren und zu beherrschen, solange diese im Trüben fischen und noch unbewusst handeln. Sie hat in der Regel ein stabiles Selbstwertgefühl und steht mit den Füßen auf der Erde. Wenn sie etwas durchsetzen will, ist ihr jedes Mittel recht: Druck, Drohung oder ein ohrenbetäubender Wortschwall. Ihr starkes Misstrauen lässt sie zu den feinstofflichen Dingen, die sie nicht anfassen und sehen kann, eher auf Distanz gehen.

Meine beiden Geschwister hatten mit meinem gefühlvollen Verhalten und der Neigung zur Tranzendenz ihre Schwierigkeiten, sie erklärten mich gern für verrückt bzw. »behindert«. Die *Acht* sagt ihren Mitmenschen gern unumwunden ihre Meinung. Sie erkennt manchmal erst spät, dass sie andere damit verletzt, sie zieht sich dann grollend zurück – so war es bei meiner Schwester in den letzten Jahren ihres Lebens. Dieser Rückzug war eine Parodie voller Widersprüchlichkeiten. Auf der einen Seite hatte sie mit starkem Selbstwertgefühl und wenig Rücksicht auf die Meinung anderer gelebt, andererseits zählte sie sich im Alter zu den Ungeliebten, weil die Reaktion ihrer Umwelt anders ausfiel als erwartet. Sie trat den Rückzug an, eine bühnenreife Farce mit sehr traurigem Hintergrund.

Mein erster Ehemann war ebenfalls ein *Acht*. Er lebte in unserer Ehe die Falle dieses Zeichens: die Verleugnung. Er verschwieg mir seine Impotenz und seine Vorehe, um damit für sich einen vermeintlichen Vorteil zu haben. Darüber hinaus war er sehr bestimmend und duldete keinen Widerspruch. Ich unterstützte sein Verhalten mit meinem Opfersein, und er konnte sich bis zum bitteren Schluss so verhalten, weil ich ihm wenig Paroli bot. Mein zweiter Mann war eine *Vier*, wie ich. Er war ein Herzensmensch, hatte kaum Realitätssinn und konnte wenig für sich sorgen und für sich einstehen. Er hatte eine fixe Idee, wollte den ganz großen Kuchen, ohne sich die Hände schmutzig zu machen – der Liebe wegen. Mit dem vielen Geld wollte er mir ein Luxusleben bieten, sich selbst damit aufwerten, weil er seinen Wert ohne Geld nicht erkennen konnte. Da wir wenig über uns sprachen, war ihm nicht klar, dass ich zufrieden war mit meiner Arbeit und keineswegs ein Leben in Saus und Braus brauchte. Er hätte dieses angestrebte Luxusleben auch nicht gebraucht, aber er dachte dabei nur an mich. Die *Vier* hat Probleme damit, für sich zu sorgen und einzustehen. Die Anderen sind immer wichtiger, weiter, schöner, reicher etc., sie verdienen ein gutes Leben.

Mein dritter Ehemann war ein Kopfmensch, der seine Gefühle nicht leben konnte. Seine Wünsche und Bedürfnisse ließ er in unserer Beziehung nicht erkennen. Er war ein von der Welt abgelöster Einzelgänger. Er war hauptsächlich sachorientiert, und sein Denken und Rechnen war auf die äußere Welt gerichtet. Sein Lebensziel war die Objektivität. Um sie zu erreichen, war seine bevorzugte Methode, in einer Welt der Vorstellungen zu leben, als sei es die äußere Welt. Er beobachtete die Welt, ohne sich wirklich darauf einzulassen. Die Trennung von der Welt trennte ihn auch von seinen wahren inneren Stärken: Kommunikation, Sensibilität und Vielseitigkeit. Er konnte eine ungeheuerliche Tat begehen, weil er von seinen Gefühlen getrennt war. Niemand sollte ihn als den Initiator dieses dunklen Geschehens entlarven. Darum rechnete er sich als Mathematiker aus, wie er es anstellen konnte, damit er als Täter unerkannt bliebe. Als Kopfmensch – als der Beobachter im Enneagramm, die fünfte Persönlichkeit – war es ihm nicht möglich, eine andere Variante in diesem Spiel zu erkennen.

Das Licht am anderen Ende des dunklen Tunnels, der himmlische Strahl, der die dunklen Ecken erleuchtet und alles in die Präsenz holt – dazu brauchte es zwanzig Jahre. Zum richtigen Zeitpunkt wurde spät etwas beleuchtet, das dann von mir Kraft, Verständnis und Erkenntnis erforderte. Das eigentliche Resultat hieß Vergebung, Verständnis für den Täter und die Erkenntnis, dass ich maßgeblich daran beteiligt war. Meine Persönlichkeit und meine Seele hatten ihren Segen dazu gegeben – im Sinne von Ursache und Wirkung.

Naikan

»Nai = Inneres; Kan = beobachten«

Ich machte ein Naikan Seminar, es sollte mir dabei helfen, die letzten Mauersteine zwischen mir und meiner Mutter zu entfernen. Diese Methode dient der Vergebung und wird auch bei Straftätern im Vollzug angewandt – ich wusste um den Erfolg dieser Übung. Naikan ist ein sanfter Weg der Selbsterkenntnis, der meditative und psychologische Aspekte vereint. Die Grundlage ist die Erkenntnis, dass wir nicht nur unsere äußere, sondern auch unsere innere Welt selbst gestalten und verantworten. Diese japanische Methode ist besonders geeignet für Menschen, die den Sinn ihres Lebens suchen, die Bedeutung ihrer zwischenmenschlichen Beziehung erkennen und sich auf ihre Verantwortung einlassen wollen. Sie besteht aus drei Fragen: 1. Was hat Deine Mutter (oder jemand sonst) für Dich getan? 2. Was hast Du für sie/ihn getan? 3. Welche Schwierigkeiten hast Du ihr/ihm gemacht?

Diese Fragen beziehen sich auf einen Zeitraum von zehn Jahren, dann kann man die nächsten zehn Jahre anschauen usw. Man fängt immer mit der Mutter an. Ich war erstaunt, als ich anfing zu schreiben, was meine Mutter alles für mich getan hatte – Dinge, die bislang selbstverständlich für mich waren: meine Windeln waschen, mich zur Schule bringen, mir schöne Sachen stricken und vieles mehr. Später hatte sie mir zugehört und sich darum bemüht, mich besser zu verstehen. Die Liste war lang. Es war bis zu diesem Zeitpunkt alles so selbstverständlich, aber jetzt bekamen ihre Liebesdienste die entsprechende Würdigung. Die Beantwortung der zweiten Frage fiel viel kürzer aus. Was hatte ich für Sie getan? Vor allen Dingen hatte ich ihr meine Liebe vorenthalten. Einiges tat ich für sie aus meinen andauernden Schuldgefühlen heraus, weniger aus einem Gefühl der Liebe oder der Zugehörigkeit. Was sie mir angetan hatte, das stand hier nicht zur Debatte, denn es ging um mich, mein Wachstum und meine Befreiung. Bei der dritten Frage sah ich mich als den Paradiesvogel, der oft nicht wusste, wo vorn und hinten ist. Ich sah meine Mutter, die immer wieder versucht hatte, mich zu verstehen, und die ich ständig überforderte. Sie war so ganz anders als ich. Und ich entsprach sicherlich nicht dem Bild ihrer Wunsch-Tochter. Ich fing heftig an zu weinen, sah immer wieder sie, die bemüht war – wenigstens im Außen – das Leben erträglich zu gestalten. Und ich sah mich, die ich viele Wünsche hatte und wenig auf die Reihe brachte. Ich kann mich noch erinnern, dass ich dabei mehr eine Befreiung als ein Gefühl des Versagens und der Schuld spürte. Sicherlich sind die lichtvollen Helfer bei dieser besonderen Arbeit konzentriert dabei, um zu helfen und zu heilen.

Nachdem ich diese Übung intensiv machte, bekam ich eine Achtung vor meiner Mutter, ich sah sie, die im Krieg für uns drei Kinder den Vater ersetzen musste – die mit unermüdlichem Einsatz dabei war, Nahrung für uns zu besorgen. Diese nachträglich errungene Achtung war ein Geschenk für uns beide, denn unsere Ahnen sind mit uns in Verbindung, auch wenn die Seelen im nächsten Leben wieder auf die Erde kommen und ein anderes irdisches Kleid tragen.

Seismoran

Ich fuhr mit einer Bekannten in den Urlaub. Sie erzählte mir, dass sie Verbindung zu ihrem Schutzgeist hätte. Ich wollte das auch gern erleben, sie zeigte mir, wie sie ihrerseits die Verbindung hergestellt hatte. Ich machte nach ihrer Anweisung eine innere Reise, die mich in eine kleine Kapelle führte. Dort zündete ich drei Kerzen an – für den Frieden, die Liebe und die Harmonie. Dann bat ich meinen Schutzgeist, mir ein »Fluid« – ein Zeichen – zu geben. Ich kann nicht sagen, ob es damals eine wirkliche Verbindung gegeben hatte, aber es war ein Anfang. Meine Sehnsucht, eine Verbindung mit den lichtvollen Wesen aufzunehmen, war geweckt. Ich ging zu einem Medium, von dem ich wusste, dass sie solche Verbindungen herstellen konnte und dass Lichtwesen durch sie sprachen. In dem ersten Gespräch meldete sich **Seismoran** – mein Seelengefährte, meine Dualseele. Die Tür zum Licht war geöffnet in diesem Augenblick unseres ersten Kontaktes. Er begrüßte mich mit den Worten: *»Du bist ich und ich bin Du, Du bist über alle Maßen geliebt. Wir beide haben uns vor dieser Inkarnation eine wichtige Arbeit vorgenommen. Wir wollen den Menschen helfen, ihre Ängste und Verunsicherungen zu verlieren.«* Den Inhalt seiner weiteren Botschaft konnte ich nicht aufnehmen und darum jetzt auch nicht wiedergeben. Ich war wie paralysiert. Warum gerade ich? Ich stellte mir wiederholt die Frage. Hatte ich überhaupt Eigenschaften eines Himmelsboten? Ich war doch eher sehr menschlich, mit einem Rucksack voller Probleme. Das musste ein Irrtum sein. Ob die sich da oben auch irren konnten? Das war eine weitere Frage, die mich beschäftigte, aber niemand konnte mir darauf eine Antwort geben.

Da ich meinen Wert noch nicht erkannt hatte, konnte ich mir mich als die Auserwählte von **Seismoran** nicht recht vorstellen. Ob das nun genau meine

Bestimmung war, nachdem ich so lange nach meiner Aufgabe gesucht hatte? Diese Frage stellte ich mir als Nächstes. Ich konnte mir meine Fragen aber nicht beantworten und blieb in den nächsten Tagen in dieser Verunsicherung. Dann tauchten erneut weitere Fragen auf: Wieso hatte mein Seelengefährte mich so leiden lassen? Warum hatte er mir nicht aus der einen oder anderen Misere geholfen? Ja, hatte er es sich »da oben« gut gehen lassen, während ich – das Weib – mich auf der Erde abrackern musste? Das wäre ja ein echter Macho! Wollte er mich an sich binden, auf die Art eines mächtigen Gurus? Vielleicht war ich nichts weiter als eine Marionette? Dieser **Seismoran** zog an den Fäden, wenn er Lust hatte – so hatte ich mir einen Kontakt mit dem Himmel nicht vorgestellt, sondern mehr mit »Hosianna« und sphärischen Klängen, mit Flügelrauschen und kosmischen Düften. Nein, nicht mit mir! Ich würde ihm eine Probezeit geben und dann die Weichen stellen! Er und ich EINS – wie sollte das gehen?

Ich hatte immer wieder Sensationelles aus der esoterischen Szene gehört, aber viele Informationen entbehrten eine seriöse Basis. Ich zog mich von der esoterischen Schickeria immer mehr zurück. Natürlich gab es gute, ehrliche Therapeuten und mediale Lichtboten. Mit der Zeit konnte ich immer besser die Spreu vom Weizen trennen. Mit meinem Spirit war ich erst einmal überfordert. Ich hatte so vielen Menschen vertraut und fühlte mich oft im Nachhinein verraten und verkauft. Ich hatte auch einmal von Fopp-Geistern gehört, die nichts anderes im Sinn haben, als Menschen auf der Erde in die Irre zu führen. Ich wollte wachsam sein. Vielleicht traf ja dieser Spruch auf mich zu: »Auch ein blindes Huhn findet mal ein Korn.« Ich wollte nun endlich aus meinen Fehlern lernen und besonders wachsam sein.

In den folgenden Nächten hatte ich einen Traum: Ich befand mich in einem dunklen Wald, hatte mich verirrt und war der Verzweiflung nahe. In völliger Hoffnungslosigkeit legte ich mich auf den kühlen Waldboden und hatte das Gefühl zu sterben. Bald würden die wilden Tiere kommen und mich als ihre Beute verschlingen. Ich spürte viel Angst und fing heftig an zu schreien. Ich wollte nicht sterben und bat inständig um Hilfe. Da erhellte ein Lichtschein mein dramatisches Dasein. Eine wunderschöne Lichtgestalt in einem weißen Gewand trat aus dem Dunkel zu mir. Ich fragte: *»**Seismoran**, bist Du es?«* Er nickte zustimmend. Dann fragte er mich, ob ich seine Hilfe annehmen mochte? Was für eine Frage! Alle Zweifel, alle Ängste fielen spontan in ein Vergessen, und ich spürte in seinem Beisein wieder den Atem meiner Seele. Ich erhob mich und flüchtete in seine ausgebreiteten Arme. Da fühlte ich mich geborgen – und ein unendlicher Frieden nahm anstelle meiner Ängste Platz.

Wir schwebten beide über den dunklen Baumwipfeln, bis mein Augenmerk unter uns auf eine Märchenwiese fiel. Dort holte ich im Frühjahr Bärlauch und andere Wildkräuter. **Seismoran** ließ mich sanft auf das satte Grün nieder. Er machte mir deutlich, dass mir nun nichts mehr geschehen könne, denn ich stände fortan unter seinem Schutz. Er verabschiedete sich liebevoll von mir. Lange blieb ich noch im Gras liegen.

Mir wurde die Bedeutung dieses Traumes bewusst, und ich schämte mich ein wenig meiner misstrauischen Gedanken um meinen Seelengefährten. Ich war mir sicher, dass er in seiner bedingungslosen Liebe, die ich im Traum spüren durfte, dafür Verständnis hatte. Ich fragte mich, ob er auch schon einmal auf der Erde gewesen war. Ich konnte es bis zu unserem nächsten Gespräch kaum noch abwarten. Er meldete sich wieder durch Margret: *»Ich bin Du und Du bist ich, Du bist über alle Maßen geliebt – für das, was Du bist, nicht für das, was Du tust.«* Wir sprachen über den Traum. Es war eine Begegnung, die von ihm inszeniert wurde, um mein Misstrauen in Vertrauen zu verwandeln. Das war ihm gelungen. Ich litt damals unter heftigen Schmerzen und eingeschränkter Beweglichkeit, diese Erkrankung hatte den klangvollen Namen Fibromyalgie. Keine Therapie, kein Medikament half mir, meine Drangsal zu lindern. Wieso hatte ich diese Schmerzen und konnte mich kaum bewegen, wo ich doch seine Auserwählte war? Das fragte ich ihn nicht ohne Vorwurf. Er antwortete: *»Weil Du nicht zu Dir und Deinen Fähigkeiten stehst. Du hilfst anderen Menschen und scheust Dich, für Deine Hilfe ein Honorar zu verlangen. Alles im Universum strebt nach Ausgleich, um befriedet zu werden.«*

Er wusste also, dass ich mich scheute, Geld für meine Dienste zu nehmen. Er fuhr fort: *»Jede Tätigkeit auf der Erde ist göttlich, aber ihr habt die geistige Arbeit auf einen Sockel gestellt, da gehört sie nicht hin. Alle Menschen sind in ihrer Göttlichkeit gleich. Es ist gleich, welche Tätigkeit sie verrichten.«* Ich war immer etwas anders als die anderen, aber nun fragte ich mich: Wie konnte ich die Füße auf die Erde bringen, wie mit anderen Menschen umgehen?

Manchmal befürchtete ich, es sei ein Wahn, ein Hirngespinst – diese neue Verbindung –, bis meine mystischen Erlebnisse und der Kontakt mit **Seismoran** ganz verlässliche Formen annahmen.

Das, was sich die Seele vor der Inkarnation für ihren Weg über die Erde vorgenommen hat, findet eine Möglichkeit der Erfüllung. Ich würde sagen, die Liebe hat für alles eine Lösung. Ich liebe die Menschen und kann ihnen das auch zeigen in allen Situationen. Zeitweilig arbeite ich auch mit Ärzten und Zahnärzten zusammen, wenn sie Schwierigkeiten mit einer verlässlichen Diagnose haben. Es tut mir gut, gerade von ihnen ernst genommen zu werden.

Zwanzig Jahre sind seit dem ersten Kontakt vergangen. Ich gehe durch eine besondere Schulung und erfahre die Wahrheit über Gott und die Welt. Mein Leben hat sich durch diese Verbindung radikal verändert. Ich spüre zum ersten Mal den Atem meiner Seele. Ich erfuhr von **Seismoran**, dass wir beide auf ewig miteinander verbunden sind. Er – in diesem Leben im Geist – und ich – ein Mensch auf der Erde. Ich sprach mit dem freien Teil von mir, der nicht im Körper eingeengt und begrenzt ist. Lange brauchte ich, um das zu verarbeiten und zu begreifen, was mit mir da geschah. Von einer solchen Verbindung auf der Erde hatte ich noch nie gehört.

»Du wolltest immer etwas Besonderes sein, nun hast Du es!
Aber es ist zu Deinem Besten!«

So sagte ich zu mir selbst. Dann wiederum hörte ich in **Seismoran**s Durchsagen immer wieder die Realität, die mich gerade beschäftigte, was ich dachte oder fühlte. Die Beantwortung all meiner Fragen und die meiner Klienten – die erstaunt waren über die präzisen Antworten –, die sich um ihre Persönlichkeit und ihren Alltag drehten. Ich baute mir eine Naturheilpraxis auf und begann mit Menschen zu arbeiten, die zum Teil schwerste Depressionen hatten, dem Alkohol verfallen waren oder ihr Leben nicht mehr in den Griff bekamen.

Aber ich vergesse auch heute nie, wem ich diese wundervolle Arbeit zu verdanken habe: meinem Seelengefährten **Seismoran**, der mich seine unermessliche Liebe immer wieder spüren lässt und mir in jeder Situation hilfreich zur Seite steht. Mein Anteil an dieser wundervollen Verbindung ist meine unermüdliche Selbstarbeit, die ich trotz aller Dramen, die meinen Weg markierten, nie vernachlässigt habe. »An den Früchten werdet ihr sie erkennen« ist ein Ausspruch in der Bibel. Eine meiner Früchte ist diese einmalige Verbindung mit **Seismoran**. Obwohl ich nun schon drei Jahrzehnte lang allein lebe und mein Körper mich immer wieder an jahrelangen Missbrauch und Vernachlässigung erinnert, vergeht kein Tag ohne innere tiefe Dankbarkeit für mein neues Leben.

Meinen Traum, anderen Menschen zu helfen,
hatte ich schon als Kind in mir gespürt.

Er erfüllt sich jeden Tag aufs Neue. Ich erfuhr von **Seismoran**, dass unsere Heimat das Christus Bewusstsein ist und dass ich als Avatarin auf die Erde gekommen war – ich wollte Licht auf die Erde bringen. Wir hatten um die Möglichkeit eines Krieges vor der Inkarnation gewusst, aber nicht, ob er wirklich ausbrechen würde. Auch die Trennung meiner Eltern galt als eine Möglichkeit, aber nicht als Gewissheit. Ja, ich kann nicht behaupten, dass ich in den ersten Jahrzehnten Licht auf die Erde gebracht hatte, es war zu dunkel in mir selbst. Dazu kam, dass ich mehr ein Opferdasein führte, als mich in meiner Schöpferkraft zu leben. Dadurch, dass ich all das so heftig selbst erfuhr, kann ich mich heute in jeden Menschen einfühlen und aus meiner Verwirklichung heraus sprechen. So hatten meine durchlittenen Dramen auch etwas Gutes. Ich musste erst meine Schattenkinder weitgehend erlösen, um meinem Seelengefährten spürbar begegnen zu können. Er hatte alle Stationen mit mir real erlebt und darauf geachtet, dass weder ich selbst noch andere meinen Körper zerstörten, aber er hatte mich diese dramatischen Erfahrungen machen lassen, weil er wusste, wie sehr sie meinem Wachstum dienten.

Ich war durch eine harte Lebensschule gegangen, um durch Erkenntnis zu wachsen, zu erkennen und vom Opfer zum Schöpfer zu werden.

***Seismoran** nannte mir meinen kosmischen Namen: Seismoril*

Dieser Name bedeutet »Sonne« und »den Weg aus der eigenen Kraft gehen«. Ja, Letzteres hatte ich mit aller Härte erfahren müssen. Selbst meine Geburt musste ich alleine meistern, da sich meine Mutter verweigerte und von den Ärzten betäubt wurde. Da war selten eine helfende Hand oder eine Nische der

Geborgenheit, keine Verwandten – weder Großeltern noch Onkel oder Tanten. Aber »was uns nicht umbringt, macht uns stark«, und das bewahrheitete sich auch auf meinem Weg.

Vielfach ist es so, dass die eine Hälfte der Gesamtseele im Körper und die andere Hälfte im Geist ist. Wir – **Seismoran** und ich – werden durch den innigen Kontakt immer mehr zu einem Liebespaar. Jedoch mir fehlt da etwas, denn ich kann ihn nicht berühren, nicht kuscheln und keine Sexualität mit ihm haben. Aber es ist mir von ihm nach fünfunddreißig Jahren des Alleinseins noch einmal eine beglückende Partnerschaft vorausgesagt. Näheres würde ich von **Seismoran** nie erfahren – denn das wäre Manipulation. Es bleibt die Frage, wann es sich erfüllen wird und mit wem ich durch das goldenen Tor der Liebe gehen werde?

So darf ich in meinem hohen Alter zum ersten Mal in diesem Leben eine Partnerschaft erleben mit einem Mann, mit dem ich vor der Inkarnation diese Vereinbarung getroffen habe. Vielleicht schreibe ich darüber in meinem nächsten Buch. Auf jeden Fall wird mich **Seismoran** zu ihm führen, und wir werden leben, was wir uns vorgenommen haben. Wir haben so lange gebraucht, um unsere Schattenkinder zu erlösen, denn mit ihnen ist eine gute Zweisamkeit undenkbar. Viele dunkle Energien der Schatten sind zur Quelle zurückgegangen. Keine Energie geht im Kosmos verloren.

Ich hatte mit **Seismoran** die Vereinbarung getroffen, anderen Menschen auf ihrem Weg zur Erkenntnis und Freiheit zu helfen. Spät, aber dennoch: Wir erreichten Schritt für Schritt unser Ziel.

Fremde Energien

Ich machte eine Ausbildung zur Kinesiologin. Wenn ich Informationen von **Seismoran** brauchte, stellte ich »Ja/Nein-Fragen« und testete die Antwort kinesiologisch aus. Dadurch konnte ich in besonderer Weise meinen Klienten helfen. So ging ich mit meiner »besseren Hälfte« durch mein neues Leben – es war ein grandioses Geschenk, ein größeres konnte ich mir nicht vorstellen. Ich erfuhr durch **Seismoran** viel über meine wirkliche Identität, konnte meine Masken ablegen und mein Selbstwertgefühl zurückgewinnen.

In meiner Ausbildung zur Kinesiologin erfuhr ich alles über Fremdenergien. Wenn wir unseren Körper verlassen, leben wir mit unseren Emotionen, Sehnsüchten und Abhängigkeiten weiter. Durch das Christuslicht kommen wir zu unserer Seelenfamilie in der Kausalwelt und können unsere nächste Inkarnation auf der Erde vorbereiten. Wenn wir aus bestimmten Gründen diesem Licht nicht folgen, bleiben wir als erdgebundene Existenz im Irdischen. Es sind vor allen Dingen Seelen, die an das Fegefeuer und das Jüngste Gericht glauben, die aus Angst, gerichtet zu werden, lieber auf der Erde bleiben wollen. Nach einer Weile heften sie sich an einen Körper und benutzen den Menschen als »Wirt«. Sie leben dann von seiner Energie und nehmen Einfluss auf sein Handeln, Fühlen und Denken.

So eine Besetzung kann tragische Folgen für den »Wirt« haben. Intuition und Selbstheilungskräfte sind bei den Betroffenen blockiert, sie leiden oft unter diffusen Ängsten und Depressionen und bekommen ihr Leben eventuell nicht mehr in den Griff. Es gehört zu meinen besonderen Betätigungsfeldern, Menschen von diesen negativen Energien zu befreien. Ich erfahre von meinen Klienten viel über ihr Leid, welches sie auf ihrem Weg erdulden, und dass sie meist nicht wissen, warum sie sich so verändert haben. So werde ich oft an mein eigenes Leiden erinnert. Ich weiß heute, dass auch bei mir die Fremdenergien in den durchlebten Dramen eine Rolle gespielt haben. Umso größer ist meine Freude, den Menschen helfen zu dürfen – zusammen mit **Seismoran**, meinem Seelengefährten. Es ist oft wie ein neues Leben, das für Menschen beginnt, wenn sie von diesen Energien erlöst werden. Ich bin keine hilflose Helferin mehr, sondern mit meinem lichtvollen Team kann ich sie auf wundervolle Weise wirklich unterstützen.

Als ich meine Praxis noch nicht eingerichtet hatte und noch über freie Zeit verfügte, arbeitete ich gern in der Natur – bevorzugt auf einem ehemaligen Kriegsplatz, wo Bayern gegen Preußen gekämpft hatte. Ich sah die Soldaten, die dort ihr Leben ließen, noch in ihren Uniformen und erklärte ihnen, dass es an der Zeit sei, ins Licht zu gehen. Sie wussten oftmals nicht, dass sie ihren Körper im Kampf verloren hatten. Es war ein ergreifendes Bild, wenn sie, während die Sonne aufging, ohne Uniformen ihren Weg in die Heimat nahmen.

Ich stelle immer wieder fest, dass bei Amokläufern, Mördern, Selbstmördern oder Müttern, die ihre Kinder umbringen, die Fremdenergien mit eine Rolle spielen. Sicherlich kann man sie nicht als alleinige Ursache ansehen, aber sie bedeuten für den Menschen eine Gefahr, entweder Schaden anzurichten oder sich zu verlieren.

Wiederbegegnung

Einmal saß ich auf der Bank in dem kleinen Garten, der sich dem Haus anschloss, in dem ich damals wohnte. Plötzlich stand die Seele meiner Schwester, die zwei Jahre zuvor ihren Körper verlassen hatte, vor mir. Eine Liebe, die im Irdischen nie gelebt werden konnte, nahm ihren Platz ein und bestimmte unser Zusammensein. Sie sagte zu mir: *»Ich möchte auf der Erde bleiben, um Dir bei deiner wundervollen Arbeit zu helfen.«* Ich entgegnete: *»Karin, Du hast so ein schweres Leben gehabt, geh zu Deiner kleinen Tochter, die so früh von dir ging und sich freut, nun in der Seelenfamilie mit Dir zusammensein zu können.«* Karins Seele erinnerte sich an ihre kleine Renate und stimmte mir zu. Wir verabschiedeten uns in herzlicher Liebe voneinander und die lichtvollen Helfer zeigten ihr den Weg.

Meine Arbeit

Inzwischen lernte ich vollkommen die Seelensprache. Die Seelen sprechen durch mich, wenn sie an der Lichtbrücke stehen, um Abschied zu nehmen von ihren Lieben auf der Erde. Ich erlebe ergreifende Szenen. Ein Vater, der nie sein uneheliches Kind gesehen hatte, hielt sich z. B., nachdem er den Körper verlassen hatte, bei diesem Kind auf. Ich befreite sein Kind von seiner Energie und er sagte zu ihm: *»Ich habe Dich immer im Herzen getragen, bitte vergib mir, dass ich nicht für Dich Vater sein konnte.«* Das Kind antwortete: *»Vater, ich habe Dich so vermisst, ich will versuchen, Dir zu vergeben.«* Das ist nur ein Beispiel von vielen anderen Begebenheiten. Noch nach zwanzig Jahren dieser Arbeit werden meine Augen feucht, wenn ich Worte der Liebe, der Vergebung und des Dankes von den Seelen höre. Meine Aufgabe ist es, durch eine liebevolle Ansprache Vertrauen herzustellen, diesen unerlösten Existenzen die Angst zu nehmen und sie über die Lichtbrücke zu führen – in Begleitung ihrer und meiner Lichtwesen.

Eines Tages bekam ich einen Anruf von einer Mutter. Sie berichtete mir, wie sich ihre Beziehung zu ihrem Sohn in dem letzten halben Jahr gestaltet hätte. Er säße vornehmlich vor seinem Computer und lehne jedes Miteinander mit den Eltern ab. Vor dieser Zeit wäre er ein freundlicher, umgänglicher Junge gewesen. Seine Persönlichkeit hätte sich jedoch wesentlich verändert, und auf die Ansprache der Eltern würde er aggressiv reagieren. Ich stellte bei Thomas mehrere Fremdenergien fest, holte mir die Genehmigung seiner Seele ein, dass ich, ohne dass seine Persönlichkeit Wissen davon hätte, im Beisein der Mutter diese Arbeit mit ihm machen dürfe. Ich fing am Telefon an, seine ihn belastenden Energien zu lösen. Von Tag zu Tag, von Sitzung zu Sitzung veränderte sich das Verhalten von Thomas. Er setzte sich ohne Aggressionen wieder zu den Mahlzeiten mit seinen Eltern zusammen an einen Tisch und wurde langsam wieder der Sohn, der er vor einem halben Jahr gewesen war. Er suchte seine vernachlässigten Freunde auf, fing wieder an, Sport zu treiben, und hatte wieder Freude am Leben.

Als ich bei Thomas die letzte Energie gelöst hatte, ging er zu seinen Eltern und beteuerte, dass ihm sein aggressives Verhalten ihnen gegenüber sehr leidtäte. Aber er könne sich nicht erklären, warum er oft so »ausgerastet« sei. Die Mutter erzählte ihm von unseren Sitzungen. Sie betonte dabei, dass wir die Genehmigung seiner Seele erhalten hätten, bevor wir mit dieser Arbeit angefangen hätten. In Thomas löste die Erzählung seiner Mutter eine Menge Gefühle aus. Dann weinte er zusammen mit seinen Eltern und bedankte sich bei ihnen mit seinem Herzen, das nun wieder offen war. Das genügte ihm aber noch nicht, denn er brauchte den Kontakt zu dieser »Hexe«, durch die sich so vieles in seinem Inneren verändert hatte. Er ließ sich von seiner Mutter meine Telefonnummer geben. In dem Gespräch mit mir stellte er überraschende Fragen. Er war ein »Wissender« – ein Kristallkind, das von einer hohen geistigen Ebene kam und sich einen Platz als Lichtbringer auf der Erde ausgesucht hatte. Wir hatten ein unvergessliches Gespräch auf Augenhöhe.

Für ihn hatte sich ein wichtiges Tor geöffnet, das darauf vorbereitet war, die verborgenen Wahrheiten freizugeben. Es war nun nicht mehr nur eine gläubige Vorstellung, dass es zwischen Himmel und Erde etwas gab, das er nicht sehen und berühren konnte, sondern er hatte mit dieser Welt eine eigene Erfahrung gemacht. Seine Freude war grenzenlos – darüber, dass der Strom nun eine Öffnung hatte und fließen konnte. Er kaufte sich auf meine Empfehlung hin spirituelle Literatur und wurde immer mehr zum Lehrer seiner Eltern, die seine Freude, aber auch sein neues Wissen gerne teilten.

Eines Tages rief mich Thomas an und teilte mir mit, dass er mich persönlich kennenlernen wollte. Für einen Besuch musste er eine große Entfernung überwinden, denn er wohnte im Allgäu und ich weilte damals noch in Bad Honnef. Ich nahm den jungen Mann und seine Absicht in diesem Fall nicht ganz ernst – er war einundzwanzig Jahre alt. Aber ich lud ihn zu meinem siebzigsten Geburtstag in die Villa Schaaffhausen ein. Ein großes Fest war angesagt. Thomas kam, sah und siegte! Er verbreitete die Kunde von seinem neuen Leben und machte mir damit das allergrößte Geburtstagsgeschenk.

Ich kann mit der Hilfe der lichtvollen Helfer traumatische Erlebnisse aus diesem oder früheren Leben transformieren, was ebenfalls eine große Hilfe für die Betroffenen ist. Dabei bekomme ich durch gezielte Fragen Kenntnis über die ungelösten seelischen Konflikte meiner Klienten. Mithilfe eines »Gefühls-Mandalas« kann ich alle Emotionen eruieren, die noch im feinstofflichen Körper meiner Klienten vorhanden sind. Das können z. B. sein: gebrochener Wille, fehlende Daseinsberechtigung, gelähmte Selbstliebe und vieles mehr. Diese Emotionen übergebe ich den lichtvollen Helfern zur Transformation in Licht und Liebe. Auf diese Art und Weise durfte ich auch meine eigenen traumatischen Erlebnisse während der Schwangerschaft, der Geburt, im späteren Leben und in Vorleben erlösen. Es ist eine besondere Art der feinstofflichen Reinigung, nach der der Mensch wieder den Atem seiner Seele wahrnehmen kann.

Im November 2010 erhielt ich einen Anruf von einer Bäuerin aus der Schweiz. Sie hatte meine Anzeige gelesen und bat um meine Hilfe. Es ging um ihren Mann – er hätte schon einige schlimme Sachen angestellt, und sie würde in ständiger Angst leben, dass er ihr und den vier Kindern etwas antun würde. Er sei manchmal nicht zurechnungsfähig und selbst darüber unglücklich. Ich löste am Telefon in ihrem Beisein die Fremdenergien auf. Sie bekam von mir ein Gebet, das ihren Mann vor weiteren Energiebesetzungen schützen sollte. Es war für sie eine Überforderung, die Disziplin aufzubringen, dieses Gebet morgens und abends zu sagen. Sie hatte vier Kinder und einen Stall voller Rinder zu versorgen. So kam es immer wieder zu Zwischenfällen bei ihrem Mann Corsin. Jedes Mal, wenn sie mich in ihrer Not anrief, hatte er wieder Fremdenergien angezogen, die ihn negativ beeinflussten. Er verhielt sich normal, wenn er davon befreit war.

Die Beziehung zwischen der Frau Angela und mir wurde immer inniger. Sie hatte in mir eine Freundin gefunden, der sie alles anvertrauen konnte. Nach wie vor schwebte sie in Angst und Schrecken. Dazu kam, dass ihr Mann sie auf das Heftigste beschimpfte, was sie über sich willenlos ergehen ließ. Ich empfand meine Arbeit nicht befriedigend, war aber froh, dass nichts Schlimmes mehr geschah. Eines Tages erhielt ich von Angela einen Anruf, ihr Mann hätte die Scheune angezündet und sie wäre gerade noch rettend dazugekommen. Kurz entschlossen setzte ich mich ins Auto und fuhr in die Schweiz, um die Familie persönlich aufzusuchen. Das Risiko meiner Reise war mir bewusst, ich musste damit rechnen, von Corsin nicht akzeptiert zu werden. Ich werde den Augenblick nie vergessen, als wir uns gegenüberstanden. Es war ein lichter, warmer Augenblick – von Herz zu Herz und ohne Worte. Ich blieb eine Woche lang und konnte dabei die zahllosen Verstrickungen und Dynamiken in der Großfamilie hautnah miterleben. Manchmal bekam ich eine Gänsehaut, wenn der Umgangston meine Toleranzgrenze erreichte.

Mittags setzte ich mich zu ihnen an den Holztisch in der Küche. Ich wurde integriert – eine von ihnen – wie ein normales Familienmitglied. Von den Tischgesprächen verstand ich wenig, es wurde ausschließlich Schwyzerdütsch geschwätzt. Darüber war ich froh, denn hier ging es um Themen, die mich nicht interessierten oder von denen ich nichts verstand. Ich suchte mir als Vegetarierin vom Essen das aus, was mir entsprach: Salat, Kartoffeln, Gemüse. Ansonsten kam jeden Tag Fleisch auf den Tisch. Es war wieder einmal die Brücke zwischen den Menschen, die aus verschiedenen Fenstern schauten und doch eine Gemeinschaft bildeten, die mein Herz berührte. Meinen Besuch bei ihnen wiederholte ich dann jeden Monat, dafür wurde mir eine große Ferienwohnung in ihrem Haus zur Verfügung gestellt, die einen großen Balkon hatte. Ich platzierte dort mein Bett und genoss einen Sternenhimmel, der seinesgleichen auf dieser Erde suchte. Meine Lebensgewohnheiten unterschieden sich sehr von denen der Familie, aber ich hatte immer das Gefühl, akzeptiert zu werden. Ich wurde bei meiner Ankunft jedes Mal herzlich und mit Freude empfangen.

Die Familie wohnte auf einem Hügel, der mit Argwohn von den Menschen im Dorf betrachtet wird – mit Recht, denn in grauer Vorzeit hatte dort ein blutiger

Kampf stattgefunden, dem viele Menschen zum Opfer fielen. Ihre unerlösten Seelen waren noch anwesend und bestimmten die Atmosphäre der ganzen Gegend.

Mit **Seismoran** zusammen durfte ich Hunderte von ihnen ins Licht schicken. Die Bauern spürten danach die Veränderung zum Positiven. Sie sind durch ihre Hingabe an die Natur dem Spirituellen gegenüber aufgeschlossen, und so fand ich durch sie immer wieder Unterstützung in meiner Arbeit. Es sind bereits drei Jahre vergangen, da ich zum ersten Mal die Familie aufsuchte. In dieser Zeit hat sich vieles zum Guten gewendet. Die dramatischen Geschichten, die etwa ein Jahr lang immer wieder Inhalt unserer Gespräche am Telefon waren, finden keinen Platz mehr in der Familien Chronik. Angela hat gelernt, nicht mehr nur zu eine Rolle zu spielen, sondern nimmt jetzt auf Augenhöhe ihren Platz neben Corsin ein. Manchmal ist sie voller Erstaunen, wie sich die Familie verändert hat. Sie hat Zugang zu ihrem Anteil, der es ermöglichte, dass er mit ihr so achtlos umging. Jetzt ist das glücklicherweise nur noch Geschichte. Sie vertritt ihrer Familie gegenüber ihre Meinung und fängt an, ein eigenständiges Leben zu führen, anstatt nur zu funktionieren. Sie spürt, wenn sie wieder in dem alten Verhaltensmuster angelangt ist, und kann sich selbst korrigieren. Drei Jahre unermüdlicher *Selbstarbeit* hat das Gegeneinander zu einem Miteinander in dieser Familie gemacht.

Der Zeitgeist befasst sich viel mit der Frage, was ist Glück. Für mich war Glück immer mit Wachstum verbunden – bei mir selbst oder bei Menschen, die sich vertrauensvoll an mich wandten. Auch hier war mein Motto: »Ich helfe Dir, es selbst zu tun.« Ich fühle mich bis auf den heutigen Tag nicht mehr allein:

Mein Traum, Menschen wirklich zu helfen, erfüllt sich jeden Tag aufs Neue.

Wunden und Wunder

Über meine Verbindung zu **Seismoran** erlebe ich wundersame Situationen, wie ich sie früher in meinem Leben nicht anzog. Eines Tages hatte ich mein Auto vor der Garage geparkt und vergessen, die Handbremse anzuziehen. Ich ging um den Wagen herum, als er sich in Bewegung setzte. Es ging an dieser Stelle etwas bergab, und jeder weiß, dass man ein fahrendes Auto nicht aufhalten kann. Ich sah ein Fiasko vor mir und schrie laut: *»**Seismoran**, Du hilfst mir jetzt!!!«* Ein Wunder geschah: Eine unsichtbare Hand zog mich augenblicklich weg, das Mobil fuhr ein Stück den Berg hinab, machte eine Kurve und hielt direkt vor der Tür des Hauses. Ich blieb wie versteinert stehen und brauchte lange, um dieses Ereignis zu verarbeiten. Als ich ihm als meinem Lebensretter dankte, meinte er:

»Du selbst hast dich gerettet,
durch Dein bedingungsloses Vertrauen in die Schöpfung.«

Ich erinnerte mich an den Satz in der Bibel: »Dein Glaube hat Dir geholfen«. Unvergessen bleibt in mir diese Begegnung mit einem Wunder des Lebens – weitere Wunder sollten noch folgen. Ich möchte Dir, meine liebe Leserin, mein lieber Leser, keines dieser Wunder vorenthalten, sie sind zur Nachahmung empfohlen.

Eines dieser mystischen Erlebnisse drehte sich um meine Mutter. Sie hatte den achtzigsten Geburtstag bereits gefeiert und ihr Körper – als Spiegel der Seele – zeigte einige tiefe Runen der vergangenen Jahre ihres Lebens: Einsamkeit, Verschlossenheit und die Trennung von sich selbst und ihren Nächsten. Es gab keine Nähe zwischen uns, und doch besuchte ich sie in regelmäßigen Abständen und tat freundlich mit ihr. Die Enttäuschung darüber, dass unsere Herzen nicht zueinander finden konnten, kam immer erst dann, wenn ich Abschied nahm. Dann weinte ich manchmal hemmungslos, ohne Maß und Ziel. Weder sie noch ich fanden einen Weg, auf dem sich diese Beziehung lichtvoller gestalten konnte. Wir trugen beide das Opfergewand, und unsere Schöpferkräfte kamen dadurch zum Erliegen. Ich spürte mich zur damaligen Zeit vor allen Dingen im Leid und in meinem Schmerz, ich kam gar nicht auf die Idee, zwischen uns etwas zu verändern oder Licht in das Dunkel zu bringen.

Sie musste ihr Dasein auf einer Pflegestation in Braunschweig fristen, obwohl es eines ihrer Ziele im Leben war, nie von anderen Menschen abhängig zu sein. Es gibt Zeiten im Leben, wo sich unser Weg fortsetzt in einer Weise, die nur unser innerstes Wesen, nicht aber die Persönlichkeit bestimmt. Ihre Seele hatte in dieser letzten Abhängigkeit sicherlich wichtige Lektionen zu lernen, so nahm das Schicksal einen Verlauf, auf den die Persönlichkeit keinen Einfluss hatte. Ich besuchte sie ab und zu. Es fiel mir oft schwer, ihre leidvolle Aura zu spüren und dabei noch ich selbst zu bleiben. In mir war weder Absicht noch Möglichkeit, sie zu mir zu nehmen. Mein Bruder hätte einen räumlichen Platz bei sich gehabt für unsere Mutter, aber nicht in seinem Herzen – was ich gut verstehen konnte.

Im Alter zeigt sich das Gesetz von »Saat und Ernte« oftmals unverhohlen, ganz nackt und sehr deutlich. Warum hatte sie uns so wenig ihre Liebe gezeigt? Sicherlich konnte sie nicht einmal sich selbst liebevoll annehmen. Wie heißt es: »Liebe Deinen Nächsten, wie Dich selbst.« Eine ihrer Lieblingsaussagen war: *»Gute Medizin muss bitter schmecken.«* Diese Bitterkeit spürte sie nun unfreiwillig jeden Tag in diesem Asyl, das sie sich mit ihrer Persönlichkeit nicht freiwillig ausgesucht hatte. Eines Tages teilte sie mir telefonisch mit, dass sie an der Galle operiert werden müsse. Ich versprach mir wenig Chancen, sie davon abzubringen, um es erst einmal ohne Skalpell zu versuchen. So gab es für mich nur den Kompromiss, sie durch meine Anwesenheit in dieser Zeit zu unterstützen. Also setzte ich mich am Tag der geplanten OP ins Auto und fuhr von Frankfurt nach Braunschweig. Damals wusste ich noch nichts von **Seismoran**, doch hörte ich deutlich eine Stimme: *»Sage die OP ab, sie wird sie nicht überleben.«* Ich dachte, dieser Geist hat gut reden, wie kann ich diesen Vorschlag in die Tat umsetzen?

Kurz und gut, ich erreichte meine Mutter im Krankenzimmer. Sie war bereits mit einem OP Hemd bekleidet. Ich fragte sie, ob sie zu mir Vertrauen hätte, und sie nickte mit ihrem greisen Haupt zustimmend. Also sprach ich zu ihr: *»Wir sagen die OP ab, es ist zu Deinem Besten.«* Sie entgegnete sehr erschrocken:

»Aber was sagt der Arzt?« und *»Vielleicht müssen wir wegen unseres eigenmächtigen Handelns den Aufenthalt nun selbst bezahlen?«* Ich nahm sie in den Arm und musste schmunzeln. Sie spürte, dass mich ihre Argumente wenig überzeugten. Im selben Moment öffnete sich die Tür und der Chirurg betrat den Raum. Ich tat ganz unverblümt unsere neu gewonnene Absicht kund. Kaum hatte ich es ausgesprochen, da machte es »Plumps« und ein Stein fiel vom Herzen des Operateurs – direkt vor unsere Füße. Er konnte seine Freude nicht vor uns verbergen, wünschte uns alles Gute und verließ eiligen Schrittes den Raum.

Er hätte sicherlich nicht gern einen leblosen Körper auf seinem OP Tisch gehabt. Meine Mutter ging zu dieser Zeit durch einige Kümmernisse, und ihr Körper bestand aufgrund dessen nur noch aus Haut und Knochen. Sie hatte in den zwei folgenden Jahren keine Beschwerden mehr an der Galle, dann kam sie in stationäre Behandlung. Ich besuchte sie in der Klinik. Am Abend fragte mich die Schwester, ob ich dabei sein wollte, wenn sie meine Mutter zur Nacht bettete. Ich bejahte freudig, denn es war für mich eine heilige Handlung. Viel Fürsorge hatte dieser Abendengel für meine Mutter übrig, sie konnte damals schon nicht mehr sprechen. Ich bemerkte, dass ihr linker Arm gelähmt war, und teilte es der Schwester mit. Daraufhin sah mich meine Mutter mit großen Augen an und gab mir die rechte Hand mit einer Kraft, die mich überraschte. Es war die letzte Berührung, die ich von ihr erhielt. Zwei Stunden später – am 7. August 1990 – verließ sie ihren Körper und kehrte zu den Ahnen zurück. Ich zählte damals einundfünfzig Lenze.

An meine Mutter:

»Ich wünsche Dir, dass all Deine Traurigkeiten nicht vergeblich waren,
sondern dass Du in Deiner Berührung mit Deinen Tiefen
wieder auch Freude erleben kannst.«

Sie wurde auf ihren Wunsch hin anonym beerdigt. Es fand mit uns Geschwistern – ihren Kindern – keine Trauerfeier statt. Sie ging sang- und klanglos aus dem Leben, wie sie es sich gewünscht hatte. Es passte, es fiel uns nicht schwer, sie nun loszulassen. Keiner hat wirklich um sie getrauert. Ich habe sie nie vermisst – und doch halten sich meine Gedanken manchmal bei ihr auf und ringen um eine Antwort: Warum musste alles so kommen?

Für diese Antwort muss ich lange zurückgehen, zu ihren Ahnen und Urahnen, die auch von der Liebe träumten und sie nicht ins Herz lassen konnten, weil sie den Schlüssel zur Herzenstür nicht fanden. Ich glaube, dass die Moral und die Konventionen in dem Zusammenhang ihren Anteil daran haben, dass Menschen nicht sich selbst leben, sondern Vorstellungen umsetzen, die wenig mit ihrer Seele zu tun haben. Insofern bin ich dankbar, dass ich viel auf mich selbst gestellt war und die Moral sich schon früh verabschiedete, denn sie fand keinen sicheren Platz in meinem Leben. Meine Erfahrung mit meiner Mutter in den Jahren danach war:

Wir kehren immer wieder mit unseren Gedanken zu dem Muttergrab zurück, auch wenn wir im Außen die Stelle nicht kennen.

Heute bin ich in der Lage, mir auch all das zu vergegenwärtigen, was meine Mutter Gutes für mich getan hat. Vergebung heißt für mich, Verständnis zu haben. Wenn ich meine Gedanken in eine Richtung lenke, wo sie total überfordert war durch den Krieg, der vor der Tür stand, und durch eine Ehe, die ihr nicht genügend Halt geben konnte, beginne ich, sie zu verstehen. Als sie die Schwangerschaft mit mir beenden wollte, hat sie nicht mich wegschicken wollen, denn sie wusste nicht, wer das keimende Leben war. Ich gehe davon aus, dass sie später froh war, an ihrer Seite eine Tochter zu haben, die sich – wie sie – nach der Liebe sehnte und sich bemühte, fürsorglich zu sein.

Ziemlich bester Freund

»Ein Freund ist jemand, der den Klang Deines Herzens kennt und es zum Klingen bringt.«

Wir lernten uns in einer Gruppe kennen, die dem inneren Wachstum dienen sollte. Ich fühlte mich ziemlich verloren und bemühte mich, Anschluss an die anderen Teilnehmer zu finden. Die Anderen konnten vom Alter her meine Kinder und Enkel sein, und ich fühlte mich mit meiner Bedürftigkeit nicht wie eine Mutter, sondern eher wie ein Kind, das selbst etwas brauchte. Solandes war einer der Teilnehmer, ich nahm ihn wahr als jemanden, der über dem Ganzen schwebte und sich schwertat, sich so zu outen, dass die Anderen es verstanden. Er hatte in seiner Aura Farben, die ihn als einen spirituellen Menschen erkennen ließen. Ich hatte nicht das Bedürfnis, ihn näher kennenzulernen, denn ich brauchte Menschen, die eher mich in meinem Anderssein verstanden und annahmen. Ich wollte es leicht haben, am liebsten einen Mann zum Kuscheln finden und alles Wachstum dem lieben Gott überlassen.

Solandes dachte anders: Er kam auf mich zu in einer größeren Pause. Es gelang mir nicht, ihn abzuwehren, also ließ ich es geschehen. Es entwickelte sich ein Gespräch, er stellte mir Fragen, die ich liebend gern beantwortete. Wir verabredeten uns für einen späteren Zeitpunkt und setzten unseren Austausch fort. Ich spürte in ihm etwas Vertrautes, was mich sehr überraschte. Es schien ihm ähnlich zu gehen. Ich fühlte mich wohl und ganz in meinem Element mit ihm. Nach zwei Stunden umarmte er mich mit den Worten:

»Du bist mir im Moment der wichtigste Mensch.«

Das machte mir Angst und ich entgegnete: »Das Wichtigste sollte Dir Deine Familie sein.« In den nächsten Tagen rief mich mein neuer Freund oft an mit seinen Fragen über Gott und die Welt. Es kam ein Edelstein ins Rollen, der nicht nur Wirkung auf unsere Freundschaft hatte, sondern auch unseren Geist beflügelte. Solandes hatte eine führende Position als Manager einer großen Firma, und er überraschte mich immer wieder damit, dass er in kreativer Weise Spirit und seinen Beruf nebeneinander stehen lassen konnte.

Sechs Jahre sind seither vergangen, wir tauschen uns immer noch aus, wie am ersten Tag. Ich bekam von ihm zwar nicht die Aufmerksamkeit, die mein schwieriges Ego gern gehabt hätte, wenn es zu Tode betrübt am Abgrund stand, aber er brachte mein Herz auf seine Weise zum Klingen. Wir sind Weggefährten – gehen Hand in Hand in die gleiche Richtung, mit unseren sehr unterschiedlichen Persönlichkeiten. Es ist ein Wiedersehen, denn Solandes war in meinem Vorleben meine unglückliche Liebe. Durch eine Intrige wurden wir getrennt. Nun holen wir auf einer soliden Basis etwas nach und sind dankbar für diese Wiederbegegnung. Das nachfolgende Gedicht widme ich Solandes:

UNSER WEG

Freund, gib mir Deine Hand,
gemeinsam wird es werden.
Wir gehen in das Friedensland,
es ist auf dieser Erden.

Freund, glaub an dieses Wort
und Dunkel weicht dem Licht
Es beleuchtet uns den guten Ort,
an dem die Quelle spricht.

Freund, geh zu diesem Ort
Und Frieden kehret ein.
Bereitet Dich fürs Gotteswort
hier aus dem EW'GEN SEIN.

Freund, lass uns immer sein
in diesem trauten Hort.
Erhellt durch einen Liebesschein
sind Hast und Trauer fort.

Solandes, eine gute Nacht,
die Engel sind bei Dir.
Schlaf wohl, ich flüstere ganz sacht
den Ort in Dir und mir.

Freund, lass mir Deine Hand,
wenn Schatten Dich bewegen.
Bald siehst Du wieder Heimatland
und erhälst Gottes Segen.

Freund, hab Dank für Deine Liebe,
sie ist Heilung meiner Wunden.
Sieh` die frischen, lichten Triebe,
alles Leid ist überwunden.

Wegwarte

Ich interessierte mich für die Arbeit mit Obdachlosen und gründete eine Gruppe mit dem Namen «Wegwarte«. Wir waren etwa zehn Frauen und trafen uns einmal im Monat. Wir diskutierten, machten Pläne und entwarfen Schriften. Eines Morgens schaute ich aus dem Fenster und erblickte in meinem Garten eine große Wegwarte. Sie war mir vorher nie aufgefallen und nun war sie wie ein Himmelsgeschenk. Nach zwei Monaten hatte ich genug von der Theorie und machte meine Erfahrungen auf der Straße direkt. Ich traf in Wertheim Johannes Wert, er saß in einer Nebenstraße direkt auf dem Pflaster. Ich überlegte: »Wie kann ich ihm auf Augenhöhe begegnen? Geht das überhaupt? Wenn ich ihm Geld gebe, klappt das sicherlich nicht so gut.« Also holte ich zwei Tüten Eis, fragte ihn, ob er darauf Lust hat, und als er bejahte, setzte ich mich zu ihm auf die Straße. Ich fühlte mich nicht wirklich wohl, es war ein Experiment. Ihm schien mein Besuch zu gefallen, er erzählte freimütig, dass er in Wertheim sei, weil er den Nachnamen »Wert« trug. Ich spürte seine Sensibilität und Feinfühligkeit. Er lebte bereits seit zwanzig Jahren auf der Straße und sechs Jahrzehnte auf der Erde. Johannes gefiel mir, ich besuchte ihn regelmäßig. Wenn ich vom Sozialamt sprach, blockte er ab, er wollte davon nichts wissen.

Eines Tages nahm ich ihn mit zu mir. Ich bot ihm meine Badewanne an und schnitt ihm die Nester aus seinen Haaren. Ich hatte zu kämpfen, meine Toleranz war nicht so groß, wie es für diese Arbeit angebracht gewesen wäre. Als ich ihn zurückgebracht hatte auf die Straße, putzte ich mit Desinfektionsmitteln mein Bad und schämte mich ein wenig. Der körperliche Kontakt war mir nicht möglich, aber mein Herz war bei Johannes. Was sollte aus ihm werden? Er hatte offene Beine und sein körperlicher Zustand war nicht der Beste. Ich erkundigte mich nach einer Einrichtung für Langzeit Obdachlose.

Bei Nürnberg fand ich eine Einrichtung, in der Johannes einen Platz gefunden hätte. Ich war froh über diese Möglichkeit. Als ich ihm davon erzählte, berichtete er mir: *»Als ich heute morgen die Vorhänge zurückzog, saß da ein weißes Eichhörnchen auf dem Kirschbaum.«* Er hatte sich seine eigene Welt geschaffen und die war voller Wunder. Ich wusste, dass ich in dieser Hinsicht bei meinem Freund nichts ausrichten konnte. Noch einmal unternahm ich einen Versuch. Ich hätte eine Möglichkeit gehabt, ihn bei Freunden unterzubringen auf einem Bauernhof. Auch dieses Mal flüchtete er in seine Welt. Er erzählte mir, dass er bereits eine Wohnung hätte. Ich könne ihn besuchen und wir würden an seinem neuen Marmortisch zusammen Kaffee trinken. Ich war jedes Mal fasziniert von seiner Kreativität und seinem Talent, dem Leben noch etwas Schönes abzugewinnen. Johannes blieb, wo er war.

Universelles Leben

Mein Weg im Werk »Universelles Leben« wurde zunehmend eng und für mich belastend. Er führte mich nicht in die ersehnte Freiheit. Ich spürte Manipulation und Ausgrenzung, die nicht nur mich, sondern auch viele Weggefährten betraf. Ich beendete diesen Weg und fühlte mich mit anderen Freunden einem sogenannten Lichtkreis zugehörig, in dem es ebenfalls eine Prophetin gab. Hier hatte ich das Gefühl, gut aufgehoben zu sein. Eines Tages besuchte ich eine Freundin in der Naturklinik, die neben anderen Einrichtungen zum Werk gehörte. Als ich nach einer Stunde das Gebäude verließ, sprach mich eine Mitarbeiterin des Hauses an, um mir mitzuteilen, dass ich ab sofort Hausverbot hätte. Ich war entsetzt, auf meine Frage nach dem »Warum« gab sie mir keine Antwort. Ich hatte derartige Ausgrenzungen schon von anderen Freunden vernommen, nun betraf es mich selbst, weil ich einem anderen Lichtkreis zugehörte.

Am nächsten Tag erhielt ich ein Schreiben: *»Sehr geehrte Frau Barysch, sie haben sich in das Zimmer einer unserer Patienten geschlichen. Was sie dort gemacht haben, bleibt dahingestellt. Wir erteilen ihnen hiermit Hausverbot, auch für alle unsere Arztpraxen.«* Nun war mir klar, dass es in diesem Werk nicht mehr um Licht, Wachstum und Liebe zum Nächsten, sondern um Macht und Unterdrückung ging. Meine ehemaligen Geschwister im Geiste hatten sich gegen mich gestellt, es war wie ein böser Traum. Noch war es für mich wie eine geistige Heimat, die man mir mit einem ungerechtfertigten Verbot zu nehmen versuchte. Über diese Klinik hatte ich in meiner Diplomarbeit wohlwollend geschrieben, und auch aus diesem Grund konnte ich dieses Verbot nicht fassen. Ich schrieb einen Brief an die Verantwortlichen und forderte mein Recht, denn ich war in einer der Arztpraxen in laufender Behandlung. Nach sechs Wochen wurde das Verbot wieder aufgehoben. Mein Kampfgeist hatte gesiegt, mein Vertrauen in dieses »Urchristliche Werk« war jedoch noch weiter gesunken.

Fortan ging ich nicht mehr zu den geistigen Veranstaltungen, nur noch in die Arztpraxis und in das »Einkaufsland«, in dem es einen vegetarischen Biomarkt und ein vegetarisches Restaurant gab.

Aram

Am 29. April 1995 schaute ich in meinen Astrologie Kalender. Es ging mir nicht besonders gut. Ich wollte wissen, was der Tag so bringen würde. Ich las und traute meinen Augen nicht: *»Sie werden heute eine Begegnung haben, die ihr ganzes Leben verändert.«* Nachdem ich mich von dem Schrecken erholt hatte, schmunzelte ich und sprach zu mir selbst: *»Na, endlich kommt der Prinz auf dem Schimmel dahergeritten und alles wird gut.«* Ich verkaufte an diesem Tag Kombucha auf einer kleinen Messe in der Region, eine Freundin hatte dort einen vegetarischen Imbissstand. Ihr zur Seite stand ein exotisch aussehender Mann, der mir besondere Aufmerksamkeit schenkte. Nach etwa einer Stunde kam die Freundin wütend und voller Eifersucht zu mir und meinte, Aram spräche nur noch von mir, er wolle mit mir zusammensein usw. Ich wunderte mich sehr, denn ich war drein Jahre älter als er.

Er suchte mich des Öfteren an meinem Stand auf und klagte mir sein Leid. Man wolle ihn in Deutschland nicht mehr haben, er müsse das Land verlassen. In seiner Heimat Bangladesch würde man ihm nach der Rückkehr Schreckliches antun. Ich verhielt mich eher abweisend. Ich konnte das Verhalten des jungen Mannes nicht einordnen und das irritierte mich. Er ließ nicht locker, kam immer wieder zu mir. Dann beobachtete ich ihn, als er an einem Tisch saß und Gemüse schnitt. Er ging dabei sehr präzise und mit voller Konzentration vor, ich schenkte ihm während dieser Tätigkeit volle Aufmerksamkeit. In meinem Inneren veränderte sich die Einstellung zu diesem Mann. Vielleicht glaubte ich, dass das fein säuberlich geschnittene Gemüse etwas mit seinem Leben, seinen Ansichten und seinen Beziehungen zu tun hatte? Verfügte er über eine solche Achtsamkeit in allen Bereichen seines Lebens? Ob sich das von einem fein geschnittenen Gemüse ableiten ließ? Vielleicht war es nicht das, sondern sein

Handeln nur vordergründig, und ich hatte ihn währenddessen wiedererkannt? So, wie er mich wiedererkannte aus einem früheren Leben?

Obwohl es für ihn als Moslem nur das eine irdische Leben gab, hatte er doch in seinem Herzen eine Vertrautheit mit mir gespürt. Nun teilte ich dieses Gefühl, das ich nicht beschreiben konnte. Jetzt konnte ich sein Verhalten mir gegenüber einordnen, weil ich ähnlich empfand und sich eine Erklärung dafür anbot. **Seismoran** bestätigte mir, dass wir schon mehrere Leben miteinander verbracht hatten. Auch wenn Hautfarbe, Kultur und Sozialisation sich grundsätzlich unterschieden, blieb ein Gefühl bestehen, welches das Gemeinsame in den Vordergrund holte und das Trennende im Moment vergessen ließ. Nur so konnte ich es mir erklären.

Ich begann mich für Aram zu interessieren. Er hatte mit seinen fünfundzwanzig Jahren ein kindliches Aussehen. Seine Narben im Gesicht machten deutlich, dass er in der Vergangenheit an Pocken erkrankt war. Aram hatte wunderschöne Augen und ein bezauberndes Lächeln, das er aufgrund seiner Notlage nur selten zeigte. Er erzählte mir, dass er seine Eltern im Krieg gegen Pakistan verloren hatte, als er ein Jahr alt war. Ich sah den Säugling auf dem Arm der Mutter, als die Kugel fiel. Ich hatte keinen Grund, ihm nicht zu glauben. Wie sein Leben danach weiterging, konnte er nicht aus seiner Erinnerung holen. Er sei auf der Straße aufgewachsen. Er sei zwei Jahre lang in einer englischen Familie gewesen, dort hätte er lesen und schreiben gelernt.

Zwei Heimatlose – er und ich – hatten sich gesucht und gefunden. Ich besuchte ihn im Asylantenheim, er überraschte mich dort mit einer großen Portion Chappati – nach einem bengalischem Rezept selbst gebackene Pfannkuchen waren eine meiner Leibspeisen. Er traf mit seiner Intuition ins Schwarze. Wir aßen zusammen mit einem Selbstverständnis, als sei es nicht das erste Mal. Sein Zimmer war hell und freundlich und erinnerte mich an das präzise geschnittene Gemüse. Er strahlte etwas Reines, Unschuldiges aus, mit seinen dunklen Kinderaugen. »*Mein dunkles Licht*«, flüsterte ich manchmal in seinem Beisein. Nach dem Essen holte Aram einen kleinen Teppich aus dem Schrank, kniete sich drauf und machte sein Gebet. Es befremdete mich und gleichzeitig berührte mich diese Unterwerfung an einen mächtigen Gott. Er betete als kleiner Mensch, der die Gebote und Verbote, die geschrieben stehen, einhält. Für mich war es immer wichtig, Gott selbst zu erfahren und mich als einen Teil von ihm zu sehen. Gott war für mich bedingungslose Liebe, damit ließen sich keine

Verbote und Gebote vereinbaren. Hier war Toleranz gefragt, und die wollte ich dem heimatlosen Asylanten geben. Mir war klar, dass seine Religion vorerst sein einziger Halt in der fremden Heimat war. Meine Frage an mich selbst war: *»Kann ich ihm Halt geben?«* Ich weiß nicht, wie damals meine Antwort ausfiel. Auf jeden Fall suchte er bei mir Hilfe, Orientierung und ein Stückchen Heimat.

Mein Adoptivsohn Aram, 27, und ich, 57 Jahre alt

Aram war mit einer Religion verbunden, die sich in jeder Hinsicht von meinen Anschauungen unterschied. Es war wie ein Wunder, dass wir beide zusammenfanden. Er wuchs in einem mir gänzlich fremden Land auf und war sehr davon überzeugt, dass er den einzig richtigen Weg eingeschlagen hatte. So versuchte er in der ersten Zeit, mich an sein Ufer zu lotsen, denn ich war für ihn eine verlorene, ungläubige Christin. Mein Glauben war nach außen hin nicht so ersichtlich, und ich empfand es nicht als notwendig, in Diskussionen meine Ansichten zu vertreten. Aber die Liebe kennt viele Wege und Brücken, um Menschen miteinander zu verbinden. Zwei Menschen, durch ihren Lebensweg heimatlos geworden, fanden zusammen eine Bleibe, die an Stabilität jeden Tag etwas mehr gewann. Aram war begeistert vom Kombucha und wurde für mich eine wertvolle Hilfe. Die gemeinsame Arbeit war für unsere Zweisamkeit ein wichtiger Zusammenhalt.

Eines Tages sprach mich Aram mit »Mutti« an. Für mich war das ein Zauberwort, das meine ganze Sehnsucht nach Muttersein, aber auch das Leid mit der eigenen Mutter enthielt. Es war ein Schock für mich. Ich suchte erst einmal das Alleinsein auf, um diese Botschaft zu verarbeiten. Wollte ich für Aram eine Mutter sein, oder war ich es bereits? Das bewegte ich in mir und spürte: Dahin geht unser Weg! Freudig ging ich zu Aram und klärte mit ihm, ob er freien Herzens zu mir »Mutter« sagen und trotzdem die Liebe zu seiner leiblichen Mutter aufrechterhalten konnte. Aram wünschte sich von mir etwas Bedenkzeit und kam nach einer Weile strahlend auf mich zu. Von diesem Moment an war ich seine »Tutu«. Er versicherte mir, dass es nur eine Mutter auf dieser Erde für ihn gäbe. »Mutti« sagte er nie wieder zu mir. So hatten wir miteinander ein gutes Gefühl. Mit der Zeit kamen wir uns immer näher und tauschten Zärtlichkeiten miteinander aus. Aram hatte bislang keinen Kontakt zu einer Frau gehabt. In seinem Land – mit einer Religion voller Gebote und Verbote – waren die Chancen für Mann und Frau nicht so groß, vor der Ehe Zärtlichkeiten miteinander auszutauschen. Wir bewahrten beide eine Grenze. Für Aram war es nicht leicht, sie einzuhalten, aber er bemühte sich auch in dieser Hinsicht, Allah zu gefallen. Wir schmusten und kuschelten hingebungsvoll. Es war für mich das erste Mal, diese Zärtlichkeiten mit einem aufrichtigen Gefühl von Liebe zu geben und zu empfangen.

Eines Tages passierte es: Die Grenze wurde überschritten – Inzest zwischen Mutter und Sohn – das konnte man in diesem Fall mit Milde betrachten. Und doch war es für mich ein Problem. Auf keinen Fall wollte ich Aram in noch größere Abhängigkeit bringen. Sowieso war er schon finanziell an mich gebunden. Er hatte lediglich eine Bescheinigung von den Behörden, dass er das Land zu verlassen habe, und bekam von daher keine finanzielle Unterstützung. Ich versuchte mit ihm gemeinsam, die Behörden zu bewegen, ihm Asyl zu gewähren. Wir hatten keinen Erfolg. Ich hätte es nach Monaten des Zusammenseins mit ihm wohl nur schwer verkraftet, mich an einer Grenze von ihm für immer zu verabschieden. Ich fühlte eine Liebe zu Aram, die für mich neu war. Ich ließ mich auf ihn ein und öffnete mein Herz immer mehr für »mein dunkles Licht«.

Adoption

Zwei Monate waren vergangen, ganz unbeschwert konnte ich nicht sein, denn ich wurde mir meiner Verantwortung für Aram immer mehr bewusst. Mein Bestreben war es, vor mir selbst bestehen zu können. Halbheiten hatten meinen Weg zur Genüge gepflastert. Ich wollte Nägel mit Köpfen machen und plante die Adoption meines »Findelkindes«. Ich hatte in meiner Wohnung einen Untermieter, der ein möbliertes Zimmer bei mir bewohnte. Er suchte sich eine neue Bleibe. Die Möblierung stammte von einem Italiener, der sich in seiner Heimat aufhielt und mir gestattete, das Zimmer zwischenzeitlich zu vermieten. Zeitgleich bekam ich von ihm die Nachricht, dass er in Italien bliebe und ich frei über sein Mobiliar verfügen könnte.

Alle inneren Glocken fingen zusammen an zu läuten.

»Wenn das kein Wink des Schicksals ist, dann heiße ich nicht mehr **Seismoril**«, dachte ich. Aram zog zu mir in die Wohnung. Das Zusammenleben zeigte sich schwierig. Nun hieß es für mich, durchzuhalten und meine Lektionen zu lernen. Toleranz, Rücksichtnahme und Einfühlungsvermögen waren gefragt. Die Liebe zu »meinem dunklen Licht« half mir immer wieder, die Kraft aufzubringen, um mein neues Leben zu meistern. Ich hatte auf dem Gericht in Wertheim einen Freund, dem ich meinen Plan unterbreitete, Aram zu adoptieren. Kurzerhand erklärte er mir, dass ich mein Vorhaben mit der Adoption vergessen könnte, da wir uns erst seit drei Monaten kannten. Arams kleine begrenzte Welt brach zusammen. Wir weinten miteinander und Hoffnungslosigkeit breitete sich aus. Ich sah, wie die Behörden bei Nacht und Nebel in unsere traute Zweisamkeit einbrachen und unser letztes Stündlein der Gemeinsamkeit geschlagen hatte. Immer wieder hörte ich diese Geschichten, denn Aram hatte außer seiner Bescheinigung keine Legitimation, in Deutschland zu bleiben. Ich besann mich auf **Seismoran**. Er hatte bislang die Weichen für uns gestellt, das sollte er auch weiterhin tun. Ich bat ihn flehentlich um Hilfe.

Die kam auf leisen Sohlen und erhellte unsere Gemüter. Ich wusste, dass mein Freund Thomas auf dem Gericht auch ungewöhnliche Wege beschritt, um Menschen, die in Not waren, zu helfen. Manchmal war es ein Zahlendreher, der weiterhalf, ein unauffindbares Dokument oder anderes. Im Vordergrund stand für ihn der Mensch und nicht die Bürokratie. Ich weihte ihn in meinen Plan ein. Er wünschte mir viel Glück, das gab mir Kraft, weitere Schritte zu tun. Ich setzte mich vor ein leeres Blatt und fing an, die Geschichte von Aram und mir vom ersten Moment an aufzuschreiben. Fantasie, Realität und die Hilfe von **Seismoran** waren ein Triumvirat der besonderen Art. Aus meiner Feder floss eine glaubhafte Story – vom ersten Moment unseres erfundenen Kennenlernens in Dhaka-Bangladesch bis zur tatsächlichen Gegenwart. Ich staunte über so viel Kreativität, die mir für den guten Zweck geschenkt wurde. Der Zweck heiligt die Mittel, dachte ich, auch im Himmel, und schmunzelte über meine gelungene Geschichte.

Ich reichte sie beim Amtsgericht ein. Ein Richter, der gerade neu in Amt und Würden war, lehnte das Gesuch ab. Mein inneres Feuer war nicht mehr zu löschen. Es loderte, nichts und niemand konnte mich noch bremsen – das Projekt musste gelingen! Mein Freund Thomas gab mir den Rat, mein Gesuch beim Landesgericht einzureichen. Gesagt, getan, mir war klar, dass Aram genaue Kenntnisse von unserer erdachten Biografie haben musste. Guter Rat war teuer, er sprach wenig deutsch und ich wenig englisch. Doch die Liebe kennt alle Möglichkeiten, Brücken und Verbindungen. Wieder geschah ein Wunder: Aram verstand, um was es ging. Wir bekamen drei Monate nach unserem ersten Kontakt einen Gerichtstermin. Mit uns wurden Nachbarn aus dem Dorf eingeladen, sie sollten Zeugnis über uns abgeben, ob unsere Beziehung auch mit rechten Dingen zugehe.

Für mich war dieser Aufwand bemerkenswert und verdiente meine Anerkennung. Das Gericht machte sich Gedanken um einen jungen, Mann, den man eigentlich nicht haben wollte, und hinterfragte gründlich, ob er bei mir auch gut aufgehoben sei. Wir beide wurden unabhängig voneinander verhört, ob man unserer Geschichte Glauben schenken konnte. **Seismoran** hielt seine Hände über uns. Der Psychologie Professor, der mich verhörte, hielt vor dem Gericht ein flammendes Plädoyer für mich und unser Vorhaben. Unser Projekt fand seine Vollendung: Aram bekam meinen Namen! Meine Freude darüber konnte ich mit ihm nicht teilen, denn er brauchte Zeit mit sich selbst, um zu verarbeiten, dass er nun auch von Amts wegen zu mir gehörte.

Die Behörden waren von der Adoption weniger beeindruckt und gaben mir zu verstehen, dass diese Entscheidung des Gerichtes wenig Einfluss auf ein Bleiberecht für Aram hatte. Weiterhin mussten wir Angst und Anspannung aushalten. Ich ging von Pontius zu Pilatus, um ein drohendes Schicksal abzuwenden. Dann wurde mir klar, dass wir einen Anwalt brauchten. Es gab einen sehr erfolgreichen Anwalt für Ausländerecht in Köln, wir wohnten jedoch in der Nähe von Würzburg. Überlegungen, wie wir den Anwalt bezahlen konnten, stellte ich nicht an. Eine realistische Beziehung zum Geld lag bei mir in weiter Ferne. Wir bekamen einen Termin und fuhren nach Köln. Ich hatte gerade noch das Benzingeld in der Tasche. Der Rechtsanwalt machte mir gleich zu Beginn klar, dass er ohne einen Vorschuss von Tausend DM nicht in Aktion treten würde. Ohne zu zögern, nahm ich mein Scheckbuch aus der Tasche. Ich schrieb einen Scheck über die geforderte Summe auf den Anwalt aus, ohne mit der Wimper zu zucken. Dann senkte ich den Kopf und sprach leise zu **Seismoran**: *»Jetzt bist Du dran, der Scheck ist nicht gedeckt.«* Der Mann, der nun erstaunt den Scheck in Händen hielt, versprach, für uns erfolgreich tätig zu sein. Als wir wieder an der frischen Luft waren, meinte Aram: *»Du bist kriminell«*, konnte aber dabei ein Schmunzeln nicht unterdrücken. Ich war ganz ruhig und versprach ihm, es würde alles gut. Mein Vertrauen zu **Seismoran** war inzwischen grenzenlos gewachsen.

Wir bekamen am nächsten Tag Besuch von Edith, einer Freundin aus Bielefeld, sie wollte einige Tage bei uns bleiben. Sie gab mir zur Begrüßung ein Bündel Scheine in die Hand, es waren Tausend DM! Ich fragte sie, wie sie dazu käme. Ihre Antwort war knapp: *»Ich weiß es nicht, aber ich musste es tun.«* Edith war keine arme Frau, und sie freute sich, als sie erfuhr, wie dringend ich das Geld für die Bank benötigte – **Seismoran** konnte vieles bewirken. Der Anwalt tat sein Bestes, Aram bekam Duldung, das bedeutete, dass er sich eine Sprosse höher auf der sozialen Leiter wiederfinden konnte. Duldung bedeutete nur ein vorläufiges Bleiberecht. Die Möglichkeit, dass man uns eines Tages trennen würde, bestand also weiterhin.

Es war ein Damoklesschwert, das über uns schwebte. Immer wieder wachte ich nachts schweißgebadet auf, sah, wie dunkle Männer Aram auf Nimmerwiedersehen mitnahmen. Mein Ziel war es, diese Angst zu besiegen im Namen der Liebe. In einem Traum sah ich mich, wie ich dieses Schwert, das über uns schwebte, mit beiden Händen ergriff und eine Dornenhecke, die uns den Weg versperren wollte, damit besiegte, sodass sich uns ein breiter Pfad eröffnete:

Wir gingen Hand in Hand und waren voller Freude.

Am nächsten Tag war mir klar, dass dieser Traum für uns eine besondere Bedeutung hatte. Ich bat unsere lichtvollen Helfer um Unterstützung für unseren Weg. Unter das Kapitel »Universelles Leben« wollte ich einen dicken Schlussstrich ziehen. Sie waren unsere besten Kunden für den Kombucha, aber auf Kosten einer Abhängigkeit, die ich nun sehr kritisch sah. Ich hatte Aram auf einer kleinen Messe kennengelernt, als ich dort Kombucha verkaufte. Diesen Faden griff ich wieder auf und meldete uns auf einer Esoterikmesse als Aussteller an. Zu unseren Requisiten für das neue Abenteuer gehörte eine Portion Mut, viel Liebe zur Sache und Vertrauen zu unserer Quelle. Aram durfte sich lediglich in einem kleinen Umkreis von zehn Kilometern bewegen.

Wir eroberten mit unserem »Göttergetränk« Messen in der ganzen Bundesrepublik. Ein unerschütterliches Vertrauen und der Glaube an die göttliche Gerechtigkeit gaben uns die Kraft, Grenzen zu überschreiten und unsere Angst im Namen der Liebe in Kraft zu verwandeln. Von Berlin bis München und Hamburg machten wir uns einen Namen mit diesem Lebenselixier. Das Leben hatte uns beide Hände gereicht. Durch unsere Probleme, die wir meistern konnten, zeigte sich immer mehr unsere Verbindung. Unsere verschiedenen Sichtweisen über das Leben – als etwas Trennendes – kamen wenig zu Wort. Wir lebten unsere Gemeinsamkeiten, das, was wir vom Leben erwarteten und das, was wir einbringen wollten. Unser Erfolg auf den Messen beflügelte uns und ließ uns die Situation von Aram in einem anderen Licht sehen. Es gelang uns beiden, die Realität nicht zu dicht an uns herankommen zu lassen. Ich verdrängte die Vorstellung, von den Behörden ertappt zu werden, denn mir war klar, dass wir nicht mit einem blauen Auge davon kommen würden, wenn man Aram bei seinen »Grenzüberschreitungen« ertappen würde, sondern, dass mehr auf dem Spiel stand.

In mir festigte sich in besonderer Weise ein unerschütterliches Vertrauen zu unserer Göttlichkeit. Wir taten nichts Böses, sondern verteilten Freude und Genuss an unsere Mitmenschen. Aram überbrückte die fehlende Sprache und mangelndes Wissen über Wirkung und Gehalt unserer Ware auf den Messen mit einem Charme, der durch nichts zu überbieten war. Die Aussteller freuten sich und löschten gern ihren Durst bei uns. Mancher Gast konnte an Aram –

wegen seiner besondere Ausstrahlung – nicht vorübergehen und trank bei ihm ein Glas Kombucha. Unsere Odyssee durch die Lande dauerte zwei Jahre. Wir hatten eine Arbeit, die uns Freude machte und uns viel Abwechslung bot. Aram konnte seine neue Heimat auf unseren Reisen zu den Messen kennenlernen. Diese gemeinsame Zeit ging langsam zur Neige.

Etwas Neues stand an – das konnte ich spüren, hatte aber keine Ahnung, wie sich unser zukünftiges Leben gestalten sollte. Durch ein drastisches Ereignis wurde eine Weiche gestellt. Ein Auto erfasste mich auf offener Straße. Mit einem Schlüsselbeinbruch kam ich ins Krankenhaus. Dort hielt ich es nur eine Nacht aus. Aram konnte mit der invaliden »Mutter« wenig anfangen und zeigte mir eine aggressive Seite, die mich teilweise erschreckte. Ich war bei meinen alltäglichen Verrichtungen auf Hilfe angewiesen. Aram konnte in das neue Spiel nicht einsteigen, er war kein Samariter. Ich war enttäuscht und verletzt. Für ihn war es unvorstellbar, dass unsere Kombucha Tour nun zu Ende sein sollte. Insgeheim gab er mir dafür die Schuld. Wir entfernten uns innerlich, ich fühlte mich mit meinen Schmerzen allein gelassen und war auf fremde Hilfe angewiesen. Der Unfall hinterließ seine Spuren, ich verlor ein Stück meiner inneren Balance und hielt Ausschau nach neuen Ufern.

Aram lernte seine erste Freundin kennen. Unsere innere Distanz wurde größer. Ich spürte, dass es für mich anstand, ihn loszulassen. Er wurde zu einem Mann und nabelte sich von der Mutter ab, ich reagierte mit gemischten Gefühlen darauf. Einerseits spürte ich eine Erleichterung, mich nun nicht mehr so für ihn verantwortlich zu fühlen, andererseits tat es mir weh, den Platz in der zweiten Reihe einzunehmen. Aram ging rau mit sich selbst um, das hatte er in seinem Leben auf den Straßen von Bangladesch gelernt. Diese Seite kam immer mehr an die Oberfläche. Mein »Sohn« wurde mir fremd. Die Liebe, die uns immer verbunden hatte, konnte und durfte nun nicht mehr so gelebt werden. Für mich galt es, einen neuen Platz im Leben und in der Beziehung zu meinem Sohn einzunehmen. Ich beschloss, mich räumlich von Aram zu trennen. Auf einem Spaziergang informierte ich ihn über mein Vorhaben. Seine Reaktion überraschte mich. Die harte Schale, die ich in den letzten Monaten so sehr zu spüren bekam, wich einem verzweifelten Aufschrei. Er klammerte sich an mich und wiederholte immer wieder, wie sehr er mich liebte. Als er spürte, dass ich mich von meinem Vorhaben nicht abbringen ließ, wurde er sehr aggressiv und bedrohte mich. Letztendlich machte er es mir nicht leicht, auf Abstand zu gehen.

Ich zog zu einer befreundeten Heilpraktikerin nach Bad Berneck. Aram weinte bitterlich und zeigte erstmals Reue über sein Verhalten mir gegenüber. Es war zu spät, ich spürte, dass ich mir selbst näher sein sollte. »Mehr Freiheit und Zeit für mich« stand auf dem Tor in mein neues Leben. Mein Sohn hatte weiterhin seinen Platz in meinem Herzen, aber der Zeitgeist hatte bereits die Weichen gestellt. Ich machte in meiner neuen Heimat Seminare, Einzeltherapien und verkaufte Kombucha im kleineren Stil. Die Zeit mit meiner Freundin Christine währte zwei Jahre. Sie, deren Erfüllung es war, Menschen zu helfen, unterlag dem Kampf gegen den Krebs. Die Beziehung zu Aram bekam ein neues Gesicht. Er hatte inzwischen einen festen Arbeitsplatz und war von mir nicht mehr finanziell abhängig. Wir besuchten uns regelmäßig und verlebten entspannte Stunden miteinander.

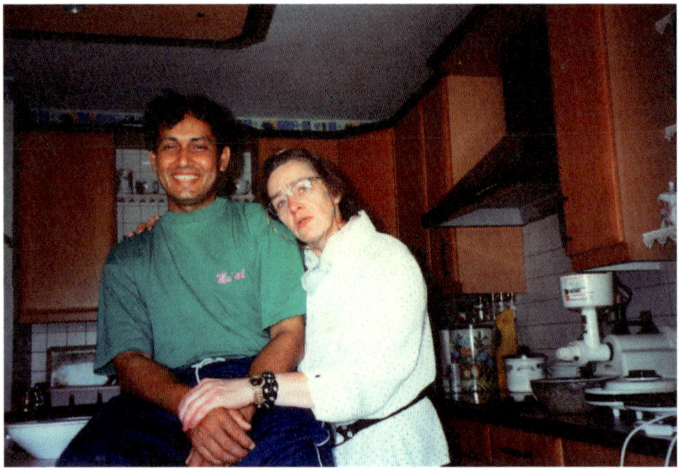

Meine Findelkinder Aram, 26, und Gisela, 49 Jahre alt

Tiger

Ich fand eines Tages eine streunende Katz vor meiner Haustür. Sie schrie jämmerlich und ihr Fell verriet ein hartes Leben auf der Straße. Ich brachte es nicht übers Herz, sie weiter schreien zu lassen, und nahm sie mit in meine Wohnung. In früheren Zeiten hatte ich meine Erfahrungen mit Katzen gemacht. Es war für mich ein besonderes Erlebnis, mitzuerleben, wie aus dem ramponierten Katzen Mädchen langsam eine Katzen Lady wurde. Sie hatte etwas Würdevolles – etwas Royales – an sich. Ich musste lange auf eine Schmusestunde mit ihr warten. Sie hatte anscheinend auch schon ihre Leidensgeschichte hinter sich und brauchte erst einmal Distanz. Ein Name musste her, mir gefiel: »Tiger«, das passte zum Design ihres Fells. Sie schien damit zufrieden zu sein und hörte schnell auf den Namen, wenn ich sie rief. Ich wohnte im vierten Stock, herumwildern in der Natur war für Tiger ausgeschlossen. Ich sann nach einer Lösung und wollte Tiger, die ich inzwischen sehr liebte, ein schönes Zuhause bereiten. Es bot sich an, das Badezimmerfenster zum Dach zu öffnen und Tiger diesen Ausgang ins Freie zu gewähren. So drehte sie jeden Tag ihre Runden auf dem Dach und schien damit zufrieden.

Inzwischen schlossen wir innige Freundschaft, sie ließ sich von mir beschmusen und dabei eine wundervolle schnurrende Melodie ertönen. Dann kam es, wie es kommen musste, sie wurde heiß. Sie wälzte sich auf dem Boden und schrie in höchsten Tönen, ihre geile Natur forderte ihr Recht. Tiger verlor alle Manieren einer Katzen Lady und gab sich nur noch ihrem Urtrieb hin. Ich schämte mich, eine Frau zu sein, und beschloss Abhilfe zu schaffen. Ich versprach ihr, sie könne sich einmal auf einen Kater einlassen und dürfe dann ein Kind behalten. Ich wusste, wie es ist, kinderlos durchs Leben zu wandern, das wollte ich ihr ersparen.

Auf dem Dach gab es keinen Kater. Wir brauchten vorübergehend ein Stückchen Natur, in dem es für Tiger Befruchter gab, also traten wir eine Reise an. Ich mietete eine Ferienwohnung mit Garten im nahegelegenen Spessart an. Tiger bekam ein Halfter um den Bauch mit einer langen Leine, die im Garten an einem dicken Haken an der Hauswand befestigt war. Tiger war nun präsent für die Kater aus der Nachbarschaft, und ich brauchte nicht zu befürchten, dass sie das Weite suchte. Jedenfalls dachte ich das, aber weit gefehlt! Bereits nach einer halben Stunde fand ich im Garten ein leeres Halfter und von Tiger weit und breit keine Spur. Ich war wie gelähmt und fassungslos. Wie konnte sie das Halfter verlassen? Das blieb für immer ein Rätsel. Ich suchte sie verzweifelt am ersten Tag unserer Reise und verlor gegen Abend jede Hoffnung auf ein Wiedersehen. Der Zweck unserer Reise war ein Katzenkind, nun gab es auch keine Katzenmutter – und ich war traurig.

Am dritten Tag hörte ich einen lauten Katzenjammer im Garten. Dort fand ich Tiger, sie sah sehr mitgenommen aus und wollte für die nächsten Tage nur noch drinnen auf meinem Schoß bleiben. Ich erhoffte mir Nachkommen und untersuchte ständig den Katzenbauch. Er blieb, für mein Gefühl, wie er immer war: keine auffallende Rundung, kein neues Leben in Tiger. Ich fragte die Engel, aber sie gaben keine Antwort. Auch Tiger ließ sich nichts anmerken, sie verhielt sich wie immer. Eines Tages bemerkte ich, dass sich Tiger einige Stunden nicht blicken ließ. Ich rief sie, sie kam und hatte im Maul ein kleines, weißes, quietschendes Bündel: Unser Kind war geboren! Genau nach Wunsch: nur eins! Ich nannte unser Baby »Fidelio«. Für mich war das Geschlecht vorerst nicht zu erkennen. Später, als ich den Kater identifizierte, wurde daraus »Filou«. Tiger hatte bis dato jeden Morgen auf meiner Brust gelegen und mit mir hingebungsvoll geschmust. Damit war es schlagartig vorbei, denn ich schmuste nun auch mit ihrem Sohn. Sie übertrug auf ihn diese Aufgabe und war in ihrer Abgrenzung konsequent.

Meine Katze Tiger auf ihrer täglichen Runde
über das Dach unseres Wohnhauses

Villa Schaaffhausen

Wir hatten das Jahr 2004, als ich das Signal vernahm, meinen Lebenskompass in eine neue Richtung zu stellen. In mir machte sich ein gewohntes Gefühl von Heimatlosigkeit breit. In meinem Inneren hatte ich noch nicht Wohnung genommen und Schutz und Geborgenheit suchte ich im Außen oder bei anderen Menschen. Mit einer Freundin besuchte ich in Bad Honnef den Tag der offenen Tür des Seminarzentrums »Villa Schaaffhausen«. Viele Aussteller boten ihre Waren und ihre Künste im Park und in den historischen Gebäuden an. Auf mich machte dieses Geschehen wenig Eindruck, ich war zu sehr mit meiner persönlichen Situation beschäftigt, um mich darauf einzulassen. Nur vier Wochen später besuchte ich ein Seminar in Wertheim, in dem es um rohköstliche Ernährung ging. Dort traf ich Lisa und Gustav, die die »Villa« leiteten. Was hatte das zu bedeuten, fragte ich mich, um recht bald eine Antwort darauf zu bekommen. Lisa suchte sogleich den Kontakt zu mir. Sie erkannte mich wieder vom Tag der offenen Tür – mit meiner außergewöhnlichen Kleidung sorgte ich dafür, dass man sich an mich erinnerte, wenn man mich einmal gesehen hatte.

Es ergab sich, dass die beiden keine Unterkunft hatten. Ich bot ihnen mein Gästezimmer an. Auf dem Weg zu meiner Wohnung berichteten sie mir von einem jungen Moslem, den sie adoptieren wollten. Ich berichtete von meinen Erfahrungen mit Aram und versprach ihnen Hilfe. Zu Hause erwartete mich Tiger, meine Katze, die gerade ihren Sohn Filou zur Welt gebracht hatte. Wenn wir Besuch hatten, nahm die Katzenmutter ihren Sohn in die Schnauze und trug ihn in einen geschützten Winkel. Als Lisa in der Tür stand und Tiger erblickte, fragte sie nach dem Katzenbaby. Tiger lief stehenden Fußes los, holte Filou und legte ihr das Katzenbaby vor die Füße. Es war wie ein kleines Wunder, das sich da gleich am Eingang zu meiner Wohnung zeigte – es blieb nicht das Einzige.

Am Abend machte ich mit Lisa eine Sitzung, um sie wieder in ihre Mitte zu bringen. Am nächsten Morgen nach dem Frühstück überlegte ich, wie viel Geld ich von den beiden verlangen wollte. Da hörte ich deutlich die Stimme von **Seismoran**: *»Nimm von ihnen kein Geld!«* Im Moment war ich etwas empört und meinte: *»Dann komm mal hier runter und schau Dir alles gut an. Mein Portemonnaie ist leer. Du hast gut reden von Deiner Ebene der Fülle und Grenzenlosigkeit aus. Du weißt doch gar nicht, wie es ist, jeden Tag um die Materie zu kämpfen.«* Dann kam mir der Gedanke, dass er vielleicht doch Bescheid wüsste, denn wir waren eins. Noch immer war das für mich unvorstellbar.

Mein bedingungsloses Vertrauen jedoch führte mich und ließ mich beim Abschied sagen: *»Ich nehme kein Geld von Euch, ihr seid Freunde.«* Eine Träne der Rührung und Freude rollte über Lisas Gesicht, dann nahm sie mich in den Arm und lud mich für eine Woche in ihr Zentrum ein. Ich nahm diese unerwartete Einladung an. Als ich die Tür nach meinen Besuchern schloss, nahm das gerade Erlebte von mir Besitz. Etwas Mystisches bahnte sich hier seinen Weg. **Seismoran** hatte etwas mit mir vor, auch wenn ich nicht wusste, was es war. Die Antwort ließ zwei Monate auf sich warten. Ich fuhr zu Lisa und Gustav nach Bad Honnef in ihr Zentrum. Ich fand Gefallen an den historischen, im Tudorstil erbauten Gebäuden und bezog ein Zimmer im Turm. Von dort hatte ich einen herrlichen Blick auf den angrenzenden Park mit seinen alten, mächtigen Bäumen. Später erfuhr ich von einem sensitiven Schamanen, dass die Bäume schon in der Gründungszeit nach Feng Shui in besonderer Weise angeordnet wurden, um sich gegenseitig Hilfe und Ergänzung zu sein.

Zur Bewirtschaftung der Villa waren ca. zwanzig Mitarbeiter angestellt. Sie kamen aus aller Herren Länder, nur vereinzelt kam jemand aus Deutschland. Ein chronischer Geldmangel ließ die Betreiber ihr Augenmerk auf die richten, die keine zu hohen Gehaltsansprüche stellten. Das Ambiente entsprach eher einer Jugendherberge als der historischen, adligen Vergangenheit – ein absolutes Kuriosum zwischen Innen und Außen. Die Atmosphäre und das pulsierende Leben waren starken Schwankungen unterworfen. Die Gruppe entsprach einer bunt zusammengewürfelten Familie, die in jeder Hinsicht täglich ihre Grenzerfahrungen machte. Allen voran Lisa, die stets mit viel Krach für Ruhe sorgte. Sie hatte ein starkes Kontrollbedürfnis, das vor nichts und niemandem Halt machte. Sie hatte ein einfaches Gemüt und fühlte sich anderen Menschen gegenüber leicht unterlegen. So war sie in einem ständigen Fluss zwischen Macht und Ohnmacht, Siegerin und Besiegten. Sie war von gedrungener Gestalt und bemühte sich ständig, ihr Aussehen vorteilhaft zu verändern. Ihr zur Seite stand ihr Ehemann Gustav, ein wohlwollender Theologe, der durch ihre Übermacht immer mehr Selbstschutz entwickelte.

Mein ursprünglich geplanter Aufenthalt von eine Woche verlängerte sich um mehrere Tage. Lisa fand in mir eine Freundin, die ihr geduldig bei all ihren Problemen zuhörte und ihr mit Rat und Tat zur Seite stand. Obwohl ich nicht frei von Bedenken war, beschloss ich nach zwei weiteren Aufenthalten, in die einzige kleine freie Wohnung in der Villa zu ziehen. Ich verkaufte mein Mobiliar für Dreihundertfünfzig Euro und bezahlte damit einen Fahrer, der meine restlichen Habseligkeiten in seinem Transporter verstaute und in meine neue Diaspora brachte. Tiger und Filou fuhren mit mir in meinem Auto. Lisa hatte schon mehrere Katzentüren für ihre zwei neuen Freunde anbringen lassen. Mir war klar, dass mich **Seismoran** in ein Feld unzähliger Lektionen führte, die mir drei Monate vorher von Tiger und Filou durch ihre Hingabe an die neue Freundin sehr deutlich vor Augen geführt wurde.

Am Umzugstag machte mir Lisa deutlich, dass ich mich bei mir abzumelden hätte, wenn ich das Haus verließ. Ich schluckte dreimal und behielt meine Meinung darüber für mich. Als es dann so weit war und ich mich brav bei ihr abmeldete, fragte sie: *»Wohin gehst du?«*, worauf ich antwortete: *»In die Diskothek.«* Sie hat mich nie wieder gefragt, wohin mein Weg geht. Bei den Mitarbeitern wurde es zum geflügelten Wort: »**Seismoril** geht in die Disko.« Ich genoss das Team der Mitarbeiter sehr, das mich als Freundin in seine Mitte aufnahm. Bis zum Schluss genoss ich das Vertrauen, das mir entgegengebracht wurde. Wenn ich einige Tage aushäusig war, hörte ich bei meiner Rückkehr: *»Du und Dein fröhliches Lachen haben uns gefehlt.«* Auf das Wohlwollen der Mitarbeiter reagierte Lisa oftmals aggressiv. Sie hatte von ihrem Wesen her viel Ähnlichkeit mit meiner Schwester. Ich sah hier eine Chance, mich zu behaupten und für mich einzutreten, ohne den Anderen zu verletzen. Es gelang mir nicht so oft, wie ich es mir wünschte. Manchmal machte ich gute Mine zum bösen Spiel und fühlte mich danach nicht gut. Ich liebte Lisa auf eine mir ungewohnte Art. Wir schauten aus verschiedenen Fenstern auf die Welt, hatten gegensätzliche Wege beschritten und fanden doch eine Ebene der Gemeinsamkeit, des Verstehens und des Füreinanderdaseins. Es fiel mir nicht schwer, mich in Lisas Gefühlswelt zu versetzen und dabei ihr gutes Herz zu erkennen.

Mein neues Domizil bestand aus zwei winzigen Zimmern. Angeschlossen war eine riesige Dachterrasse, die nicht betreten werden durfte, da sie nur mit Dachpappe ausgelegt war. Verbotene Früchte schmecken besonders gut, so lenkte ich meine Schritte heimlich auf dieses Territorium und erblickte fassungslos eine Aussicht, die kaum zu überbieten war. Mein Blick fiel auf die großen Bäume im Park und in der Ferne auf den Vater Rhein. Das hätte ich mir in meinen kühnsten Träumen nicht vorstellen können. Das sollte mir vorenthalten werden? Unvorstellbar! Ich flehte um Hilfe bei **Seismoran**, und die kam schneller, als ich es für möglich hielt. Eine meiner Klientinnen rief mich an mit der Frage, ob sie mir Tausend Euro überweisen dürfe, da ich ihr durch meine Therapie sehr geholfen hätte – es waren gerade einmal drei Tage nach meinem Hilferuf vergangen. Ich fragte sie, ob sie es sich gut überlegt hätte, und als sie das bejahte, nahm ich das Geschenk des Himmels dankend an. Ich legte die Terrasse mit Holz aus, ließ die Wände streichen und richtete mir einen paradiesischen Garten ein, der mir auch im Winter – mit einem Daunenschlafsack – als Schlafgemach diente.

Für meine zwei Katzen eröffnete sich ebenfalls ein Paradies. Sie hatten einen großen Park zu ihrer Verfügung und kamen jederzeit – dank Lisas Türen – an ihre Fressnäpfe. In der Villa änderte sich Tigers Verhalten. Sie begleitete mich auf Schritt und Tritt. Sie erkannte das Geräusch meines Autos und war stets zur Stelle, wenn ich nach Hause kam. Einmal folgte sie mir mehrere Kilometer bis zu einem Restaurant und blieb vor dem Eingang zwei Stunden sitzen, um mit mir gemeinsam wieder den Heimweg anzutreten. Auf eine gemeinsame Schmusestunde ließ sie sich jedoch weiterhin nicht mit mir ein. Von den Gästen erfuhr ich hin und wieder, wie hingebungsvoll sie mit Tiger geschmust hatten. Sie war wirklich sehr konsequent, und das blieb so bis zu unserem letzten Stündlein.

Intelligenz des Herzens

Es war im Februar, die Straßen waren gefroren. Die Menschen waren froh, wenn sie eine warme Wohnung ihr Eigen nennen konnten. Ich kam aus einer Apotheke und wollte schleunigst den Heimweg antreten, da sah ich einen Bettler, er kniete auf dem eisigen Boden. Ich gab ihm – wie bei mir üblich – Zwei Euro und zwang mich weiterzugehen, denn ich bemerkte, wie seine Hände zitterten. Ich wollte an mich und meine warme Wohnung denken. Nach hundert Metern traf ich einen Bekannten und blieb zu einem kleinen Plausch stehen. Nach einigen Minuten spürte ich, wie sich eine Hand von hinten auf meine Schulter legte. Ich wendete meinen Kopf und sah in das völlig verzweifelte Gesicht des Bettlers. Ich war in der Tiefe meines Herzens erschrocken und berührt. Dann nahm ich ihn in den Arm und ließ ihn schluchzen. Als er nicht aufhörte, öffnete ich mein Portemonnaie und entnahm den letzten Schein. Da vernahm ich meinen Verstand: *»Merkst Du nicht die Show, die dieser dir liefert?«* Ich schüttelte den Kopf, nein, das war keine Mache, das war echt. Ich merkte auch, dass der Schein nur ein Tropfen auf dem heißen Stein sein konnte. Er stammelte unter Tränen einige Brocken Deutsch. Ich verstand *»Tschechien, Mutter krank, Zug und Ticket.«* Nun fing mein Plausch-Partner – ähnlich wie mein Verstand – an zu argumentieren: *»Glaub dem kein Wort, das ist nur Mache.«* Ich herrschte ihn an: *»Entweder du öffnest dein Herz oder Du gehst weiter.«* Er zog grußlos weiter. Kurz entschlossen ging ich mit meinem neuen Freund zu meinem Auto und wies ihm den Beifahrersitz zu. Auf der Fahrt bemerkte ich, wie sich sein völlig verzweifelter Ausdruck löste und einem zarten Lächeln Platz machte. Ich hielt vor der Sparkasse. Vor dem Geldautomaten fragte ich **Seismoran**: *»Was braucht er, Fünfzig? – nein. Hundert? – nein. Hundertfünfzig? – ja.«* Ich holte sie aus dem Automaten und musste mich von meinem Verstand fragen lassen, ob ich noch **Seismoril** heiße. In diesem Moment verließ mich mein gutes Gefühl. Ich ging in eine stille Ecke und vergewisserte mich, ob es tatsächlich diese Summe sein sollte. Ich bekam wieder ein klares *»Ja«*.

Nun war es wieder da, dieses Gefühl – so und nicht anders, fast eine Selbstverständlichkeit. Ich gab meinem Beifahrer das Geld so, als wäre es ein Taschentuch. Er bedankte sich herzlich. Ich entließ ihn am Bahnhof und fuhr nach Hause. Auf der Fahrt hielt das gute Gefühl weiterhin an, fast als hätte gerade mir jemand etwas geschenkt. Doch immer wieder vernahm ich auch ein Staunen über mich selbst. Das Ganze muss einen tieferen Sinn haben, sagte mir meine Intuition. Ja, so war es! Ich erfuhr am nächsten Tag von **Seismoran**, dass sich die Seele des Bettlers und meine Seele in jeder Inkarnation treffen und wir uns immer gegenseitig helfen. Es war also die Intelligenz des Herzens bei uns beiden, die uns für diesen Akt der Barmherzigkeit zusammenführte. Ich bat mein Herz, mich weiterhin so zu führen, denn »man sieht nur mit dem Herzen gut.« Diese Freude hätte ich mir auch für das Zehnfache dieser Summe nicht kaufen können.

Manus und Max

Eines Tages reisten Manus und Max an. Es war ihre Hochzeitsreise. Sie bezogen unser royales Doppelzimmer, direkt unterhalb meiner kleinen Wohnung in der Villa Schaaffhausen. Sie machten keinen Hehl aus ihrem Anderssein – ihrer Homosexualität – und schmusten miteinander, auch wenn andere Gäste dabei waren. Das sprach sich im Mitarbeiterteam mit einem positiven Tenor bald herum. Ich war neugierig und richtete meine Frühstückszeit so ein, dass ich den beiden am Morgen im Speisesaal begegnete – wir wurden Freunde. Besonders Manus und ich verstanden uns auf Anhieb. Wir hatten etwas gemeinsam, wir unterschieden uns von dem, was allgemein üblich war. Manus war ein ungewöhnlicher Mann mit einem großen Herzen, der mir seine Liebe sehr blumig und leidenschaftlich zum Ausdruck brachte.

Eines Tages fragte ich das Paar, ob sie mit mir einen Ausflug nach Köln in ein besonderes Lokal machen würden. Manus meinte: *»Wir kommen nach, in zwei Stunden.«* Ich wartete geduldig in dem Lokal, als plötzlich die Tür aufging und eine sehr auffallend gekleidete, rothaarige Dame die Blicke auf sich zog. Netzstrümpfe zierten die langen schlanken Beine. Der Minirock bedeckte nur das Allernotwendigste. Ein pinkfarbener Pulli war eng über einem prallen Busen gespannt. Mir blieb der Mund offenstehen, den Männern lief das Wasser im Mund zusammen. Es war Max, verheiratet mit Manus, meinem neuen geliebten Freund! Nie hätte ich Max, der auf mich eher einen nüchternen, männlichen Eindruck machte, diese besondere Affinität zur weiblichen Welt zugetraut. Er besaß für besondere Zwecke eine Garderobe, um die ihn viele Frauen beneiden würden. In dieser Verkleidung trat er zusammen mit Manus auf Bällen und in edlen Etablissements auf.

Manus und mich verbindet seit vielen Jahren eine besonders herzliche Freundschaft. Er und Max sind immer noch glücklich miteinander verheiratet.

Neues Land

Der Erhalt der Villa geriet in den Jahren meines Verweilens des Öfteren ins Wanken. Einnahmen und Ausgaben fanden nicht die notwendige Übereinstimmung. Es drohte die Insolvenz. Gustav erkrankte und verließ die irdische Ebene. Seine Asche wurde – über Umwegen – im Park der Villa beigesetzt. Lisa nahm nun beide Ruder in die Hand. Sie war oft überfordert und es war zu spüren, dass es ums Überleben ging. Sie fand über eine lange Zeit Nischen und Möglichkeiten, um das Haus zu erhalten, bis das Ende unweigerlich in Sicht war.

Ich lebte fünf Jahre in der Villa bei meinen Wahlverwandten, als **Seismoran** das Ende dieser Ära ankündigte. »*Wir verlassen in absehbarer Zeit diesen Platz*«, teilte er mir mit. Er war in seinen Offenbarungen inzwischen zum »Wir« übergegangen. Damit bekundete er unsere Verbindung, die immer enger wurde. Mir war durch meine Erfahrungen mit **Seismoran** klar, dass ich diesem Ruf nicht Folge leisten musste. Ich war frei, das hatte er mir immer wieder bestätigt, wenn ich mich gegen einen Rat von ihm entschieden hatte. Wenn es um kleinere Entscheidungen ging, ermunterte er mich immer, der Stimme meines Herzens zu folgen, und nur dann, wenn Freude mit im Spiel war, mich dafür zu entscheiden.

Es ist hier auf der Erde nicht immer einfach, sich von der Freude leiten zu lassen. Sie fehlt bisweilen, und trotzdem müssen wir uns entscheiden. In diesem Fall war eine Entscheidung nicht zu umgehen, denn das geistige Fundament des Seminarzentrums fing erheblich an zu bröckeln. Die Insolvenz konnte nun nicht mehr aufgehalten werden. **Seismoran**s Nachricht bereitete mir erst einmal eine schlaflose Nacht. Ich besann mich auf all das Schöne, was diesen Platz ausmachte, meine liebevolle Beziehung zu allen Mitarbeitern und Gästen, der wundervolle Park mit seinen alten Bäumen, meine paradiesische Dachterrasse mit Himmelbett – draußen unter dem Himmel – meine beiden Katzen…

Andererseits war auch eine Tristesse eingezogen, der sich niemand mehr verschließen konnte. Ich kam mir vor, wie ein Matrose, der das sinkende Schiff verließ. Aber was konnte ich machen, um das Schicksal abzuwenden? Mir war klar, dass der unabänderliche Zeitpunkt gekommen war und das Wasser das Schiff schon erreicht hatte. Ich vertraute meinem **Seismoran** und war mir sicher, dass er bereits einen neuen Platz für uns mit seinem großen Licht ausgeleuchtet hatte. Es galt für mich nun, diesen zu finden. Mein Gefährte würde niemals sagen: »Wir gehen jetzt nach sowieso«, sondern er sagte: *»Schließ Deine Augen, was siehst du?«* Ich sah Wasser. Ich dachte, es geht ans Meer, vielleicht nach Lanzarote, wo mir eine Mitarbeit in einem spirituellen Zentrum angeboten worden war. **Seismoran** verneinte, diese Erfahrung brauchten wir nicht mehr. Dann fiel mir ein, dass es viele Seen in Deutschland gab, und testete sie der Reihe nach durch. Bis ich den Bodensee als Favoriten eruierte. Auf die gleiche Weise fand ich den Ort Lindau.

Mit gemischten Gefühlen nahm ich Abschied von meinen Wahlverwandten in der Villa und von Tiger und Filou. Eine Freundin von mir erklärte sich bereit, sie in ihre Obhut zu nehmen. Filou trauerte lange um unsere Schmusebeziehung. Tiger verhielt sich souverän, sie hatte den intimen Kontakt mit mir schon länger aufgegeben und kam so leichter über die Trennung hinweg. Meine wenigen Besitztümer stellte ich bei einer Freundin unter. Ich wusste, dass die Villa verkauft werden sollte und dass auch für meine Wahlverwandten eine Ära zur Neige ging. Das war mir einerseits ein Trost, andererseits taten sie mir leid, denn sie verloren nicht nur ihre Arbeitsstelle, sondern auch ein Gefühl von Heimat, dass sie in der Villa hatten finden können. Es waren ausschließlich Menschen, die ihre Heimat verloren oder verlassen hatten. Ich hatte inzwischen in mir selbst Wohnung genommen und von daher weniger Angst vor meiner Zukunft.

Ich verließ mich auf **Seismoran** und seine Führung. Im November 2009 landete ich auf der Insel Lindau. Ich hatte mir eine Pension ausgesucht, die zu einem annehmbaren Preis ein Winterquartier mit kleiner Küche anbot. Mein Auto hatte ich mit ein paar Habseligkeiten vollgepackt, sodass ich gerade noch selbst hineinpasste. Das Quartier erwies sich als passend für meine Bedürfnisse. Die Inhaberin war eine besonders warmherzige, verständnisvolle Frau. Sie war erst einmal meine Ansprechpartnerin und nahm bald an meiner ungewöhnlichen Beziehung zu **Seismoran** Anteil. Ich bewunderte sie, denn sie hatte nicht nur eine Pension, sondern auch ein Herrenausstatter Geschäft in demselben Haus zu leiten. Trotzdem hatte sie ein Ohr für einen »Geist«, den sie nicht sehen und hören konnte. Jeweils am Morgen führte mich mein Weg durch ihren piekfeinen, eleganten Laden. Die Verkäuferinnen nahmen ebenfalls Anteil an mir – dem Paradiesvogel mit einem Geist im Schlepptau. Sie ließen nicht locker, bevor sie nicht alle Details von meiner Beziehung der besonderen Art mit **Seismoran** erfuhren.

Ich freute mich über diese Brücke, die sich mir zeigte zwischen den zwei Welten. Ich hatte inzwischen so viel Selbstwertgefühl, dass ich ohne große Hemmung von meinem außergewöhnlichen Tun berichten konnte. Die erste Brücke zwischen zwei Welten hatte ich errichtet, als ich Aram aus einem fernen unbekannten Land adoptierte.

Mir liegen Brücken zwischen den Menschen besonders am Herzen,
weil sie mir selbst oft zu anderen Menschen gefehlt hatte.

Wir können die Brücke jederzeit mental herbeiwünschen, dann ist sie da zur Freude derer, die über sie gehen, und derer, die zum Empfang bereit sind.

Meine Zeit in der Pension auf der Insel Lindau war begrenzt auf fünf Monate. Ab April wurde das Apartment pro Übernachtung teurer vermietet. Es galt für mich weiterzuziehen, ich machte mich also auf die Suche. Alle Ferienwohnungen wurden nun in der Saison teuer vermietet – in diesem Urlaubsparadies, in dem ich mich befand. Nichts ahnend ging ich zu einer spirituellen Veranstaltung. Dort war das Thema: »Der richtige Zeitpunkt«. Ich erzählte den Teilnehmern von meiner Suche nach einem Dach über meinem Kopf und dass ich auf den richtigen Zeitpunkt wartete, um endlich mein eigenes Refugium beziehen zu können. Am nächsten Tag bekam ich einen Anruf von einem Mann, der über die Veranstaltung einen Film gedreht hatte und währenddessen meinen Worten lauschen konnte. Er bot mir seine Wohnung an, denn er hatte ein Anwesen in Portugal, wo er sich für die nächsten drei Monate aufhalten wollte. In drei Tagen ginge seine Reise los. Ich kochte einen großen Topf Essen und machte mich auf den Weg. Ich fand zwei liebenswerte Menschen, mit denen ich mich gern an einen Tisch setzte, um alles zu besprechen. Schnell war für alle Beteiligten klar, dass wir das Wohnprojekt starten konnten. Ich fühlte mich dort wohl, aber ein Damoklesschwert schwebte auch über dieser Bleibe, denn mein Aufenthalt war zeitlich begrenzt auf drei Monate.

Seismoran ließ sich etwas einfallen. Ich traf auf der Insel eine Bekannte, die ich zehn Jahre lang nicht gesehen hatte. Sie bat mich, sie zu einer Adresse zu fahren, da sie selbst kein Auto hatte. Es handelte sich um einen Ortsteil von Lindau, der etwa drei Kilometer entfernt lag. Wir betraten ein ansehnliches Haus mit einem wunderschönen Garten und wurden von der Besitzerin empfangen. Ich wusste nicht, mit welcher Absicht meine Begleiterin hier sein wollte. Die beiden Frauen fingen ein Gespräch an, an dem ich vorerst nicht teilnahm, sondern stattdessen im Garten die Blumen und den Salat bewunderte. Dann bemerkte ich, dass die Stimmen der Damen lauter wurden. Sie schienen etwas erregt zu sein, ich schaute nach ihnen. Tatsächlich war die Besitzerin des Anwesens etwas verärgert über ihre Gesprächspartnerin. Es stellte sich heraus, dass sie das Haus für drei Monate vermieten wollte, weil sie selbst in Südamerika Safaris leitete. Kurz und gut, die beiden Damen wurden sich nicht einig und ich war die lachende Dritte, die gerne das Haus so lange bewohnte. Es war erstaunlich, wie **Seismoran** das wieder ausfindig gemacht hatte.

Doch es gibt zwischen Geist und Mensch ungewollte Missverständnisse, und mit einem Solchen hatte ich es in den nächsten Monaten zu tun. **Seismoran** versicherte mir, dass ich einen Platz bekommen würde, auf dem mein Name steht und den mir niemand nehmen könne. Ich machte mir so meine Gedanken und kam nur zu einem Trugschluss: Ich würde ein Erbe antreten. Ein Geschenk des Himmels würde sich mir offenbaren. Bald würde ich ein kleines Schlösschen beziehen, denn der Himmel lässt die ganze Fülle auf die Erde fallen, wenn es ansteht. Es konnte sich bei meiner zukünftigen Bleibe nicht um eine normale Mietwohnung handeln, denn **Seismoran** hatte mich extra nach Lindau geführt, weil hier mein Schlösschen stand, auf dem mein Name für alle Menschen zu lesen war.

Entweder hatte der reiche Erb Onkel sein Licht noch nicht ganz ausgepustet, oder es waren andere Umstände, dass ich den Schlüssel noch nicht in meinen Händen hielt. Nach einem halben Jahr – am 2. Mai 2010 – öffnete sich **Seismoran** und wollte mich zu meinem besonderen Platz führen. Ich machte mit ihm eine bestimmte Zeit aus und lief los. Die Richtung testete ich kinesiologisch aus. Aufgeregt fragte ich mich, wo es da ein Schlösschen gab, wo war mein Platz? Ich kam an meine Grenzen und fing nach zwei Kilometern hemmungslos an zu weinen – mir wurde meine Heimatlosigkeit bewusst. Ich hatte inzwischen schon vier Mal meinen Platz wechseln müssen, und ein neues Provisorium entsprach nicht meinem Bedürfnis nach Ruhe und Heimat. Mein Verstand hatte mir einen Streich gespielt. Vor lauter Wollen und Erwartung versäumte ich immer wieder, mich mit dem Geist zu verbinden und auf seine liebevollen, leisen Signale zu achten. Sicherlich hätte ich von **Seismoran** ein »Ja« bekommen, wenn ich ihn gefragt hätte, ob ich, wie alle normalen Menschen, in der Zeitung nach einer Wohnung suchen sollte. Auf diese Idee kam ich nicht. Ich blieb feststecken bei der Einstellung »wenn dann«, und war bei »sowohl als auch« noch nicht angelangt. Es war sein Ausspruch: *»Auf Deinem Platz steht Dein Name«*, der mich so irrtümlich denken ließ. Meine Wahrheit lag woanders, und ich hielt daran lange fest. Zur Folge hatte dieses Fiasko, dass ich noch ein gutes Jahr mit drei weiteren Umzügen auf meine Wohnung warten musste.

Wieder ließ sich Seimoran etwas einfallen. Ich hatte mich mit Paul und Anna angefreundet, die auf der Insel ein Geschäft hatten. Nach meinem siebenten Umzug erkundigte sich Paul etwas aggressiv, ob ich nun endlich meinen Platz gefunden hätte. Als ich verneinte, meinte er: *»Das wird auch noch lange dauern.«* Ich fragte ihn verwundert, was er mir damit vermitteln wollte. Da platzte er raus: *»Wenn du nicht begreifst, dass du auf die Insel gehörst, ist dir nicht zu helfen.«* Die Insel gehörte nicht zu meinen bevorzugten Plätzen, das machte ich ihm klar. In diesem Moment betrat seine Frau die Bühne. Sie war eher zurückhaltend und fragte mich: *»Warum willst Du nicht auf der Insel wohnen?«* Da hörte ich die Stimme von **Seismoran** durch sie sprechen und war erst einmal sprachlos. Ich hielt wieder einmal an einem Glaubenssatz fest, der hieß: »Auf der Insel gibt es viele Touristen, keine Bäume und die Wohnungen haben keinen Freiplatz.« Die Begegnung mit Paul und Anna gab mir zu denken. Ich spazierte einige Stunden über die Insel, dabei entdeckte ich wenig Touristen, große Bäume auf dem hinteren Teil der Insel und einige Wohnungen mit Terrasse oder Balkon. Ich lachte herzlich über mich. Dann suchte ich einen Makler auf und hatte innerhalb von vier Wochen meine jetzige Wohnung, an der ich nichts auszusetzen habe. Besondere Freude macht mir mein großer, sehr ruhiger Südbalkon. Paul und Anna strahlten, als ich ihnen zum Dank einen großen Blumenstrauß überreichte. Wir wohnen in der gleichen Straße und haben liebevolle Begegnungen.

So wurde aus einer Zigeunerin eine Insulanerin. Sie bewohnt kein Schlösschen, aber vom Dach ihrer Behausung weht eine Fahne, mit der Inschrift:

»Es ist ein gutes Leben«

Resümee

Liebe Freunde, Ihr habt mich mit diesem Buch durch mein Leben begleitet, dafür danke ich Euch von Herzen. Für unseren Lebensweg möchte ich an dieser Stelle die Edelsteine aus meinem Lebensmosaik noch einmal aufleben lassen. Das, was mich zu dieser Frau gemacht hat, die ich in diesem Augenblick bin, möchte ich noch einmal beim Namen nennen. Niemand will mir glauben, dass ich vor fünfundsiebzig Jahren das Licht der Welt erblickte. Nie habe ich mich so jung gefühlt, wie in den Jahren, in denen herkömmlich das Alter beginnt. Meinem inneren Kind habe ich verschiedene Spielplätze geboten, oftmals auf Kosten einer üblichen Vernunft. Ich habe Frieden geschlossen mit mir, dem Leben und den Menschen, denen ich begegnet bin. Verständnis für meine Fehler und die der anderen Wegbegleiter sind einer dieser Edelsteine aus meinem Lebensmosaik. Wir können keine Menschen verändern, aber unsere Einstellung ihnen gegenüber, das können wir.

Überall, wo Du gehst und stehst, kannst Du Lichter anzünden.

Ein Lächeln, ein Gruß vom Herzen, ein Wort der Anerkennung und eine helfende Hand beleben und bereichern Dein Leben. Ein großer Edelstein ist die Freundschaft mit Dir selbst und mit Deinem Leben. Niemand kann Dich so verletzen, Dich so schlecht behandeln, wie Du selbst. Die Wunde der Ungeliebten kannt Du selbst heilen, durch Deine Liebe und Fürsorge für Dich. Du kannst Dich selbst umarmen, Dir einen wohltuenden Tee, eine warme Suppe kochen und Dir in Erinnerung rufen, wieviele Situationen Du in Deinem Leben schon gemeistert hast. Vergleiche Dich nicht mit anderen, Du weißt nicht wirklich, wie schwer das Kreuz Deiner Nächsten ist, das sie unsichtbar tragen.

Dein Ziel sollte es sein, Dich zu leben, authentisch zu sein, ob es dem Nachbarn gefällt oder nicht.

Am schlimmsten sind die Unglücke im Leben, die nicht passiert sind.

Glaub nicht daran, was Du denkst. Achte auf Deine Gedanken, und wenn das Gedankenkarussell nicht stillstehen will, dann singe ein Mantra, z. B. »Ich bin Licht, ich bin Licht«. Löse Dein »wenn dann« auf und sage »sowohl als auch«. Das macht Dich weit und lebensnah. Es gibt mehrere Sichtweisen, viele Möglichkeiten und nicht nur einen Weg ins Himmelreich.

In jedem Problem ist die Lösung bereits enthalten.

Du bist umgeben von lichtvollen Helfern, beziehe sie in Dein Leben ein, sie warten darauf, Dir dienlich und nützlich zu sein. Glücklich bin ich, wenn ich meine Himmelsleiter betrachte und feststelle, dass ich wieder eine Sprosse in die lichte Höhe geklettert bin, das heißt, wenn ich mit mir und meinen Weggefährten anders umgehe und die Liebe, das Mitgefühl und die Dankbarkeit vermehrt in mein Herz hineinlasse. Nie mehr möchte ich verdrängen, nicht »Ja« sagen, wenn mein Inneres »Nein« schreit, sondern im Augenblick das zum Ausdruck bringen und leben, was ansteht. Das Leben zu entschleunigen, so weit es geht, ist eine Wohltat für meine Seele. Ich habe meinem Stress gekündigt, er hat sich ergeben und das Weite gesucht. Lange genug hat er von mir Futter bekommen, bis ich erkannte, dass ich diesen schwierigen Begleiter nicht mehr brauche. Es gibt für Dich als Erdenbürger nur eine Lebensaufgabe:

Dich zu leben im Original, denn Kopien gibt es genug.
Dich als einzigartige Schöpfung gibt es nur ein einziges Mal.

Sei verrückt, sei anders als die anderen und mache etwas, was Du noch nie gemacht hast. Das lässt Deine Seele jubeln, denn sie ist auf der Erde, um Erfahrungen zu machen, die sie in der lichten Heimat nicht machen kann. Vielleicht weißt Du das Alles, ich will Dich nicht belehren, aber manchmal ist es der Anstoß, den wir brauchen, um unsere nächste Runde zu drehen.

Entlasse die Schuld aus Deinem Leben. Es hat sie nie gegeben und sie wird nie sein.

Schuld wird benutzt als Instrument von dunklen Kräften, damit hast Du nichts zu tun. Aber sei Dir darüber im Klaren, dass es das Gesetz von Ursache und Wirkung gibt. Sei Dir Deiner Verantwortung bewusst, Du hast dieses Leben in aller Freiheit gewählt, niemand hat es von Dir verlangt. Schließe Freundschaft mit dem Leben, dann wird es für Dich wie ein guter Freund sorgen. Hüte Dich vor Selbstmitleid und Opfertum. Sei Schöpfer, werde Dir Deiner Kraft, Deiner Größe und Deiner Einzigartigkeit bewusst.

Sei dankbar, auch dann, wenn die Situation ungemütlich ist,
dann zeigt sich bereits der Silberstreif am Horizont.

Von ganzem Herzen wünsche ich Dir einen guten Weg. Und wenn ein Edelstein aus meiner Lebensreise Dir etwas bedeutet hat, dann freue ich mich.

In Liebe
Seismoril

Herzlich

All meine Rede und jegliches Wort
Und jeder Druck meiner Hände
Und meiner Augen kosender Blick
Und alles was ich geschrieben
Das ist kein Hauch und ist keine Luft
Und ist kein Zucken der Finger
Das ist meines Herzens flammendes Blut
Das hervordringt durch tausend Tore.

Annette von Droste-Hülshoff
1797-1848

Dank

Ich danke meinen kosmischen, lichtvollen Helfern und Freunden, die mich auf meinem langen Erdenweg begleitet haben und ohne die dieses Werk nicht entstanden wäre. Ein besonderer Dank gilt meinem Freund Raimo. Danken möchte ich an dieser Stelle auch einem meiner Lehrer, meinem Adoptivsohn Motiur, meinem dunklen Licht.

17813339R00126

Printed in Poland
by Amazon Fulfillment
Poland Sp. z o.o., Wrocław